U0142411

土地重劃
Land Consolidation

謝靜琪 編著

第二版

五南圖書出版公司 印行

序

　　這本書是作者在學術研究與教學十餘年來的成果之一。土地管理的終極目的應是地盡其利、地利共享，土地開發手段之一的土地重劃，實爲落實土地管理的政策工具之一，尤其是當稅制手段無法發揮政策功能之際。

　　土地重劃若僅單純視爲是爲改善土地畸零破碎的宗地範圍調整工具，實是小看了此開發手段。西歐最早應用的土地重劃，即與社經改革有關。丹麥在1750年代，啓動的第一個重劃工作，即是藉土地重劃將人民從貴族地主的手上解放成爲自由身，並建立私有農場制。

　　因爲土地利用的特性不同，土地重劃基本上分成「市地重劃」與「農地重劃」二大類，然而隨著經濟結構的轉變，農地重劃在臺灣，又再分爲「農地重劃」與「農村社區土地重劃」兩類。臺灣在1950年代初期，透過三七五減租、公地放領及耕者有其田等一連串農地改革措施，調整了農地的土地所有權結構。緊接著透過土地重劃（後稱農地重劃）提高農地生產效率，並藉以穩定農地改革的成果。1960年代後期，自高雄市開始實施市地重劃，藉以推動市政的公共設施開發建設；之後，臺中市及臺灣各縣市政府陸續比照辦理。1980年代中期後，市地重劃更成爲地方政府開發建設公共設施的重要手段。農村社區土地重劃則在2000年後，被用以推動農村社區的環境改善工作，包括增設農村的基礎設施、改新建農宅及綠美化環境等。

除了農地重劃，臺灣的市地重劃及農村社區土地重劃的核心工作，是土地重劃負擔之計算與分配。土地的重劃負擔之計算，實又基於土地社會增值的分配理論。本書即以土地重劃負擔之主軸，說明臺灣現行市地重劃、農地重劃及農村社區土地重劃的負擔項目、計算方式及分配設計原則；並且以土地社會增值分配的角度，討論土地重劃負擔的相關問題。前者現行制度的說明，主要是提供給想了解或辦理此土地開發方式者的執行依據，此等內容呈現在市地重劃篇及農地重劃篇的相關章節內；後者討論重劃負擔的相關問題，則是與相關專業者及政策擬定者的對話，此等內容呈現在學術論文篇的三篇論文內。此外，為了讓初學者、實務界、政策擬定者及學者專家等讀者，更進一步了解實務操作面的實際情形，本書特別整理市地重劃九個案例、自辦市地重劃六個案例、農地重劃三個案例及農村社區土地重劃四個案例，共四類二十二個案例的重劃負擔計算及分配等重點內容，並令本書兼具實務操作性質。

　　本書得以出版，必須謝謝許麗惠小姐多年前將作者多年來的市地重劃教材初步轉換成電子資料檔，再由李宇涵小姐協助整理土地重劃相關案例、實務面的統計數據、與本書初稿的形成與編排，最後再由陳冠儒先生排定完稿，他們三位皆是作者在逢甲大學土地管理學系教書期間指導過的碩士或學士同學。當然，更得感謝提供本書實務案例與統計資料的相關人士，沒有這些資料，本書無法完整。

　　本書雖然費時多年，且在成書過程中，幾經校稿與更新、更正，然而疏漏、錯誤之處仍在所難免，期望使用、閱讀本書的讀者，將此等意見回饋給作者，以作為更新之基礎，更期望藉本書的學術討論，引發對土地重劃等開發手段在政策面的重視與討論。

謝靜琪

2007/08 於拉薩

再版序

　　在政府財政日益惡化的時代中，土地儼然成為政府生財的重要資產。土地重劃原為調整地籍界線的重要工具，也因此成了政府取得公共設施用地的重要工具。很巧合地，自 1986 年之後，臺灣土地所有權人自行辦理市地重劃的面積首度於 2007 年大幅超過政府辦理的面積，那一年，本書第一版於 9 月問市；至 2013 年，6 年中有 4 年都是同樣的辦理成效。依政府財政的惡化趨勢，地主自行辦理市地重劃的發展性勢將大幅提高。

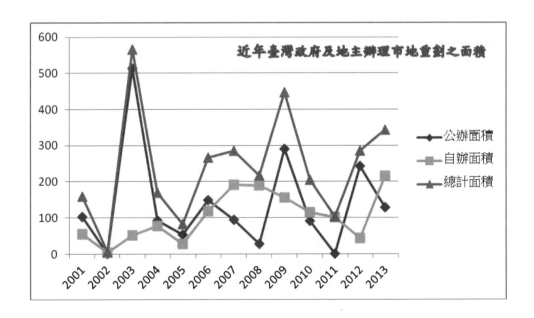

　　土地所有權人除了對市地重劃的辦理興緻大增，也表現在農村社區土地重劃上，尤其是在部分縣市的大量興辦，造成優良農田大比例流失的情況，更引

起監察院於 2010 年發文關切，導致內政部於 2011 年以嚴格審查先期規劃的方式，將隱然成型的開發趨勢強力擋下。目前除了要求農村社區土地重劃須結合農村再生政策才能推動，內政部營建署也加速落實各直轄市、縣市區域計畫的規劃與立法程序，以管理農地資源的合理利用。

在前述總體環境下，本書第二版仍維持土地重劃負擔之計算與分配的核心主軸，更新了市地重劃、農地重劃及農村社區土地重劃的辦理成果統計數值、適用法規以及相關案例，尤其是為反應此段期間的演變，更新了三篇論文，以說明作者對這些問題的看法。此外，從讀者來信乃自親自拜訪的經驗中，得知相關案例的重要性，因此，本書仍保留市地重劃 9 個案例、自辦市地重劃 6 個案例、農地重劃 4 個案例（更新 2 個新案例）及農村社區土地重劃 3 個案例（更新 1 個自辦農村社區土地重劃案例），共 4 類 22 個案例的重劃負擔計算及分配等重點內容，以保持本書兼具實務操作性質。

本書得以再版，必須感謝遍布臺灣各地的用書者，因為大家的支持，才讓這本非考試定位的書籍在學生不買書的氣氛中，仍有機會出版。也感謝提供本書實務案例與統計資料的相關人士，沒有這些資料，本書無法完整。最後，感謝林聖豪博士生協助全書的數據及部分文字的更新以及排版工作，讓改版的時程得以順利推動與完成。

本版雖然費時年餘，且在成書過程中，幾經校稿與更新、更正，然而疏漏、錯誤之處仍在所難免，期望使用、閱讀本書的讀者，將此等意見回饋給作者，以作為更新之基礎，更期望藉本書的學術討論，引發對土地重劃等開發手段在政策面的重視與討論。

謝靜琪

2014/09 於皓然齋

目　錄

圖 目 錄

表 目 錄

土地重劃

壹、土地重劃之意義、目的及效益

一、土地重劃之意義

　　土地法對土地依其實質特性分成市地、農地及富源地三類土地。為達土地有效利用之目標，具有土地交換分合以成方整地形之重劃手段，即依其實施地區性質不同分為二大類，一為市地重劃，二為農地重劃。二十一世紀初，臺灣政府再將農地重劃中分出農村社區土地重劃。此三類重劃之意義分述如下。

（一）市地重劃

　　市地重劃（urban land readjustment, urban land consolidation, urban land pooling）僅是地方政府或是其他被指定的公營事業單位甚至是私人組織，得以直接參與都市化過程並藉此分享都市化利益的方法（手段）。此種方法在德國（西德）、日本、南韓、臺灣及澳大利亞等國家是極為重要的工具。（Doebele，1982，2）然而一般而言，臺灣地區對市地重劃的定義，是指「依照都市計畫規劃內容，將都市地區一定範圍內之土地，全部重新規劃整理，興辦各項公共設施，並於扣除法律規定之公共設施用地及應抵繳之工程費用、重劃事業費用、貸款利息等所需抵費地之後，按原有土地相關位次，經交換分合為形狀整齊之土地，重新分配予原土地所有權人。經重劃後之各宗土地均可直接臨路，

且立即可供建築使用。」（臺灣省政府地政處，1992c，1-2），或是「根據都市發展趨勢，將都市計畫區域內，或都市邊緣中，雜亂不規則之地形地界和畸零細碎不合經濟使用之土地，在一定範圍內，依據法令加以重劃整理、交換分合，並配合公共設施之興建，改善道路、公園、廣場、河川等，使各筆土地成為大小適宜，形狀完整，具備清楚之地界，然後分配與土地所有權人，由此促使都市土地為更經濟合理便利之利用，進而形成井然有序之都市，且其建設經費由土地所有權人負擔之一種市地改良利用方式。」（林英彥，1997，1）

（二）農地重劃

農地重劃（ farm land consolidation, rural land consolidation ）最早是在德國施行，而後瑞士、法國、荷蘭、西班牙、丹麥及日本皆有為改善農耕條件，以配合農村的建設、農村社區規劃、推行農業機械耕作、促進農村農民之生活水準、提高單位面積產量或農業集約經營之企業化等目的，而實行之土地重劃。（蕭輔導，1997，4）農地重劃為增進土地利用與發展之一種最有綜合性土地改良措施，其意義上可分成最狹義、狹義、廣義及最廣義四種（內政部地政司，1984，1-2）。

1. 最狹義之農地重劃：

　　僅辦理交換分合，而不涉及土地之區劃整理，目的僅在擴大坵塊集中農地，是一種單純的土地交換分合，並非理想之重劃，但因其費用較省，故在西歐之旱作地區常採用之。

2. 狹義之農地重劃：

　　將原來畸零狹小不適於農事工作的農地，予以交換分合，區劃整理成一定標準的坵塊，藉以減少田埂，增加農地面積，並消除耕地之交錯、分散及形狀之不整。

3. 廣義之農地重劃：

　　不僅包括狹義農地重劃之情形，並同時配合建築農路、興備水利、改良灌溉排水，俾利管理耕作及適應機械化之經營，從而減少勞力，增加生產，促進農地利用之合理化及高度化。一般所稱農地重劃均指廣義之農地重劃而言。

4. 最廣義之農地重劃：

　　不僅係以農業生產用地與設施之改善為內容，復因農業生產與農村居住具有密切關聯，二者相互依存而結合為整個農村的生活，因此配合農村社區發展與農村計劃之需要，實施農村土地使用的全面改革，使農村生產、居住、交通和各項設施之建設與使用，獲致充分效果，而改變農村新面貌。由此可知最廣義之農地重劃，不僅指農地本身之改良，且為農村建設之重要手段。

（三）農村社區土地重劃

　　上述最廣義之農地重劃實即包括農村建設的範疇，而且自 1987 年起即以土地重劃試辦農漁村社區更新的工作，簡言之，農村社區土地重劃並非新興之事業。惟隨著經濟結構的轉變，原以改善農業生產環境為重點的農地重劃，似已不符實際需要，政府遂於 2000 年將農村社區另立法規規範。

　　農村社區土地重劃係指將一定範圍內土地權屬複雜、畸零不整、公共設施不足、老化殘破的農漁村社區聚落，實施整體規劃，依規劃結果興修公共設施，透過土地重劃方式辦理地籍整理，並於重劃完成後，配合辦理農宅整建改建、環境美、綠化及推動守望相助、產業發展等措施，以促進土地有效利用及農漁村社區健全發展的綜合性土地改良措施。（內政部地政司，1991，1）

　　前述「農村社區」，指依區域計畫法劃定非都市土地使用分區之鄉村區、農村聚落及原住民聚落，此類農村社區得因區域整體發展或增加公共設施之需要，適度擴大其範圍。（農村社區土地重劃條例第三條）農村聚落、原住民聚

落，指下列範圍之土地，其合計面積達零點五公頃以上，依戶籍資料，其最近五年中每年人口聚居均已達十五戶以上，且人口數均已達五十人以上之地區。但是辦理災區重建時，面積以 0.3333 公頃、戶數十戶、人口數三十三人以上認定之。再進一步認定農村聚落之範圍，則以非都市土地鄉村區範圍外，非原住民保留地之地區，就相距未逾二十公尺之甲、丙種建築用地邊緣為範圍；原住民聚落之範圍認定，則以非都市土地鄉村區範圍外之原住民保留地，就相距未逾二十五公尺之甲、丙種建築用地邊緣為範圍。（農村社區土地重劃條例施行細則第二‧一條）

二、土地重劃之目的

（一）市地重劃

　　1986 年之前的市地重劃目的，主要以整理地籍及調整土地形狀為主要目的，吳連山（1980，1-4）即將市地重劃之目的區分如下：

1. 提高土地利用：

　　土地因繼承、買賣、分割、移轉等原因而產生一些零星分散、曲折不整，不能利用或無法使用之坵塊。實施重劃後，這些土地整理成方塊，可以立即建築，並合乎經濟使用，提高土地利用。

2. 促進都市發展：

　　市地重劃是依照都市計畫而實施，可以使每一個坵塊符合建築標準，防止市街無秩序發展，並可適時提供公共設施與設備，促進都市發展。

3. 提供國宅用地：

　　十二項經濟建設中的一項---興建國宅，目前遭遇最大困難的土地難以取得，如果能適當的修改現行法令於實施重劃時，將區內之公有土地及抵費地集

中，可以解決國宅用地之取得。

4. 完成地籍整理：

重劃後之土地均成方整，可消除地界糾紛，便利戶政，地政，稅務及郵政等之管理。

然而 1986 年之後，林英彥（1997，1-2）、吳容明（1997，12）則認為市地重劃之目的，主要在於公共設施之建設改善及增進宅地利用二點。公共設施之建設改善，可以促進都市土地利用，提供都市居民寧適的生活環境，並可發揮私有土地之外部經濟與公益性；市地重劃將區內土地重新整理後，使建築用地成為大小適宜、形狀完整而便於建築使用，即可增進宅地之利用。此等看似不同之目的，實則與臺灣地區在經濟發展各不同階段所強調之重點不同有關。

臺灣地區之市地重劃工作在光復前就已開始施行[1]，光復後之重劃事業在 1958 年修訂公布實施「都市平均地權條例」之後，才顯示政府對於市地重劃事業之重視[2]。（高孟定，1994）自 1958 年於高雄市開始初辦市地重劃起，至今五十餘年的期間中，臺灣地區經歷了不少經濟與都市計畫政策上的變遷。因此，政府所賦予市地重劃之政策目的也有階段性的差異。本文依市地重劃主要法源之修訂過程為依據，分成光復後（1945 年）至 1977 年、1977 年至 1986 年與 1986 年以後等三個時期分析市地重劃的政策目的。簡要討論如下。

1. 光復後（1945 年）至 1977 年

---

[1] 臺灣最早的市地重劃是在 1937 年實施的豐原舊市街，隨後高雄…等各地陸續完成重劃，至 1943 年為止，總共重劃四千四百公頃的土地。

[2] 「都市平均地權條例」修訂施行後，由高雄市先行試辦市地重劃，結果成績良好，所以臺灣各地陸續推行，迨 1979 年起，各縣（市）政府地政科成立重劃股，並訂定臺灣省市地重劃十年計畫，後再續訂五年中程計畫，辦理地區至今已涵括臺灣地區二十三縣市。

　　臺灣光復後，實施市地重劃自應依照我國相關法律規定辦理。土地法為當時土地重劃[3]之基本法，根據 1946 年 4 月修訂公布的土地法第一三五條規定[4]，市縣政府對於因實施都市計畫、土地面積畸零狹小不適合建築使用者、耕地分配不適合於農事工作或不利於排水灌溉者、將散碎之土地交換合併成立標準農場者、應用機器耕作興辦集體農場者，得就管轄區內之土地，劃定重劃地區，施行土地重劃。但由於其對土地重劃之規範模糊，且相關配套法令尚未完備，此規定形同具文，而未有實際的市地重劃作為。

　　隨後政府於 1954 年公布「實施都市平均地權條例」，1956 年 6 月底完成規定地價等相關工作，8 月開徵土地增值稅。之後，雖然因為臺灣社會在經濟環境上的轉變與成長，「實施都市平均地權條例」曾先後於 1958 年、1964 年及 1968 年分別作了三次大幅度的修訂，然而市地重劃的政策目的主要乃延續日治時期依據都市計劃令[5]在臺灣施行市地重劃之內容為主，即著重於都市土

---

[3] 李鴻毅（1979，527）土地重劃，依其實施地區土地使用性質不同，可分為「市地重劃」與「農地重劃」兩種。前者係就都市內劃編為建築使用，原屬畸零細碎、環境破敗或遭受災變損毀之地區，重新劃分區段經界，整理地形，興建各項公共設施，使重劃後之建築街廓之深度與寬度，及建築基地單位之大小、形式，均能符合建築規格，且面臨道路，適於經濟有效之使用，以增進都市之建設發展。後者乃將農村中支離散碎之農地結構，加以分合集中，整理阡陌，使其坵塊規格與面積，適於機械化之實施，促進農業經營之效率與現代化。

[4] 1946 年 4 月修訂公布之土地法第一百三十五條規定：「市、縣地政機關，因左列情形之一，經上級機關核准，得就管轄區內之土地，劃定重劃地區，施行土地重劃，將區內各宗土地重新規定其地界：1.實施都市計畫者、2.土地面積畸零狹小，不適合於建築使用者、3.耕地分配不適合於農事工作，或不利於排水灌溉者、4.將散碎之土地交換合併，成立標準農場者、5.應用機器耕作，興辦集體農場者。」

[5] 昭和十二年修訂之臺灣都市計畫令第四十六條規定：「本章所稱之土地重劃，係指都市計畫區域內，以增進市街之土地利用為目的。依本章之規定，施行土地之交換、分合、地目變更及其他區劃形質之變更，或道路、廣場、河川、公園等之設置、變更及廢除。」（吳容明，1997，11）

地形、質的變更及公共設施的變更或廢除。此期間，在 1958 年於高雄市辦理臺灣光復後的第一次市地重劃（參見圖 1-1 及圖 1-2）。

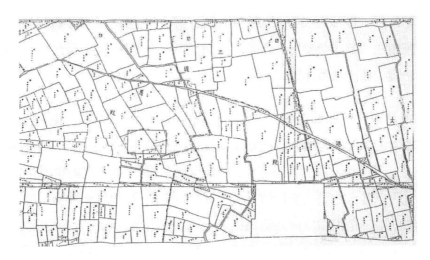

圖 1-1　高雄市第一期市地重劃前地籍概況圖
資料來源：吳容明（1997，64）

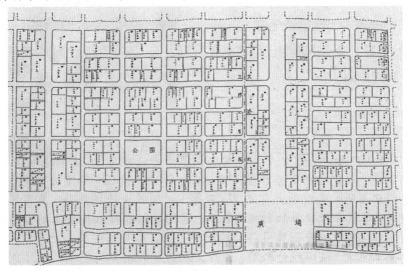

圖 1-2　高雄市第一期市地重劃後地籍成果圖
資料來源：吳容明（1997，65）

2. 1977 年至 1986 年

　　1977 年「實施都市平均地權條例」修訂公布為「平均地權條例」，隨後分別於同年 4 月、1979 年 6 月及 9 月，通過「平均地權條例施行細則」、「市地重劃實施辦法」及「獎勵土地所有權人辦理市地重劃辦法」，至此，土地重劃之主要法規依據已大致建置完成。

　　根據 1977 年 2 月修訂的「平均地權條例」第六十條規定[6]之重點有三，一是重劃區內的土地所有權人須按其土地受益比例共同負擔道路、溝渠、廣場、鄰里公園、市場等五項公共設施不足之土地及工程費用、重劃費用暨貸款利息；二是可以其未建築土地折價抵付（即為抵費地），如無未建築土地者，改以現金繳納；三是折價抵付共同負擔之土地以不超過重劃土地總面積 40%為限。此規定較前一時期之原則性規範，已限制了公共設施的項目及數量。

　　此外，自 1979 年起，於各縣（市）政府地政科分別成立重劃股，負責將畸零狹小細碎之土地重新配置，並闢建公共設施，以促進土地利用。李鴻毅（1979，527）揭示本時期土地重劃之政策目的，在於增加土地經濟供給，提高土地利用價值。

---

[6]　1977 年 2 月修訂公布之平均地權條例第六十條規定：「依本條例規定實施土地重劃時，重劃區內供公共使用之道路、溝渠、廣場、鄰里公園、市場等公共設施所需土地，除以原公有道路、溝渠、河川等土地抵充外，其不足土地及工程費用、重劃費用暨貸款利息，由該地區土地所有權人按其土地受益比例共同負擔。工程費用、重劃費用與貸款利息，並應以其未建築土地折價抵付，如無未建築土地者，改以現金繳納。其餘土地仍依各宗土地地價數額比例分配與原土地所有權人。重劃區內未列為前項共同負擔之其他公共設施用地，於土地交換分配時，應以該重劃地區之公有土地優先指配。土地所有權人依第一項規定共同負擔之公共設施用地及抵付工程費用、重劃費用與貸款利息之土地，以不超過參加重劃土地總面積百分之四十為限。但依第五十七條或第五十八條辦理重劃者，不在此限。」

3. 1986 年以後

隨著經濟的發展，臺灣地區房地產市場經歷了 1973-74 年、1979-1980 年、1987-89 年等三波市場景氣高峰[7]（卓輝華，1992），房地產價格居高不下，公共設施用地之公告現值亦隨之調漲，使得地方政府取得公共設施用地更加困難。吳清輝（1990，112-119）曾以臺北市為例試算公共設施建設成本，1972 至 75 年間為工程建設的高成本期，此階段之土地成本僅佔 16%-25%，然土地取得成本之比例已呈逐年提高之趨勢；1976 至 1978 年間，工程建設成本漸低於土地取得成本；1979 年以後為土地取得高成本時期，此階段之土地取得成本比例自 52% 漸增至 83%。

除了地價高漲的問題之外，公共設施保留地之保留期限將屆，亦為本時期市地重劃政策目的產生變革之重大原因。中華民國都市計畫學會（1987，1）統計臺灣地區截至 1984 年底都市計畫範圍內之公共設施保留地[8]，尚未徵收取得之面積有 41,000 餘公頃，而即將於 1988 年 9 月屆滿保留期限之第一期公共設施用地計 20,500 多公頃，所需徵購費用高達六千七百餘億元，已非政府財

---

[7]　臺灣地區在 70 及 80 年代經歷了三次房地產景氣高峰。第一次發生原因為連續三年半（1971-73）達 13% 之高經濟成長率，加上 1973 年石油危機造成世界性通貨膨脹，促使臺灣地區房地產價格漲幅達 250%；第二次發生原因為 1976 年起連續三年之國際貿易持續出超，創造了平均高達 12% 的經濟成長率，加上 1979 年第二次石油危機等因素，使該期間房地產價格亦達 200%；第三次發生原因為 1986、87 連續二年高經濟成長率、利率創 20 年來最低點，加上投資風氣興盛，造成大量資金匯集於股票及房地產市場，地價平均漲幅達 500% 以上。（卓輝華，1992）

[8]　公共設施用地依其劃設之時間不同，大致可分為：1.1973 年 9 月 6 日（修訂「都市計畫法」公布）前劃設之公共設施用地，保留期限為十五年。2.1973 年 9 月 6 日後陸續劃設之公共設施用地，保留期限同為十五年，但起算時間各依計畫公布指定之日為準，起訖期間不同。

力所能負擔。然依「都市計畫法」第五十條規定[9]，公共設施保留地逾期無法徵收時，則視為撤銷徵收，而撤銷徵收的保留地卻未規範其用途，此規定將造成都市環境品質之嚴重惡化。

　　政府為解決取得公共設施用地的問題，於是在 1986 年 6 月透過修訂「平均地權條例」第六十條[10]之規定，強化了市地重劃手段取得公共設施用地之功能，其重點有三，一是重劃區內的土地所有權人須按其土地受益比例共同負擔之公共設施項目自原來的五項擴增至十項，即增加兒童遊樂場、綠地、國民小學、國民中學及停車場等五項設施；二是折價抵付共同負擔之土地比例上限提高至 45%；三是將此類之重劃內容限定適用在都市計劃範圍內之土地，即僅為「市地重劃」。

　　自此之後，政府單位在說明市地重劃之成果時，常以「政府無償取得公共設施用地面積」、「節省政府建設經費」及「提供建築用地面積」等角度分析市

---

[9]　1988 年 6 月 28 日修正「都市計畫法」第五十條規定：「公共設施保留地，在 1973 年本法修正公布前尚未取得者，應自本法修正公布之日起十年內取得之。但有特殊情形，經上級政府之核准，得延長之；其延長期間至多五年。逾期不徵收，視為撤銷。本法修正公布後，依本法指定之公共設施保留地，其取得期限應依前項規定辦理，並自指定之日起算。」

[10]　1986 年 6 月修訂公布之「平均地權條例」第六十條規定：「依本條例規定實施市地重劃時，重劃區內供公共使用之道路、溝渠、兒童遊樂場、鄰里公園、廣場、綠地、國民小學、國民中學、停車場、零售市場等十項用地，除以原公有道路、溝渠、河川及未登記地等四項土地抵充外，其不足土地及工程費用、重劃費用與貸款利息，由參加重劃土地所有權人按其土地受益比例共同負擔，並以重劃區內未建築土地折價抵付。如無未建築土地者，改以現金繳納。其經限期繳納而逾期不繳納者，得移送法院強制執行。重劃區內未列為前項共同負擔之其他公共設施用地，於土地交換分配時，應以該重劃地區之公有土地優先指配。依第一項規定抵價抵付共同負擔之土地，其合計面積以不超過各該重劃區總面積百分之四十五為限。但經重劃區內私有土地所有權人半數以上且其所有土地面積超過區內私有土地總面積半數之同意者，不在此限。」

地重劃之效益。

　　總而言之，臺灣地區市地重劃之政策目的，在相關法規制定及修訂的過程中，自單純的地籍整理、轉變成地籍整理並配置有必要的公共設施，再轉變成取得公共設施用地的重要手段，反應了臺灣地區經濟發展不同階段對市地重劃之不同定位。

（二）農地重劃

　　概括的說，農地重劃的目的主要在於促進土地有效利用，提高單位面積產量，減低經營成本，達到增加農家收入，加速農村發展，但就農地改革而言，分為農地分配（地權）與農地利用（地用）之改革。

　　臺灣光復初期係為農業經濟時代，為求農業經濟之繁榮，農村社會之安定，政府乃決定土地改革之實施採取和平漸進方式先從農地方面著手。首於1949年實施三七五減租，要求佃權之穩定，佃租之降低，減少租佃糾紛，使佃農從此減輕租額負擔，增加收入，以改善生活，增加生產興趣，而另一重大作用則在迫使出租土地地價之下跌，以為實施耕者有其田之準備。

　　接著於1951年將接收日本佔領時期之公有土地陸續放領與農民所有，此公地放領政策為全面實施耕者有其田之倡導與示範，至1953年即頒布耕者有其田條例。

　　自實施耕者有其田以後，土地所有權與收益都已歸屬耕者所有，農村經濟日趨繁榮，農民受惠之餘，對政府實施之農地改革愈益信賴，政府繼續就農業生產環境予以改進，政府亦認為農地分配問題大體獲致解決，轉而謀求農地利用之改進，藉以奠立農業現代化之基礎，並配合工商經濟發展。藉由農地重劃，農地的單位面積產量提高，農民收益增加，生活獲得改善，對於耕地特別珍貴與重視，從而維護並擴大了耕者有其田之成果，所以農地重劃是耕者有其田後

必經之途徑。

　　由此可知，農地改革的歷程深遠，隨著時代的變遷、環境的改變，農地改革的目標也隨之變更。臺灣地區辦理農地重劃之過程，依重劃性質可概分為下列六個階段，並參見表1-1：

表1-1　臺灣地區農地重劃成果表

辦理年期	地區數	面積（公頃）	臺糖重劃區	
			地區數	面積（公頃）
試辦農地重劃（1958年）	2	525	0	0
八七水災災區農地重劃（1960年）	9	817	0	0
示範農地重劃（1961年）	11	3,225	0	0
十年農地重劃計畫（1962-1971年）	445	251,131	180	53,723
加速農村重劃計畫－農地重劃（1973-1976年）	26	3,694	1	139
六年經建計畫－農地重劃（1977-1980年）	42	18,648	1	1,228
農地重劃五年計畫（1981-1985年）	99	61,310	0	0
改善農業結構提高農民所得方案－農地重劃（1986-1991年）	87	31,006	0	0
農業綜合調整方案－農地重劃（1992-1997年）	43	13,172	0	0
跨世紀農業建設方案－農地重劃（1998-2000年）	13	3,312	0	0
邁向二十十世紀農業新方案－農地重劃（2001-2004年）	16	3,974	0	0
中程施政計畫—農地重劃（2005-2008年）	9	1,727	0	0
農業發展計畫—農地重劃（2009-2012年）	11	1,292	0	0
農業發展計畫—農地重劃（2013-2016年）	2	170	0	0
總計	811	393,545	183	55,180

資料來源：內政部地政司（2013），土地重劃統計資料

1. 實驗、試辦及示範時期（1961 年之前）

(1) 實驗辦理農地重劃

　　1956 年冬，中國農村復興聯合委員會先後派員至臺南縣，研覓一適當地點，以技術及經費協助舉辦農地重劃以為實驗，經勘選研討籌備等事宜，於 1958 年 3 月奉省政府核准，選定仁德鄉大甲段及車路段各一部分土地，共 183 公頃，自 1958 年 8 月迄 1959 年 2 月完成農地重劃工作，此為臺灣辦理農地重劃之濫觴。同時期該會亦協助屏東縣社皮地區實驗辦理農地重劃，共 342 公頃，此為試辦重劃的第二個重劃區。（內政部，2005，91-92）

(2) 災區試辦農地重劃

　　1959 年 8 月 7 日臺灣中部地區發生大水災，耕地受災情形嚴重，砂壓厚度為 0.6 公尺，極大部分土地無法種植作物，農業生產頗受影響。政府為重建受災農村，使耕地迅速復耕，爰決定就農田流失或埋沒地區土地相連五十公頃以上，非農民個人力量所能恢復者，選擇嘉義林了尾，雲林縣田頭，彰化縣渡船頭及嘉寶潭，南投縣包尾，臺中縣內新及阿密哩，苗栗縣二湖及灣瓦等 9 地區，共面積 817 公頃，辦理農地重劃。在中國復興聯合委員會經費支援指導下，得於 1960 年 6 月全部辦理完成，為臺灣地區農地重劃工作奠定了基礎。（內政部，2005，92）

(3) 示範農地重劃

　　省府續於 1961 年度，依據各種使用地理特性，選擇宜蘭縣四圍，新竹縣青埔了、雲林縣引西圳與北港、嘉義縣道將圳與鹿草、臺南縣麻豆、高雄縣土庫、花蓮縣南埔、臺東縣關山與鹿野等 11 地區，面積 3,225 公頃，分別依其特性而為農地重劃之示範。臺灣省地政局並擬訂五十年度示範農地重劃施行細則，頒各縣施行，以求各縣一致。（蕭輔導，1997，6）

2. 十年計畫農地重劃（1962 至 1971 年）

　　八七水災災區及示範農地重劃後，由於效益顯著，各地農民紛紛請求推廣農地重劃。為達成農地高度利用，以促進農業發展，經省府訂定臺灣省農地重劃十年計畫方案，提經省府委員會 1961 年 9 月 26 日第六七九次會議通過，並報請奉行政院核定，繼續擴大推行。此方案選定重劃地區面積三十萬公頃，分十年辦理完成。（蕭輔導，1997，8）。此時期結果完成 251,131 公頃，即完成農地重劃總面積之 63.8%，是農地重劃最盛時期，其中，1969 年辦理的臺南縣西港鄉西港重劃區面積達 3,155 公頃，為歷年來辦理面積最大之重劃區。

3. 民國六十年代的農地重劃（1972 至 1981 年）

(1) 加速農村建設與東部災區復耕農地重劃（1973-1976 年）

　　十年計畫農地重劃後，原擬定辦理第二期十年計畫農地重劃，但因第一期十年計畫農地重劃農民負擔太重，近結束時報紙曾報導政府考慮補助，故大多數農民均在等待此一機會，不願意參加重劃。加以第一期重劃之檢討，亦需時日，故原經勘選擬計畫辦理二十萬餘公頃之第二期十年計畫決定暫緩實施。1973 年，為配合加速農村建設，臺灣省政府會同農復會辦理專業區重劃及東部災區復耕，於 1973 年至 1976 年的四年期間，完成農地重劃 26 區，面積 3,694 公頃。（蕭輔導，1997，9）

(2) 六年經建計畫中之農地重劃（1977-1980 年）

　　自 1953 年起，政府連續執行六期四年經建計畫。但第六期四年經建計畫，因不能適應當時需要，行政院經濟設計委員會依行政院指示，會同全國有關機關研擬六年經建計畫，計畫自 1976 年起至 1981 年止。在六年經建計畫後三年修訂計畫的農業計畫投資中，亦將農地重劃列入，投資新臺幣五億元，在 3 年內辦理農地重劃 15,000 公頃。省政府於 1977 年 5 月訂定六年經建計劃臺灣省農地重劃方案，結果自 1977 年至 1980 年完成 18,647 公頃。（蕭輔導，1997，10）

　　臺灣地區土地總面積 36,000 平方公里中，可用於農牧生產之可耕地最大開發限度為 11,714 平方公里，其中山坡地梯田，濱海養殖區及都市計劃內水田外，適宜辦理農地重劃之水田約 4,000 平方公里。自 1959 年辦理農地重劃迄 1980 年止，辦理完成之面積 278,038 公頃，共占適宜辦理農地重劃水田面積之 70.65%，農民紛請續辦。

4. 民國七十年代的農地重劃（1982 至 1991 年）

(1) 農地重劃五年計畫（1981 至 1985 年）

　　前蔣總統經國先生，順應民情指示續辦，臺灣省政府即擬定農地重劃五年計畫，預定自 1981 年度至 1985 年度之五年內，辦理農地重劃 100,000 公頃，以配合第二階段農地改革。然而，各縣實際完成農地重劃面積僅有 61,310 公頃，經勘選或已核定、而無法辦理農地重劃之地區，面積共計 40,352 公頃，比例高達 39.69%。（蕭輔導，1997，10）

(2) 改善農業結構提高農民所得方案－農地重劃（1986 至 1991 年）

　　農地重劃五年計畫執行後，依照行政院訂頒之「改善農業結構提高農民所得方案」中之繼續辦理農地重劃計畫執行，依計畫目標自 1986 年度至 1991 年度須辦理 33,000 公頃，結果六年間完成 31,066 公頃。（蕭輔導，1997，12）

　　自農地重劃開始辦理至此之十年期間，已完成農地重劃總面積之 94.12%，需要農地重劃的農地面積不及二萬公頃。因此民國八十年代之後，農地重劃轉以更新農水路及農村社區為重點，僅辦理少量的農地重劃。

5. 民國八十年代的農地重劃（1992 至 2000 年）

(1) 早期農地重劃區農水路更新改善

　　臺灣在民國六十年代以前完成之農地重劃區，其工程費和農水路用地全部由農民負擔。當時為顧及農民負擔能力及當時農業環境之需要，田間農路之設

施寬度僅 2.5 – 3 公尺,而且路面未加舖碎石級配,此外,併行之給排水路亦多未施設內面工或保護工,由於長年失修,功能受損。民國八十年代之後,由於農業環境的變遷,引進之農業機械車輛機型較以往為大,為適應現代農業經營規模之需要,此類早期完成之田間農路亟需拓寬,同時將併行之水路予以改善,期能增進其功效。在「臺灣省早期農地重劃區農水路更新改善計畫」的分期推動下,1991 年至 2000 年完成 349 區、44,756 頃的農水路改善成果,詳請參見表 1-2。

早期完成之農地重劃區中扣除臺糖所有者及歷年擴大都市計畫,工業區編定等變更使用者外,經各縣調查須辦理改善的面積約為 170,000 公頃,分期辦理,本計畫預定自 1988 年起至 1997 年止,十年間辦理 42,000 公頃。(蕭輔導,1997,12)

(2) 農村社區更新

本省大多數農漁村社區聚落,由於缺乏規劃,長期自由發展,導致社區道路狹窄彎曲,公共設施不足,排水不良,居住環境髒亂,生活品質低落。政府為縮短城鄉差距,改善農漁村生活環境,乃積極訂定社區發展。為推動本項工作,行政院農委會指定由省地政處擇區試辦,經報請省政府以 1987 年 12 月 16 日府地二字第九七三四五號函頒臺灣省農村社區試辦土地重劃要點據以實施,並研提臺灣省農村社區更新計畫,報奉核定自 1987 年起以土地重劃試辦農漁村社區更新工作。(蕭輔導,1997,13)在民國八十年代的十年間,此類農漁村社區更新面積達 251.6226 公頃,占至今農村社區土地重劃總面積達 61.90%。

(3) 農業綜合調整方案(1992 至 1997 年)及跨世紀農業建設方案之農地重劃(1998 至 2001 年)

在「農業綜合調整方案」下配合辦理農地重劃,1992 至 1997 年預計辦理

面積為 19,000 公頃;「跨世紀農業建設方案」原預定推動四年,然將 2001 年的計畫併入下一階段的計畫執行。(內政部,2005,106-107, 110)此二方案之農地重劃,共完成 16,484 公頃,占至今農地重劃總面積的 4.19%。

6. 民國九十年代的農地重劃(2001 至今)

二十一世紀之後,容易實施農地重劃之地區已辦理完竣,目前實施重劃之對象,多為環境條件較差,地形複雜,灌溉水源不足,區域排水困難,地上物複雜地區,導致重劃工程費相對提高。政府因限於經費預算,礙難提高農水路工程補助比例,因而影響農民辦理農地重劃之意願。(蕭輔導,2001)

(1) 早期農地重劃區農水路更新改善

為因應當前農業發展需要,提升農業競爭力,針對 60 年度以前完成之農地重劃區內原有農路路面寬度未達 4 公尺者,予以拓寬改善至 4 公尺,並將與農路併行之給、排水路配合施設混凝土 U 型溝,路面加舖碎石級配,以適應現代化農業經營規模之需要。(內政部地政司,2014)在「臺灣省早期農地重劃區農水路更新改善計畫」的分期推動下,至 2013 年底已完成 781 區、86,189 公頃的農水路改善成果,詳請參見表 1-2。

(2) 邁向二十一世紀農業新方案-農地重劃(2001 至 2004 年)

此方案執行四年,辦理完成 16 區面積 3,974 公頃,佔 1.01%。

(3) 中程施政計畫—農地重劃(2005-2008 年)

此方案執行四年,共辦理 9 區面積 1,727 公頃,佔 0.44%。

(4) 農業發展計畫—農地重劃(2009-2016 年)

此方案在 2009 至 2012 年間共辦理 11 區面積 1,293 公頃,佔 0.33%。在 2013 年至 2016 年的階段,截至目前已辦理 2 區共 170 公頃。

表 1-2　**1988 至 2013 年度完成早期農地重劃區農水路更新之成果**

年度	區數	面積（公頃）
1988	17	3,500
1989	16	3,495
1990	15	3,168
1998-1990 小計	48	10,163
1991	14	2,681
1992	26	5,022
1993	27	4,950
1994	31	5,150
1995	36	4,743
1996	49	6,017
1997	30	4,664
1998	70	4,653
1999	33	3,783
1999 下及 2000	33	3,093
1991-2000 小計	349	44,756
2001	39	3,541
2002	40	3,499
2003	26	2,908
2004	34	2,779
2005	30	2,568
2006	30	2,567
2007	26	2,478
2008	32	2,509
2009	27	2,152
2010	33	1,938
2001-2010 小計	317	26,939
2011	23	1,599
2012	22	1,226
2013	22	1,506
合計	781	86,189

資料來源：內政部地政司（2014）

（三）農村社區土地重劃

　　臺灣地區依區域計畫法規定完成非都市土地之使用分區編定，其中編定為鄉村區者計四千餘個，約 26,700 多公頃，其劃設係以農村人口集居之地區為其範圍。然而臺灣地區之農村社區自始以來即缺乏整體規劃，且發展過程中亦不重視公共設施及實質建設，以致造成生活品質不佳。（內政部地政司，1991，3）依前述民國八十年代的農地重劃目的分析可知，政府已經透過農地重劃推動農漁村社區更新工作，十年期間，成果分布在桃園縣、新竹縣、苗栗縣、臺中縣、南投縣、雲林縣、嘉義縣、臺南縣、高雄縣、屏東縣、臺東縣及花蓮縣等 12 個縣份中，而且以臺南縣施辦面積 72.4782 公頃為最多。

　　內政部於 1991 年開始著手研擬法規。最初採修訂「農地重劃條例」成為「農村土地重劃條例」的方向，研擬增訂「農村土地重劃，包括農地重劃及農村社區土地重劃」之規定與強化農村社區土地重劃相關條文著手。但修正草案經各單位研商後認為農地重劃與農村社區土地重劃之性質尚屬有別，農地重劃之部分條文實難以援用在農村社區土地重劃，故內政部將相關條文重新整理後，另以「農村社區土地重劃條例」定之，然一直被擱置在立法院。後因 1996 年修正「農業發展條例」，放寬農地移轉管理及分割限制，並允許在一定條件下在農地上興建農舍。為避免農地農用後農舍大量散村興建之弊，並期引導集村興建農舍，終於在 2000 年 1 月發布「農村社區土地重劃條例」。（內政部，2003：5）

　　辦理農村社區土地重劃，其主要欲達成目的包括（臺灣省地政處，1994）：1. 改善農村社區生活環境品質，適應未來農業發展需要，恢復農村蓬勃生機。2. 使各宗土地均成為坵塊完整，面臨道路，適合建築使用之土地，提高土地利用價值。3. 透過交換分配，重新整理地籍，促使農村共有土地早日協議分割，解決共有土地處分及利用問題，並減少土地經界糾紛。4. 縮短城鄉生活差距，開創「富麗農村」新面貌。

　　然而，農村社區土地重劃條例第一條明定的目的，則修改成「為辦理農村社區土地重劃，以促進農村社區土地合理利用，改善生活環境」。

三、土地重劃之效益

（一）市地重劃

　　臺灣地區自 1958 年由高雄市實施光復後首宗市地重劃個案以來，市地重劃工作已進行了 50 餘年。根據內政部統計資料可知，截至 2013 年底為止，公辦及自辦之市地重劃合計辦理完成 930 區，面積約 15,627 公頃。簡要分析市地重劃辦理之區位、規模、時間及成果如下。

1. 市地重劃辦理之區位及規模分析（參見表 1-3）

　　以公辦市地重劃在完成市地**重劃的區數**中，以高雄市 100 區為最多，其次為臺北市的 39 區，第三為桃園縣的 31 區，而以澎湖縣的 3 區為最少，嘉義縣、新竹市及嘉義市的 4 區次少。在自辦市地重劃辦理完成的區數中，以桃園縣的 121 區為最多，其次為臺南市的 95 區，再則以臺中市的 89 區為第三。而以花蓮縣、澎湖縣及嘉義市皆無辦理自辦市地重劃，其區數為 0。綜合公、自辦市地重劃辦理完成的區數可看出，高雄市的 177 區最多，桃園縣辦理 152 區居次，臺南市 119 區第三，而以澎湖縣 3 區為最少，嘉義市 5 區次少。

　　若從**重劃面積**觀察，公辦市地重劃面積以高雄市完成 3,240 公頃為最多，臺中市的 2,385 公頃居次，第三為臺南市的 1,687 公頃，公辦市地重劃辦理面積最少的則是澎湖縣的 14 公頃，次少的為宜蘭縣 51 公頃。在自辦市地重劃辦理完成的面積中，以高雄市 516 公頃為最多，臺南市的 459 公頃居次，臺中市辦理完成面積 458 公頃為第三。仍以花蓮縣及澎湖縣無辦理自辦市地重劃為最少。綜合公、自辦市地重劃辦理完成面積觀之，以高雄市計 3,756 公頃為最多，

其次為臺中市 2,844 公頃，桃園縣 1,467 公頃居第三，而以澎湖縣之 14 公頃最少，宜蘭縣 73 公頃次少。由此顯示，高雄市、臺中市及桃園縣政府是臺灣地區運用市地重劃為都市建設最力的三個都市。

再以**平均規模**觀察，公辦市地重劃的平均面積以臺中市的 91.74 公頃最大，新北市 70.49 公頃居次，第三為臺南市的 70.28 公頃，公辦市地重劃平均面積最小的則是澎湖縣的 4.52 公頃，次小的為新竹縣 9.79 公頃。在自辦市地重劃方面，平均面積以宜蘭縣的 11.28 公頃為最大，新竹市的 11.01 公頃居次，臺北市的 8.40 公頃為第三。仍以花蓮縣及澎湖縣無辦理自辦市地重劃為最小。綜合公、自辦市地重劃的平均面積觀之，以新北市 32.70 公頃最大，其次為臺東縣 26.45 公頃，其次為花蓮縣 25.58 公頃居第三。由此顯示，臺中市、新北市及台南市的市政財力較其他縣市為佳；宜蘭縣、新竹市及臺北市則為私人投資所偏好。

最後從不同之**主辦單位**觀之，自辦市地重劃區數占臺灣地區市地重劃完成區數之 63.01%，其區數約是公辦市地重劃完成區數的 1.7 倍，雖然如此，若以辦理重劃之面積來看，公辦之市地重劃面積占臺灣地區市地重劃總面積之 82.47%，並且重劃區平均面積為 37.46 公頃，是自辦重劃區平均面積 4.68 公頃之 8 倍，顯示市地重劃仍以公辦為主。

2. 市地重劃辦理之時間分析（參見表 1-4）

最早之公辦市地重劃由高雄市政府於 1958 年開始辦理，至 1970 年為止，全臺僅八縣市實施公辦市地重劃，分別為臺北縣、新竹縣、南投縣、嘉義縣、臺中市、臺南市、臺北市、高雄市，東部縣市全無施辦，其中又以高雄市施辦面積 260 公頃為最多，累計 1970 年（民國六十年代）以前的公辦市地重劃面積為 517.8503 公頃，占臺灣地區已辦理完成面積的 3.98%，可見公辦市地重劃於 1970 年以前尚不盛行。

表 1-3　臺灣地區市地重

區數面積 地區別		重劃區數（區）			重
		計	公辦	自辦	計
總計	面積	930	344	586	15,626.7615
	百分比	100%	36.99%	63.01%	100.00%
	新北市	47	19	28	1,536.912
	臺北市	50	39	11	1,012.5556
	臺中市	115	26	89	2,843.7108
	臺南市	119	24	95	918.0906
	高雄市	177	100	77	3,756.1724
	臺灣省	422	136	286	4331.5699
	宜蘭縣	7	5	2	73.195
	桃園縣	152	31	121	1,466.9566
	新竹縣	22	7	15	149.4901
	苗栗縣	14	6	8	143.4645
	彰化縣	81	9	72	528.9136
	南投縣	32	18	14	252.0134
	雲林縣	28	10	18	245.2634
	嘉義縣	13	4	9	180.9123
	屏東縣	25	8	17	319.4781
	臺東縣	13	11	2	343.8203
	花蓮縣	10	10	0	255.7911
	澎湖縣	3	3	0	13.5663
	基隆市	7	6	1	139.6776
	新竹市	10	4	6	123.2222
	嘉義市	5	4	1	95.8051

資料來源：內政部地政司（2013），土地重劃統計資料

劃區位及規模分析

劃面積（公頃）		平均每重劃區面積（公頃）		
公辦	自辦	計	公辦	自辦
12,886.9819	2,739.7796	16.80	37.46	4.68
82.47%	17.53%	—	—	—
1,339.2608	197.6507	32.70	70.49	7.06
920.1353	92.4203	20.25	23.59	8.40
2,385.2017	458.5091	24.73	91.74	5.15
1,686.7958	459.0453	7.72	70.28	4.83
3,240.1623	516.0101	21.22	32.40	6.70
3315.426	1016.1439	10.26	24.38	3.55
50.6427	22.5526	10.46	10.13	11.28
1,091.7509	375.2057	9.65	35.22	3.10
68.5412	80.9489	6.80	9.79	5.40
126.6541	16.8104	10.25	21.11	2.10
325.3818	203.5318	6.53	36.15	2.83
214.0926	37.9208	7.88	11.89	2.71
150.1142	95.1492	8.76	15.01	5.29
148.0816	32.8307	13.92	37.02	3.65
243.4950	75.9831	12.78	30.44	4.47
340.3701	3.4502	26.45	30.94	1.73
255.7911	—	25.58	25.58	—
13.5663	—	4.52	4.52	—
135.6346	4.0430	19.95	22.61	4.04
57.1421	66.0801	12.32	14.29	11.01
94.1677	1.6374	19.16	23.54	1.64

截至 2013 年底，以辦理重劃起始年份統計

　　然到了 1970 至 1980 年（民國六十年代），僅澎湖縣、新竹市及嘉義市未辦理公辦市地重劃，其它各縣市均相繼辦理，甚至多數縣市（包括桃園縣、臺中縣、南投縣、嘉義縣、高雄縣、花蓮縣、基隆市、臺中市、臺南市、臺北市及高雄市等 11 市縣）辦理面積超過百公頃，而且高雄市於民國六十年代的施辦面積總計高達 1,127 公頃，位居全臺辦理公辦市地重劃面積第一。累計此年代全臺辦理面積為 3,699.0973 公頃，占歷年已完成重劃面積的 28.41%，可見公辦市地重劃快速成長。

　　1981 至 1990 年（民國七十年代），除了新竹縣及嘉義縣未辦理公辦市地重劃以外，全臺各縣市皆有市地重劃業務，仍是以高雄市辦理的公辦市地重劃面積 929 公頃居冠，其中桃園縣、臺中市、臺南市、臺北市及高雄市等重要縣市公辦市地重劃面積皆達五百公頃以上。此 10 年全臺公辦市地重劃面積更高達 5,160.5002 公頃，占歷年已完成重劃面積的 39.65%，顯示 1981 至 1990 年為公辦市地重劃之全盛時期。

　　1991 至 2000 年（民國八十年代），除了宜蘭縣、苗栗縣、嘉義縣、基隆市、新竹市及嘉義市以外，全臺各縣市皆有市地重劃業務，以臺北縣的公辦市地重劃面積 657 公頃居冠，臺南市的 306 公頃次之，高雄市 271 公頃居第三。累計此十年 2000 年全臺公辦市地重劃面積達 2,368.7237 公頃，占歷年已完成重劃面積的 18.19%，顯示 1991 至 2000 年公辦市地重劃需求大幅衰退。

　　2001 至 2010 年（民國九十年代），除了南投縣、嘉義縣、臺東縣、澎湖縣、新竹市及嘉義市以外，全臺各縣市皆有市地重劃業務，其中又以彰化縣的 184 公頃居冠，其次為臺北縣的 134 公頃，臺中縣的 121 公頃居第三。累計至 2010 年全臺公辦市地重劃面積僅 1,153.8196 公頃，占歷年已完成重劃面積的 8.87%，顯見 2001 至 2010 年公辦市地重劃的需求亦持續衰退。

　　在 2011 年縣市合併至今，僅新北市、高雄市、新竹縣、臺東縣、花蓮縣

與基隆市有實行市地重劃業務，累計至目前全臺公辦市地重劃面積僅 120.4127 公頃，占歷年已重劃面積的 0.92%，顯見公辦市地重劃對都市發展的影響力已不如以往。

表 1-4　臺灣地區公辦市地重劃

地區別 \ 年度	1958	1960	1965	1966
臺北縣 宜蘭縣 桃園縣 新竹縣				
苗栗縣 臺中縣 彰化縣 南投縣				
雲林縣 嘉義縣 臺南縣 高雄縣				
屏東縣 臺東縣 花蓮縣 澎湖縣				
基隆市 新竹市 臺中市 嘉義市			14.5283	
臺南市 臺北市 高雄市	66.3125	85.8897	118.0170	66.2284
總計	66.3125	85.8897	132.5453	66.2284
累計　面積	66.3125	152.2022	284.7475	350.9759
百分比	0.51%	1.17%	2.19%	2.70%

資料來源：內政部地政司（2013），土地重劃統計資料

之辦理時間分析　　　　　　　　　　　　　　　　　　　　單位：公頃

1967	1968	1969	1970	1958-1970 總計
33.2695				33.2695
				0
				0
			13.8251	13.8251
				0
				0
				0
	34.7333			34.7333
				0
	1.8596			1.8596
				0
				0
				0
				0
				0
				0
				0
				0
				0
				0
			24.2614	38.7897
				0
		17.1401		17.1401
				118.017
			41.7854	260.216
33.2695	36.5929	17.1401	79.8719	517.8503
384.2454	420.8383	437.9784	517.8503	
2.95%	3.23%	3.36%	3.98%	

截至 2013 年底，以辦理重劃起始年份統計

表 1-4　臺灣地區公辦市地重劃

年度 地區別	1971	1972	1973	1974	1975
臺北縣				4.5235	
宜蘭縣				19.5130	
桃園縣			19.8419		119.9078
新竹縣					9.7475
苗栗縣					40.1527
臺中縣			7.7311		91.2790
彰化縣		8.5366			20.7304
南投縣		6.4310	1.2616		21.1149
雲林縣			3.6635		
嘉義縣					
臺南縣					71.5531
高雄縣					
屏東縣				17.5836	
臺東縣					
花蓮縣					
澎湖縣					
基隆市			55.0123		26.1852
新竹市					
臺中市				18.6491	
嘉義市					
臺南市	35.0084		32.8573		
臺北市	32.5496	23.1902			
高雄市		421.5321	71.6823	3.4875	
總計	67.5580	459.6899	192.0500	63.7567	400.6706
累計　面積	585.4083	1045.0982	1237.1482	1300.9049	1701.5755
百分比	4.50%	8.03%	9.50%	9.99%	13.07%

資料來源：內政部地政司（2013），土地重劃統計資料

之辦理時間分析－續1　　　　　　　　　　　　　　　　　單位：公頃

1976	1977	1978	1979	1980	1970-1980 總　計
			2.9932	13.2413	20.758
					19.513
		56.5558	5.4058	63.8182	265.5295
4.3466		35.6349			49.729
		51.1356		5.8057	97.094
		54.7762			153.7863
		11.8417			41.1087
	18.5566				47.3641
	14.8177				18.4812
	17.0892		129.1328		146.222
				27.3209	98.874
		41.5000	95.7549		137.2549
		117.7749			135.3585
14.8973		52.7038			67.6011
51.5450			125.3900		176.935
					0
0.6520				25.2608	107.1103
					0
			440.6556		459.3047
					0
304.1424					372.0081
2.2746			97.7048	1.7787	157.4979
	93.7696	168.1874	38.1010	330.8071	1127.567
377.8579	144.2331	590.1103	935.1381	468.0327	3699.0973
2079.4334	2223.6665	2813.7768	3748.9149	4216.9476	
15.97%	17.08%	21.61%	28.79%	32.39%	

截至 2013 年底，以辦理重劃起始年份統計

表 1-4 臺灣地區公辦市地重劃

年度 地區別	1981	1982	1983	1984	1985
臺北縣		167.5720	15.7343	77.4506	
宜蘭縣				9.0353	
桃園縣		118.0847	115.5915	9.3388	76.2232
新竹縣					
苗栗縣			25.4761		
臺中縣	64.7075				6.2762
彰化縣			40.9193		12.5831
南投縣	77.8170		7.6020		
雲林縣	19.7476		2.5492		
嘉義縣					
臺南縣		105.3010			
高雄縣			95.1514		
屏東縣		65.3778			33.3520
臺東縣	31.5182			19.3363	
花蓮縣	28.3644			6.6063	16.8551
澎湖縣			9.7936		
基隆市					
新竹市					10.3524
臺中市			228.3124		
嘉義市					24.0973
臺南市		607.5445		2.0864	
臺北市		213.5333	8.5724	46.2281	
高雄市		34.5292		24.9533	106.7421
總計	222.1547	1311.9425	549.7022	195.0351	286.4814
累計 面積	4439.1023	5751.0448	6300.7470	6495.7821	6782.2635
累計 百分比	34.09%	44.17%	48.39%	49.89%	52.09%

資料來源：內政部地政司（2013），土地重劃統計資料

之辦理時間分析－續 2

單位：公頃

1986	1987	1988	1989	1990	1981-1990 總計
	17.4806	142.4597			420.6972
					9.0353
28.0133		38.1331		197.6966	583.0812
					0
					25.4761
		24.3807			95.3644
13.7302					67.2326
21.4166					106.8356
6.7388	2.1665				31.2021
					0
	25.8977			38.4019	169.6006
	35.4863	45.6882			176.3259
					98.7298
		31.2031	44.0135		126.0711
		14.5455			66.3713
					9.7936
			24.5434		24.5434
8.0047		3.1032		35.6818	57.142125
	19.4306		148.7966	473.7485	870.2881
57.6880	6.0288		6.3536		94.1677
				77.8442	687.4751
	2.4405	94.5946	145.8222		511.1911
2.9745	67.4629	365.4096	327.8043		929.8759
138.5661	176.3939	759.5177	697.3336	823.3730	5160.500225
6920.8296	7097.2235	7856.7412	8554.0748	9377.4478	
53.15%	54.51%	60.34%	65.70%	72.02%	

截至 2013 年底，以辦理重劃起始年份統計

表 1-4　臺灣地區公辦市地重劃

地區別＼年度	1991	1992	1993	1994	1995
臺北縣				18.9278	
宜蘭縣					
桃園縣		14.1059		8.4093	
新竹縣					
苗栗縣					
臺中縣		14.2564	161.7834		24.7792
彰化縣					4.8444
南投縣	0.2134		17.4456		
雲林縣		49.5942		1.4646	
嘉義縣					
臺南縣					
高雄縣		66.7240	1.4755	28.4552	10.7678
屏東縣					
臺東縣					
花蓮縣			9.1500		
澎湖縣					
基隆市					
新竹市					
臺中市			362.1818		
嘉義市					
臺南市		31.5623	274.4646		
臺北市	12.9407		0.9773		
高雄市		6.3061	44.6815		144.0720
總計	13.1541	182.5489	872.1597	57.2569	184.4634
累計 面積	9390.6019	9573.1508	10445.3105	10502.5674	10687.0308
累計 百分比	72.12%	73.52%	80.22%	80.66%	82.08%

資料來源：內政部地政司（2013），土地重劃統計資料

之辦理時間分析－續3

單位：公頃

1996	1997	1998	1999	2000	1991-2000 總計
89.2705				548.9807	657.179012
					0
24.3756	7.2739				54.164646
0.1000	4.0775				4.1775
					0
					200.819
27.6129					32.4573
			7.5006		25.1596
					51.0588
					0
6.4925					6.4925
29.9089	4.9634	25.3482			167.643
				4.4887	4.4887
104.3968		41.3320			145.7288
					9.15
			3.5722		3.5722
					0
					0
					362.1818
					0
					306.0269
0.1875	52.9594				67.0649
43.5100	15.1837	4.1236	10.3527	3.1294	271.359009
325.8547	84.4579	70.8038	21.4255	556.5988	2368.723667
11012.8855	11097.3434	11168.1472	11189.5727	11746.1715	
84.58%	85.23%	85.77%	85.94%	90.21%	

截至 2013 年底，以辦理重劃起始年份統計

表 1-4　臺灣地區公辦市地重劃

年度 地區別	2001	2002	2003	2004	2005	2006	2007	2008
臺北縣	11.1459			123.3169				
宜蘭縣	4.6686					13.3494		
桃園縣		33.7305		3.6389		8.5680	6.8825	0.0465
新竹縣					0.8096			
苗栗縣								
臺中縣				121.2132				
彰化縣								
南投縣								
雲林縣								49.3721
嘉義縣								
臺南縣							5.0527	
高雄縣			24.4218	44.2113		2.5624	4.9834	
屏東縣						4.6545		
臺東縣								
花蓮縣								0.4965
澎湖縣								
基隆市				3.9809				
新竹市								
臺中市				81.0502				2.3650
嘉義市								
臺南市					10.9800	14.3769		
臺北市		40.2287			1.0519			
高雄市			0.8780	4.8354	10.2614		1.6779	42.2472
總計	15.8145	73.9592	25.2998	382.2466	23.1029	43.5112	18.5965	94.5273
累計 面積	11,761.9860	11,835.9452	11,861.2450	12,243.4917	12,266.5946	12,310.1058	12,328.7022	12,423.2295
累計 百分比	90.34%	90.90%	91.10%	94.03%	94.21%	94.54%	94.69%	95.41%

資料來源：內政部地政司（2013），土地重劃統計資料

之辦理時間分析－續完　　　　　　　　　　　　　　　　單位：公頃

2009	2010	2001-2010 小計	1958-2010 總計		2011	2012	2013	2011-2013 小計
		134.4628	1266.367	新北市	71.1379			71.1379
	4.0763	22.0944	50.6427	臺北市				0.0000
40.1379	0.4777	93.4820	996.2573	臺中市				0.0000
		0.8096	68.5412	臺南市				0.0000
	4.0840	4.0840	126.6541	高雄市	1.9124	16.6723		18.5847
		121.2132	571.1829	宜蘭縣				0
184.5832		184.5832	325.3818	桃園縣				0.0000
		0.0000	214.0926	新竹縣	29.2570			29.2570
		49.3721	150.1142	苗栗縣				0.0000
		0.0000	148.0816	彰化縣				0.0000
		5.0527	280.0198	南投縣				0.0000
		76.1788	557.4026	雲林縣				0.0000
		4.6545	243.2315	嘉義縣				0.0000
		0.0000	339.4010	屏東縣				0.0000
	0.4838	0.9803	253.4366	臺東縣	0.2635			0.2635
		0.0000	13.3658	花蓮縣	0.9691			0.9691
		3.9809	135.6346	澎湖縣				
		0.0000	57.1421	基隆市	0.2005			0.2005
229.0000		312.4152	2042.980	新竹市				0.0000
		0.0000	94.1677	嘉義市				0.0000
		25.3569	1408.007					
		41.2806	895.0515					
13.9187		73.8186	2662.837					
467.6398	9.1218	1153.8196	12899.99		103.7404	16.6723	0.0000	120.4127
12,890.87	12,899.9911				13,003.7315	13,020.4038	13,020.4038	
99.01%	99.08%				99.87%	100.00%	100.00%	

截至 2013 年底，以辦理重劃起始年份統計

3. 市地重劃辦理之成果分析

在辦理完成的公辦市地重劃中，政府無償取得公共設施用地之面積共有 4,471.1174 公頃，占重劃總面積 34.69％，立即可建築用地之面積共有 8253.1973 公頃，占總面積 64.04％。（參見表 1-5）

若換算成金額，則無償取得之公共設施用地折合地價有 6,097 億 2,789 萬元，公共設施工程建設費支出為 1,990 億 5,600 萬元，兩者合計共籌措 8,087 億 8,3901 萬元。再從各縣市辦理市地重劃節省政府建設經費之角度觀察，以新北市節省 1,882 億 3,866 萬元為最多，高雄市節省 1,523 億 4,634 萬元次之，臺北市節省 1,390 億 3,738 萬元居第三，而以澎湖縣節省 2 億 5,121 萬元最少。（參見表 1-6）

（二）農地重劃

臺灣地區首宗農地重劃為 1956 年時，由中國農村復興聯合委員會先後派員至臺南縣，協助舉辦農地重劃以為實驗，經勘選籌備等事宜，於 1958 年奉省政府核准，選定仁德鄉實施重劃，並於翌年 2 月完成農地重劃工作。此後，農地重劃工作持續進行，至今已超過五十年。根據內政部地政司提供之資料可知，截至 2013 年底，農地重劃共計辦理了 811 區，面積 393,545 公頃。簡要分析農地重劃辦理區位、規模、時間及成果如下。

1. 農地重劃辦理之區位及規模分析（參見表 1-7）

在完成**農地重劃的區數**中，以雲林縣的 158 區為最多，其次為臺南市及嘉義縣的 92 及 90 區次之，而以新北市的 1 區為最少，澎湖縣的 4 區次少，此外，截至 2013 年底，基隆市、新竹市、嘉義市及臺北市皆未辦理農地重劃。

若從**重劃面積**觀察，已辦理完成的農地重劃面積以雲林縣 79,079 公頃為最多，臺南市的 57,758 公頃居次，第三為嘉義縣的 48,932 公頃，面積最少的

則是澎湖縣的 283 公頃。由此可知，農地重劃辦理區位都集中於雲嘉南平原，與其自然環境條件有相當之關係。此外，在農地重劃**平均規模**上，則以桃園縣 1,051.90 公頃為最大，可見其重劃區數雖然不多，但都是大範圍的重劃。

表 1-5　臺灣地區公辦市地重劃之成果分析

區域別		辦理完成總面積（公頃）	提供建築用地面積（公頃）	無償取得公共設施用地面積（公頃）	其他公共設施用地面積（公頃）
總計	面積	12886.9819	8253.1973	4471.1174	162.6671
	百分比	100%	64.04%	34.69%	1.26%
新北市		1339.2608	827.1636	476.7848	35.3124
臺北市		920.1353	544.4200	286.7783	88.9370
臺中市		2385.2017	1463.9381	912.6201	8.6435
臺南市		1686.7958	1139.1400	546.4202	1.2357
高雄市		3240.1623	2050.6646	1174.7447	14.7530
臺灣省		3315.4259	2227.8710	1073.7693	13.7856
宜蘭縣		50.6427	35.3698	14.6477	0.6251
桃園縣		1091.7509	718.9789	362.7759	9.9961
新竹縣		68.5412	49.0692	19.4720	—
苗栗縣		126.6541	92.1884	34.4657	—
彰化縣		325.3818	217.9642	106.8948	0.5227
南投縣		214.0926	151.8123	62.2803	—
雲林縣		150.1142	96.6464	53.4678	—
嘉義縣		148.0816	94.5662	53.5154	—
屏東縣		243.4950	159.2958	84.1991	—
臺東縣		340.3701	233.7340	103.9945	2.6416
花蓮縣		255.7911	180.8806	74.9105	—
澎湖縣		13.5663	9.3494	4.2169	—
基隆市		135.6346	99.2565	36.3781	—
新竹市		57.1421	37.2697	19.8725	—
嘉義市		94.1677	51.4897	42.6780	—

資料來源：內政部地政司（2013），土地重劃統計資料

表 1-6　臺灣地區各縣市市地重劃節省政府建設經費分析

區域別		節省政府用地徵購及工程建設費用（新臺幣：千元）		
		合計	徵購地價	工程建設費用
總計	金額	808,783,901,222	609,727,891,972	199,056,009,250
	百分比	100%	75.39%	24.61%
新北市		188,238,667,433	154,183,677,178	34,054,990,255
臺北市		139,037,389,628	100,915,545,696	38,121,843,932
臺中市		121,369,347,452	85,030,556,079	36,338,791,373
臺南市		61,318,706,038	41,544,818,126	19,773,887,912
高雄市		152,346,347,150	129,476,616,393	22,869,730,757
臺灣省		137,635,666,393	98,576,678,498	39,058,987,895
宜蘭縣		10,590,994,653	9,815,262,246	775,732,407
桃園縣		53,836,753,213	40,147,717,821	13,689,035,392
新竹縣		7,570,032,324	3,514,047,216	4,055,985,108
苗栗縣		2,414,749,354	1,861,808,111	552,941,243
彰化縣		23,232,582,711	15,267,374,541	7,965,208,170
南投縣		4,801,964,015	3,554,380,996	1,247,583,019
雲林縣		5,440,799,080	3,431,222,580	2,009,576,500
嘉義縣		2,574,556,452	1,858,757,960	715,798,492
屏東縣		7,400,098,963	5,248,036,142	2,152,062,821
臺東縣		6,266,244,414	4,550,538,067	1,715,706,347
花蓮縣		2,743,267,032	2,136,204,213	607,062,819
澎湖縣		251,212,977	191,987,331	59,225,646
基隆市		3,315,346,693	2,475,446,980	839,899,713
新竹市		5,119,337,700	2,997,642,598	2,121,695,102
嘉義市		2,077,726,812	1,526,251,696	551,475,116

資料來源：內政部地政司（2013），土地重劃統計資料

表 1-7　臺灣地區農地重劃區位及規模分析

地區	重劃區數（區）	重劃面積（公頃）	平均每重劃區面積（公頃）
總計	811	393,545	485.26
新北市	1	428	428.00
臺北市	—	—	—
臺中市	35	16,566	473.31
臺南市	92	57,758	627.80
高雄市	61	28,084	460.39
臺灣省	622	290,709	467.38
宜蘭縣	44	23,306	529.68
桃園縣	21	22,090	1,051.90
新竹縣	18	8,154	453.00
苗栗縣	37	12,720	343.78
彰化縣	59	37,726	639.42
南投縣	23	4,754	206.70
雲林縣	158	79,079	500.50
嘉義縣	90	48,932	543.69
屏東縣	60	28,005	466.75
臺東縣	44	11,935	271.25
花蓮縣	37	9,559	258.35
澎湖縣	4	283	70.75
金門縣	27	4,166	154.30
基隆市	—	—	—
新竹市	—	—	—
嘉義市	—	—	—

資料來源：內政部地政司（2013），土地重劃統計資料

2. 農地重劃辦理之時間分析（參見表 1-8）

　　1958 年於臺南試辦後，各縣市政府相繼辦理農地重劃，至 1970 年止，以雲林縣辦理面積 36,215 公頃為最多，此一時期辦理農地重劃的面積是歷年代最大，累計 1970 年（民國六十年代）以前的辦理面積為 233,135 公頃，占臺灣地區已辦理完成面積的 59.29%，此結果亦呼應臺灣的經濟發展階段，即 1970 年以前以第一級產業為主。

　　到了 1971 至 1980（民國六十年代）年，各縣市開辦市地重劃者多，使得農地重劃發展停滯，行政位階為直轄市及省轄市者（即基隆市、新竹市、臺中市、嘉義市、臺南市、臺北市及高雄市）皆未辦理農地重劃，但是雲林縣於 1971 至 1980 年的辦理面積總計高達 8,397 公頃，位居全臺施辦面積第一。累計此年代全臺辦理農地重劃面積為 44,902 公頃，占歷年已完成重劃面積的 11.42%，已是初開辦農地重劃 1970 年前的五分之一。

　　1981 至 1990 年（民國七十年代）為農地重劃的再興時代，除了省轄市及直轄市未辦理農地重劃外，臺北縣及澎湖縣也未辦理農地重劃，然而雲林縣的辦理農地重劃面積有 22,308 公頃居冠，加上臺南縣的 13,485 公頃，使得此年代全臺農地重劃面積為 89,038 公頃，占 22.64%。

　　1991 至 2000（民國八十年代）全臺僅剩 13 個縣市辦理農地重劃，雲林縣的辦理面積 9,101 公頃仍為全臺之冠，累計此一年代重劃面積為 19,642 公頃，占 4.99%，顯示農地重劃辦理規模快速衰退。

　　2001 至 2010 年（民國九十年代），除了雲林縣、彰化縣、宜蘭縣及少數縣市持續辦理農地重劃，多數縣市皆無辦理農地重劃，累計此一年代重劃面積為 5,543 公頃，僅占 1.41%。在 2011 年縣市合併至 2013 年底，僅雲林縣、彰化縣、宜蘭縣及屏東縣分別實行農地重劃業務，僅 967 公頃，占歷年已重劃面積的 0.25%，顯見農地重劃辦理規模已大幅下降。

其實自民國八十年代起，農地重劃即以農村社區為主，以生產使用的農地重劃快速減少。

3. 農地重劃辦理之成果分析

因農地重劃能予耕地以綜合性之整備改善，故非僅可提高土地的生產力，並因農路、水路的改善，勞力生產性亦能充分發揮至最高的境界，又因土地經交換分合後更為集中，亦能促進耕地之共同經營，由此等意義，重劃之效果可分述如下（內政部地政司，1984，3-4；臺灣省地政處，1997，5）：

(1) 生產效果：

a. 重劃後每一坵塊面積平均擴大兩倍以上，且形狀方整，便於機械耕作。

b. 將分散的農地集中分配，集中率平均達百分之八十六，便利耕作管理。

c. 改善農水路，節省勞力百分之二十，可以用來從事其他副業，增加農民收入。田間農路暢通，堆肥使用量增加，有利土壤改良，增加生產量。

d 沿海地區重劃後設置防風林帶，有效改善農業生產環境。

(2) 交通效果：

e. 幹線農路寬直，與省、縣、鄉、鎮公路銜接，便利機械耕及農作物之搬運。田坵直接臨路者，重劃前為百分之二十八，重劃後增加為百分之九十九.三，事業經營方便。

f. 重劃後以十二公頃為灌溉單元，使農場結構改善，不僅便利農業機械化之推行，且有利於農業委託經營、共同經營與合作經營之推行。

表 1-8　臺灣地區農地重劃

地區別 ＼ 年度	1958	1959	1961	1962	1963	1964
臺北縣				428		
宜蘭縣			163			286
桃園縣						425
新竹縣			55			197
苗栗縣		198		515	344	233
臺中縣		202		1,329	489	1,479
彰化縣		194		300	924	2,217
南投縣		49		401	206	132
雲林縣		127	785	887	1,809	3,736
嘉義縣		47	776	268	2,395	1,761
臺南縣	183		310		2,164	1,749
高雄縣			685		1,333	1,489
屏東縣	342				3,154	3,659
臺東縣			190	386	527	865
花蓮縣			261		1,553	746
澎湖縣						
金門縣						
基隆市						
新竹市						
臺中市						
嘉義市						
臺南市						
臺北市						
高雄市					560	
總計	525	817	3,225	4,514	15,458	18,974
累計　面積	525	1,342	4,567	9,081	24,539	43,513
累計　百分比	0.13%	0.34%	1.16%	2.31%	6.24%	11.07%

資料來源：內政部地政司（2013），土地重劃統計資料

之辦理時間分析　　　　　　　　　　　　　　　　　　　單位：公頃

1965	1966	1967	1968	1969	1970	1958-1970 總計
						428
642	416	853	3,823	2,184	2,502	10,869
400	650	1,086	3,727	2,672	3,036	11,996
42	195	893	1,155	1,730	1,349	5,616
541	188	533	863	2,155	2,347	7,917
1,172	1,414	467	2,500	1,649	1,297	11,998
1,989	1,884	2,722	1,500	3,741	2,910	18,381
			412	1,960		3,160
2,984	5,351	3,342	6,194	4,348	6,652	36,215
2,891	4,057	3,788	4,026	5,371	6,407	31,787
3,107	3,633	4,699	6,983	9,557	6,165	38,550
2,603	3,505	3,892	2,306	3,725	1,924	21,462
2,163	1,584	1,308	2,385	874	1,498	16,967
675	183	248	1,107	130	1,889	6,200
2,219	60	625	522	322		6,308
					72	72
80	80	1,091	366	497	303	2,417
						0
						0
					1,759	1,759
						0
					283	283
						0
			190			750
21,508	23,200	25,547	38,059	40,915	40,393	233,135
65,021	88,221	113,768	151,827	192,742	233,135	
16.54%	22.44%	28.93%	38.61%	49.02%	59.29%	

表 1-8　臺灣地區農地重劃

年度 地區別	1971	1972	1973	1974	1975
臺北縣					
宜蘭縣	3,000				
桃園縣	2,200				
新竹縣	829				
苗栗縣	651		160		281
臺中縣					
彰化縣	2,607			170	
南投縣					
雲林縣	4,528		186	350	76
嘉義縣	3,848				140
臺南縣			78	394	
高雄縣	1,766				
屏東縣	2,132		160		
臺東縣	967		189	71	
花蓮縣				241	329
澎湖縣	34			177	
金門縣			100	133	93
基隆市					
新竹市					
臺中市					
嘉義市					
臺南市					
臺北市					
高雄市					
總計	22,562	0	873	1,536	919
累計 面積	255,697	255,697	256,570	258,106	259,025
累計 百分比	65.03%	65.03%	65.25%	65.64%	65.87%

資料來源：內政部地政司（2013），土地重劃統計資料

之辦理時間分析－續 1　　　　　　　　　　　　　　　單位：公頃

1976	1977	1978	1979	1980	1971-1980 總計
					0
	485	660	650	650	5,445
				1,138	3,338
	267				1,096
	208				1,300
					0
	525	722			4,024
	65	140	245		450
	620	621	1,231	785	8,397
139	353	550	652	617	6,299
	1,130	715	1,110	1,294	4,721
	349	354			2,469
		527	1,505		4,324
				352	1,579
208					778
					211
18	55			72	471
					0
					0
					0
					0
					0
					0
					0
365	4,057	4,289	5,393	4,908	44,902
259,390	263,447	267,736	273,129	278,037	
65.96%	67.00%	68.09%	69.46%	70.71%	

表 1-8 臺灣地區農地重劃

地區別＼年度	1981	1982	1983	1984	1985
臺北縣					
宜蘭縣	380		750		
桃園縣	1,016	1,835	1,245	1,124	
新竹縣		308	572	106	260
苗栗縣	550		145	113	525
臺中縣	956			720	
彰化縣	1,503	2,293	2,228	1,077	1,826
南投縣		365		266	
雲林縣	1,328	2,237	2,379	2,161	2,851
嘉義縣	1,192	2,067	1,001	1,729	1,511
臺南縣	2,371	3,094	1,810	2,360	1,454
高雄縣	396	399	539	233	395
屏東縣	659	754	1,690	1,813	
臺東縣	904		407	825	1,227
花蓮縣			200	533	288
澎湖縣					
金門縣	65	70	85		120
基隆市					
新竹市					
臺中市					
嘉義市					
臺南市					
臺北市					
高雄市					
總計	11,320	13,422	13,051	13,060	10,457
累計 面積	289,357	302,779	315,830	328,890	339,347
累計 百分比	73.59%	77.00%	80.32%	83.64%	86.30%

資料來源：內政部地政司（2013），土地重劃統計資料

之辦理時間分析－續 2　　　　　　　　　　　　　單位：公頃

1986	1987	1988	1989	1990	1981-1990 總計
					0
930		105		1,151	3,316
653	573				6,446
196					1,442
	53				1,386
350				111	2,137
704	806	915			11,352
			140	53	824
2,535	1,967	2,113	2,355	2,382	22,308
856	845	898	442	102	10,643
740	572	473	405	206	13,485
1,139					3,101
	183	312			5,411
667	126				4,156
291	250	190	145	314	2,211
					0
90	100	100	110	80	820
					0
					0
					0
					0
					0
					0
					0
9,151	5,475	5,106	3,597	4,399	89,038
348,498	353,973	359,079	362,676	367,075	
88.63%	90.02%	91.32%	92.23%	93.35%	

表 1-8　臺灣地區農地重劃

年度　　地區別	1991	1992	1993	1994	1995
臺北縣					
宜蘭縣		743			498
桃園縣			310		
新竹縣					
苗栗縣	911				
臺中縣				381	
彰化縣			876	815	117
南投縣				230	
雲林縣	1,608	2,024	705	593	990
嘉義縣			203		
臺南縣	424			155	47
高雄縣		193			
屏東縣	145		212	241	
臺東縣					
花蓮縣	150	112			
澎湖縣					
金門縣	100	90	100	70	
基隆市					
新竹市					
臺中市					
嘉義市					
臺南市					
臺北市					
高雄市					
總計	3,338	3,162	2,406	2,485	1,652
累計 面積	370,413	373,575	375,981	378,466	380,118
累計 百分比	94.20%	95.00%	95.61%	96.25%	96.67%

資料來源：內政部地政司（2013），土地重劃統計資料

之辦理時間分析－續 3　　　　　　　　　　　　　單位：公頃

1996	1997	1998	1999	2000	1991-2000 總計
					0
432			210	355	2,238
					310
					0
	168	305		212	1,596
					381
310	470	337	204		3,129
					230
899	823	762	338	359	9,101
					203
		50			676
					193
	365				963
					0
					262
					0
					360
					0
					0
					0
					0
					0
					0
					0
1,641	1,826	1,454	752	926	19,642
381,759	383,585	385,039	385,791	386,717	
97.08%	97.55%	97.92%	98.11%	98.34%	

表 1-8 臺灣地區農地重劃

年度\地區別	2001	2002	2003	2004	2005	2006	2007	2008
臺北縣								
宜蘭縣		410					395	
桃園縣								
新竹縣								
苗栗縣			313				95	
臺中縣						200		
彰化縣	357			357				340
南投縣								
雲林縣	205	387	562	205	250	160		215
嘉義縣								
臺南縣						43		
高雄縣								
屏東縣	230			230				
臺東縣								
花蓮縣								
澎湖縣								
金門縣			65					29
基隆市								
新竹市								
臺中市								
嘉義市								
臺南市								
臺北市								
高雄市								
總計	792	797	940	792	250	403	490	584
累計 面積	387,509	388,306	389,246	390,038	390,288	390,691	391,181	391,765
累計 百分比	98.55%	98.75%	98.99%	99.19%	99.25%	99.36%	99.48%	99.63%

資料來源：內政部地政司（2013），土地重劃統計資料

之辦理時間分析－續完　　　　　　　　　　　　　單位：公頃

2009	2010	2001-2010 總計	1958-2010 總計		2011	2012	2013	2011-2013 總計
		0	428	新北市				0
		805	22,673	臺北市				0
		0	22,090	臺中市				0
		0	8,154	臺南市				0
113		521	12,720	高雄市				0
91		291	14,807	宜蘭縣		169		169
		1,054	37,940	桃園縣				0
		0	4,664	新竹縣				0
	182	2,166	78,187	苗栗縣				0
		0	48,932	彰化縣	143			143
		43	57,475	南投縣				0
	109	109	27,334	雲林縣	115	370	60	545
		460	28,125	嘉義縣				0
		0	11,935	屏東縣			110	110
		0	9,559	臺東縣				0
		0	283	花蓮縣				0
		94	4,162	澎湖縣				0
		0	0	金門縣				0
		0	0	基隆市				0
		0	1,759	新竹市				0
		0	0	嘉義市				0
		0	283					
		0	0					
		0	750					
204	291	5,543	392,260		258	539	170	967
391,969	392,260				392,518	393,057	393,227	
99.68%	99.75%				99.82%	99.96%	100.00%	

(3) 水害之消除：

g. 重劃後因肥料使用量增加及排水暢通，地下水位降低，有利作物根部發育，可實施整條密植，對病蟲害之防治均具成效，使重劃後作物單位面積產量增加。

(4) 其他效果：

h. 重劃後共有土地按持分歸戶後，予以交換分配，土地權利由複雜趨於單純且重劃後土地方整，界樁明確，可杜絕界址糾紛。

i. 人地關係改善，重劃後經界明確，權利分明，消弭產權糾紛。

j. 重劃後坵塊擴大又方整，農水路較直又完整，有助於農村景觀的美化。農村生產與生活環境獲得改善，有助於城鄉差距之縮短。（蕭輔導，2001）

（三）農村社區土地重劃

1. 農村社區土地重劃辦理之區位及規模分析（參見表 1-9）

　　在完成農村社區土地**重劃的區數**中，以南投縣的 15 區為最多，其次為臺南市及雲林縣的 8 與 6 區，而以高雄市、宜蘭縣、桃園縣、新竹縣及屏東縣的 1 區為最少。此外，截至 2013 年底，院轄市及市級的行政轄區中，僅新竹市辦理 5 區，其餘皆未辦理；新北市、臺北市、宜蘭縣及澎湖縣，亦皆未辦理農村社區土地重劃。

　　若從**重劃面積**觀察，已辦理完成的農村社區土地重劃面積以臺南市 85.9037 公頃為最多，南投縣的 60.5226 公頃居次，第三為雲林縣的 50.7024 公頃，面積最少的則是屏東縣的 7.3984 公頃。此外，在農村社區土地重劃**平均規模**上，則以新竹縣 12.93 公頃為最大。

表 1-9　臺灣地區農村社區土地重劃區位及規模分析

區數面積 地區別	重劃區數（區）	重劃面積 （公頃）	平均每重劃區面積 （公頃）
總計	56	406.5184	7.26
新北市	—	—	—
臺北市	—	—	—
臺中市	4	20.5771	5.14
臺南市	8	85.9037	10.74
高雄市	1	7.4992	7.50
臺灣省	43	292.5384	6.80
宜蘭縣	1	9.9	9.90
桃園縣	1	8.75	8.75
新竹縣	1	12.9292	12.93
苗栗縣	2	11.3863	5.69
彰化縣	2	12.1178	6.06
南投縣	15	60.5226	4.03
雲林縣	6	50.7024	8.45
嘉義縣	3	35.1762	11.73
屏東縣	1	7.3984	7.40
臺東縣	2	23.7171	11.86
花蓮縣	4	34.2765	8.57
澎湖縣	—	—	0.00
基隆市	—	—	0.00
新竹市	5	25.6619	5.13
嘉義市	—	—	0.00

資料來源：內政部地政司（2013），土地重劃統計資料

2. 農村社區土地重劃辦理之時間分析（參見表 1-10）

1989 年於雲林縣試辦後，2001 年（民國九十年代）前，以臺南縣施辦面積 72.4782 公頃為最多，並且集中在桃園縣、新竹縣、苗栗縣、臺中縣、南投縣、雲林縣、嘉義縣、高雄縣、屏東縣、臺東縣及花蓮縣，此等縣份皆是較具農業特性的地區。此段期間，以 1995 年辦理的農村社區土地重劃面積有 69.8392 公頃為最高，累計九十年代前辦理完成的面積為 240.0929 公頃，占 59.06%。

2001 至 2010 年（民國九十年代），適用「農村社區土地重劃條例」之後，以南投縣辦理之農村社區土地重劃面積47.7057公頃為最高；以年份觀之，2006 年完成 42.0673 公頃為最高。累計此年代辦理完成之面積為 149.9355 公頃，占 36.88%。此外，臺灣五個省轄市及二個直轄市中，除新竹市於 2004 年辦理農村社區土地重劃外，其餘皆未辦理。而辦理完成之農村社區土地重劃多集中於中彰投一帶，並且多位於非都市土地。2011 年至今，僅南投縣、新竹市與雲林縣分別辦理 9.05、4.72 與 2.72 公頃之農村社區土地重劃。累計至目前，僅 16.49 公頃，占 4.06%。

自農村社區土地重劃開辦後，農地重劃業務量稍減，每年皆不超過八縣市辦理，但影響不甚大，主要因農村社區土地重劃辦理整體規模較農地重劃為小，2001 年前（民國九十年代前），累計農地重劃面積仍有 19,642 公頃，然農村社區土地重劃僅有 240.0929 公頃，農地重劃為農村社區土地重劃面積之近 82 倍；2001 至 2010 年間（民國九十年代），農村社區土地重劃面積為 149.9355 公頃，農地重劃面積為 5,543 公頃，農地重劃面積為農村社區土地重劃面積之近 37 倍，顯示在條例立法後之農村社區土地重劃面積較立法前之面積為大。

3. 農村社區土地重劃辦理之成果分析

　　農村社區土地重劃工程建設及地籍整理完成後,社區街廓深度與寬度及建築基地單位大小、形式均能符合建築規格,社區土地所有權人均能擁有清楚的產權,明確的地籍,坵塊完整且面臨道路之土地,更適合經濟有效之利用,重劃完成後再結合住宅輔建、整建、守望相助、防治公害、環境美化、景觀設計、產業發展等相關計畫之推展,可使老舊、髒亂的農村社區景象獲致改善,恢復蓬勃生機之績效,(內政部地政司,1991,10)其實質效益敘述如下:

(1) 透過整體規劃,促進農村社區健全發展:

　　以促進農村發展為目標規劃農村社區未來發展模式,不僅可以完成各項公共設施建設,並可以增加公共設施用地面積。

(2) 美化觀瞻,消除農村社區髒亂景象:

　　由於道路、多功能活動中心、廣場等公共設區之興建,以及配合辦理區內地上物拆遷農宅輔建、整建以及綠美化環境等措施,可以使老舊、髒亂景象之農村社區獲得改善,展現農村新風貌。

(3) 增加可供建築使用土地,提高土地利用價值:

　　將社區原有畸零不整細碎之土地,重新規劃為形狀方整,可建築之土地,可以增進土地利用,提高土地利用價值,增加土地所有權人財富。

(4) 便利地籍與公私產權管理,減少界址紛爭:

　　更新後地權及土地經界定獲得調整,不僅可以消弭民間界址糾紛,並且有利於政府地籍、稅籍與公私產權之管理。

(5) 凝聚社區意織:

　　由於多功能活動中心之興建以及配合推動社區發展,不僅提供了鄰近村里

表 1-10　臺灣地區農村社區土地重劃

年度 地區別	1989	1990	1992	1993	1994
臺北縣					
宜蘭縣					
桃園縣					
新竹縣		3.2484			
苗栗縣					
臺中縣	5.5161			3.6044	
彰化縣					
南投縣					3.7669
雲林縣	6.8291		9.6916	14.9767	
嘉義縣					
臺南縣				22.0198	6.4130
高雄縣				7.4992	
屏東縣			7.3984		
臺東縣			12.5461		11.1710
花蓮縣			7.4496		
澎湖縣					
基隆市					
新竹市					
臺中市					
嘉義市					
臺南市					
臺北市					
高雄市					
總計	12.3452	3.2484	37.0857	48.1001	21.3509
累計　面積	12.3452	15.5936	52.6793	100.7794	122.1303
累計　百分比	3.04%	3.84%	12.96%	24.79%	30.04%

資料來源：內政部地政司（2013），土地重劃統計資料

之辦理時間分析　　　　　　　　　　　　　　　　　單位：公頃

1995	1996	1997	1998	1999	1989-1999 總計
					0.0000
					0.0000
8.7500					8.7500
					3.2484
			5.8963		5.8963
					9.1205
					0.0000
					3.7669
		6.8840			38.3814
22.7662	6.8000		5.6100		35.1762
29.7700		8.6244		5.6510	72.4782
					7.4992
					7.3984
					23.7171
8.5467	8.6640				24.6603
					0.0000
					0.0000
					0.0000
					0.0000
					0.0000
					0.0000
					0.0000
					0.0000
69.8329	15.4640	15.5084	11.5063	5.6510	240.0929
191.9632	207.4272	222.9356	234.4419	240.0929	
47.22%	51.03%	54.84%	57.67%	59.06%	

表 1-10　臺灣地區農村社區土地重劃

年度／地區別	2001	2002	2003	2004	2005	2006	2007	2008
臺北縣								
宜蘭縣							9.9	
桃園縣								
新竹縣							9.6808	
苗栗縣							5.49	
臺中縣					9.9226	1.534		
彰化縣						5.7578		
南投縣	11.5297		20.0093		1.1567			
雲林縣							9.601	
嘉義縣								
臺南縣							7.3955	
高雄縣								
屏東縣								
臺東縣								
花蓮縣		9.6162						
澎湖縣								
基隆市								
新竹市				4.2373		16.7046		
臺中市								
嘉義市								
臺南市								
臺北市								
高雄市								
總計	11.5297	9.6162	20.0093	4.2373	11.0793	23.9964	42.0673	0.0000
累計 面積	251.6226	261.2388	281.2481	285.4854	296.5647	320.5611	362.6284	362.6284
累計 百分比	61.90%	64.26%	69.18%	70.23%	72.95%	78.86%	89.20%	89.20%

資料來源：內政部地政司（2013），土地重劃統計資料

之辦理時間分析－續完　　　　　　　　　　　　　單位：公頃

2009	2010	2010-2010 總計	1989-2010 總計		2011	2012	2013	2011-2013 總計
		0.0000	0.0000	新北市				0.00
		9.9000	9.9000	臺北市				0.00
		0.0000	8.7500	臺中市				0.00
		9.6808	12.9292	臺南市				0.00
		5.4900	11.3863	高雄市				0.00
		11.4566	20.5771	宜蘭縣				0.00
6.36		12.1178	12.1178	桃園縣				0.00
4.14	10.87	47.7057	51.4726	新竹縣				0.00
		9.6010	47.9824	苗栗縣				0.00
		0.0000	35.1762	彰化縣				0.00
		7.3955	79.8737	南投縣	9.05			9.05
		0.0000	7.4992	雲林縣			2.72	2.72
		0.0000	7.3984	嘉義縣				0.00
		0.0000	23.7171	屏東縣				0.00
		9.6162	34.2765	臺東縣				0.00
		0.0000	0.0000	花蓮縣				0.00
		0.0000	0.0000	澎湖縣				0.00
		20.9419	20.9419	金門縣				0.00
		0.0000	0.0000	基隆市				0.00
		0.0000	0.0000	新竹市			4.72	4.72
	6.03	6.0300	6.0300	嘉義市				0.00
		0.0000	0.0000					
		0.0000	0.0000					
10.5000	16.9000	149.9355	390.0284		9.05	0	7.44	16.49
373.1284	390.0284				399.0784	399.0784	406.5184	
91.79%	95.94%				98.17%	98.17%	100.00%	

社區活動、集會等之場所，同時也增進村里民之向心力與感情。

　　然「農村社區土地重劃條例」立法後，依「非都市土地開發審議作業規範」之住宅專編第 23 點第 6 款規定，公共設施、公用設備用地比例不得低於開發總面積的 25%，在辦理重劃負擔總額之上限為 35%，使得農村社區在辦理重劃後有擴大農村社區面積之效果。

　　分析 1989 年至 2011 年政府辦理農村社區土地重劃地區之原有農村社區面積，1989 年至 1999 年試辦時期的 26 區重劃區，其納入重劃範圍的原有社區面積在 2 公頃以下者僅占 14%，2-5 公頃面積之區數達 67%，7-10 公頃面積之區數則亦有 19%，顯示此時期之重劃已將大部分或整個農村社區納入更新範圍；然而，2001 年至 2011 年農社重條例公布實施後辦理的 28 區重劃區，納入重劃範圍的原有社區面積在 2 公頃以下者高達 69%，2-3 公頃者亦占 25%，餘僅 1 區面積為 5-6 公頃，此顯示納入重劃範圍的原有社區面積有縮小之趨勢。其次，再分析 2001 年至 2011 年農社重條例公布實施後土地所有權人自行辦理之 12 區重劃區，納入重劃範圍之原有社區面積 1 公頃以下者則高達 92%，顯示藉由自辦重劃行擴大建地之實。（參見表 1-11）

　　上述辦理經驗顯示，自農社重條例公布實施後，不論政府辦理或土地所有權人自行辦理重劃，皆以非全部或僅小部分原有社區面積納入重劃範圍，導致此實況之原因乃是農社重條例定義的農村社區，僅以農村社區之土地使用分區與用地編定類別（即非都市地區之鄉村區乙種建築用地、鄉村區以外甲丙種建築用地）規範，此等規範因缺乏類似都市計畫之具目標導向的土地利用計畫引導，使得認定農村社區之條件過於粗略，導致僅單純為住宅用地而開發的問題。（謝靜琪、白娟華，2011）

　　再綜合農村社區擴大倍數與原有社區面積之分析顯示，自農社重條例實施以後，農村生活環境的改善方式已朝向只選擇農村社區部分土地並且較大規

模擴大社區範圍的型式。然而，此方向與農村人口數乃至全國人口數逐年下降的事實是矛盾的，更對改善原有社區環境的破敗窳陋沒有幫助。由此顯示，農社重條例中規定的農村社區更新及配合區域整體發展的辦理時機，應更進一步釐清。（謝靜琪、白娟華，2011）

表1-11　1989 至 2011 年農村社區土地重劃範圍內原有社區面積之分析

辦理方式	政府辦理						所有權人辦理	
年期	78~88 年試辦		90~100 年立法後		合計		90~100 年立法後	
原有社區面積	區數	%	區數	%	區數	%	區數	%
1 公頃以下	2	7	5	19	7	13	11	92
1~2 公頃	2	7	14	50	16	30	1	8
2~3 公頃	8	32	7	25	15	28	--	--
3~4 公頃	5	20	1	3	6	11	--	--
4~5 公頃	4	15	--	--	4	7	--	--
5~6 公頃	2	7	1	3	3	5	--	--
6~7 公頃	1	4	--	--	1	2	--	--
7~8 公頃	1	4	--	--	1	2	--	--
10 公頃以上	1	4	--	--	1	2	--	--
合計	26	100	28	100	54	100	12	100

註：原有社區面積係指納入重劃範圍之原有社區面積。
資料來源：內政部地政司答覆監察院之公函（100 年 7 月 18 日內授中辦地字第 1000725033 號函）附件資料

　　至於農村社區增加的公共設施面積，在條例立法前後有不同的影響分析。分析 1989 年至 2011 年政府辦理農村社區土地重劃地區之公共設施用地比例，1989 年至 1999 年試辦時期的 26 區重劃區，公共設施用地面積占全部重劃區面積比例 15% 以下及 15-25% 者計占 65%，較之 25% 以上者 35% 為多；然 2001

年至 2011 年立法後的 28 個重劃區，公共設施用地面積占全區面積比例 25%
以下者僅占 21%，25-45%者則高達 79%，顯示農社重條例立法後辦理的重劃
區公共設施用地較試辦時期之用地面積增加，然此乃因立法後時期多以重建方
式更新部分農村社區。（參見表 1-12）

表1-12　1989 至 2011 年農村社區土地重劃區之公共設施用地比例分析

辦理方式	政府辦理						所有權人辦理	
年期	78~88 年試辦		90~100 年立法後		合計		90~100 年立法後	
公共設施用地比例	區數	%	區數	%	區數	%	區數	%
15%以下	5	19	--	--	5	9	1	8
15~25%	12	46	6	21	18	33	2	17
25~35%	7	27	19	68	26	49	9	75
35~45%	1	4	3	11	4	7	--	--
45%以上	1	4	--	--	1	2	--	--
合計	26	100	28	100	54	100	12	100

註：公共設施用地比係指重劃區公共設施用地面積占全區面積之比例。
資料來源：內政部地政司答覆監察院之公函（100 年 7 月 18 日內授中辦地字
第 1000725033 號函）附件資料

　　其次，再分析 2001 年至 2011 年農社重條例公布實施後土地所有權人自
行辦理之 12 區重劃，公共設施用地面積占全區面積比例 25%以下者區數甚
少，25-35%者高達 75%，且未有高於 35%以上的比例，顯示自辦重劃亦以
重建方式增加公共設施用地，然而更必須在受託專業團隊的成本考量下進
行。（參見表 1-12）

　　2001 年至 2011 年政府辦理與土地所有權人自辦之重劃區公共設施用地
比例多在 25%以上，乃因農社重條例規定農村社區土地重劃之全區平均負擔
比例為 35%以下（農社重條例第 11 條），且「非都市土地開發審議作業規範」

配合農村社區土地重劃區之規定，訂出公共設施、公用設備用地比例不得低於開發總面積 25%（住宅專編第 23 點第 6 款）之標準。然而，為何不同類型、不同區位的農村社區必須規劃設置至少是開發總面積 25%之單一標準，並沒有學理上之依據。而且，因土地所有權人須以土地面積負擔重劃成本，若重劃土地的增值幅度不足，則土地所有權人絕無意願參與，此導致重劃須以農地變更建地之方式提高土地所有權人參與意願。然而，若變更成建地後的土地價格缺乏住宅市場需求時，則仍亦無法誘發土地所有權人投入，因此導致變更建地需求較大的地區是與都市有近便性的農村社區。（謝靜琪、白娟華，2011）

市地重劃篇

重劃前

重劃後

貳、市地重劃之基礎理論

謝靜琪（1995，28）依據市地重劃第三階段的政策目的，將市地重劃視為是項大型具外部性經濟之公共建設投資事業，並且為滿足使用者付費的原則，將公共設施建設成本內部化。謝氏（1995，11）同時指出，臺灣地區現行市地重劃創造價值的來源，主要是公共設施投資興建所產生的效益，至於土地使用類別與強度所產生的效益，主要是依都市計畫之細部計畫的土地使用分區管制而定。基此公共設施效益，市地重劃以使用者（受益者）付費原則，將該效益透過地價之轉換，以抵費地（包括公共設施用地）方式負擔之。市地重劃效益之來源及負擔之依據討論如下。

一、市地重劃效益之來源 [11]

謝靜琪（1995，23-24）依現行「市地重劃實施辦法」之規定 [12]，將市地

---

[11]　本小節主要參考謝靜琪（1995，23~27）之論述。

[12]　現行市地重劃實施辦法之規定，市地重劃效益計算以「評定前地價」與「評定後地價」作為計算基礎。前者係根據土地位置、地勢、交通及使用狀況等影響地價之各項因素及附近買賣實例為評定依據；後者係參酌各街廓土地之位置、地勢、交通、道路寬度、公共設施、土地使用分區、重劃後預期發展情形等各項影響地價之因素，及鄰近區外已開發區地價之趨勢作為評定重劃後地價

重劃之效益區分為基地價值（即為地勢、地形、規模及道路寬度等因素）、公共設施價值（即為公共設施及交通等因素）、可及性價值（即位置因素）及預期價值（即土地使用分區、重劃後預期發展情形及鄰近區外已開發區地價之趨勢等因素）等四項產生來源。簡要分析四項產生效益之來源如下。

（一）基地價值

市地重劃的目的之一，即使重劃範圍內原為雜亂不規則之地形、地界及畸零細碎不合經濟使用之都市土地（參見圖 2-1），重新調整地界，使各宗土地均成為大小適宜、形狀方正、面臨道路之優良建地（參見圖 2-2）。基地本身之地勢、地形、規模及臨街道路寬度等條件，代表土地利用之有效性。就地勢條件，一般而言，平坦土地較傾斜土地，在使用改良成本上較為便宜；就地形條件，一般而言，矩形土地比不規則土地在利用上較為便利，效用也較大；林英彥（1997，37-38）就規模條件，隨其用途如住宅、商業或工業而使利用價值發生差異，一般而言，規模太大時須細分後方能開發利用，規模太小時則必須合併其他土地方能有效利用，兩者皆使利用成本增加；就臨街道路寬度條件而言，因為建築法規對建築物高度之限制，是以基地面臨的道路寬度為計算標準，因此，道路愈寬，基地之利用強度愈強，基地之使用價值亦愈高。（陳春貴，1970，65）

（二）公共設施價值

實施市地重劃時，可取得供公共使用之道路、溝渠、兒童遊樂場、鄰里公園、廣場、綠地、國民小學、國民中學、停車場、零售市場等十項設施之用地[13]。此類設施屬一般性之公共設施（即具外部經濟），不同於嫌惡性公共設施（即具外部不經濟）如屠宰場、垃圾處理場、殯儀館、火葬場、公墓、污

之依據。（王靚琇，1993，8-9）

[13] 依據平均地權條例第六十條及市地重劃實施辦法第二十一條之規定。

水處理場、煤氣場等，亦即投資建設此等公共設施將因正向資本化效果，使
土地價值提高。

圖 2-1　市地重劃前地籍圖
資料來源：謝靜琪（1999，25）

圖 2-2　市地重劃後地籍成果圖
資料來源：謝靜琪（1999，25）

（三）可及性價值

一般而言，市地重劃因進行重劃區內之公共建設投資，增闢區內之道路，因此可改善部分基地之可及性價值，但其可及性價值之高低，仍有賴都市計畫所賦予重劃區之都市機能而定。

（四）預期價值

市地重劃必須配合都市計畫始能辦理[14]，亦即市地重劃並不具有計畫及管制對土地造成增漲之影響力，事實上它僅是項提供公共設施及公用設備之開發工具，並藉以確認計畫及管制（或是稱未來發展）之實施。簡言之，指定土地使用類別及劃定土地使用強度所產生之土地價值，實由都市計畫之規範與管制決定，市地重劃僅在其限制下呈現土地使用價值，故預期價值是由都市計畫及其管制所產生，市地重劃本身無法產生預期價值。綜言之，市地重劃之效益實乃指因公共建設投資價值及改良土地本身價值所產生，而不含都市計畫及管制之價值。

二、使用者付費之類別與設計原則

為進一步了解使用者付費之實質內涵，試討論使用者付費之類型及設計原則如下。

---

[14]　依據市地重劃實施辦法第九條之規定：「選定之重劃地區尚未發布細部計畫或其細部計畫需變更者，應於完成細部計畫之擬定或變更程序後，再行辦理重劃。但選定重劃之地區，其主要計畫具有都市計畫法第二十二條第一項規定之內容者，得先依主要計畫辦理重劃，以配合擬定細部計畫。」

（一）使用者付費[15]之類別

自 1970 年代始，美國地方政府的財政逐漸仰賴使用者付費。此類使用者付費乃依據服務或是公共建設的全部或是部分成本收取費用，因而這種費用可分為兩種型式，一種是服務費用（service charges），另一種是開發費用（development charges）[16]。兩者費用的主要差別在於服務費用是以營運成本為計算基礎，開發費用則以資本項目的成本為基準。（Bland，1988，21.19-21.34）

（二）使用者付費之設計原則

依據受益原則，收取費用之規則（rule）有兩大類，一類為不超過成本規則（assessment-at-not-more-than-cost rule），另一類則為利益歸公規則

---

[15]　傳統的財政學主張對公共服務之提供收取費用，主要是依兩項原則，一是量能原則（ability-to-principle），一是受益原則（benefit received principle），前者是以租稅義務說或能力說為依據，後者是以租稅交換說或利益說為根據。張則堯（1991，5-7）認為「受益者付費」的觀念或原則與傳統財政理論的利益原則，在思想淵源上是相近似的，亦即二者皆強調政府提供財貨或勞務所需成本的分攤，應以人民享受利益之程度為標準，並以享益為負擔的依據；但是受益原則是以全體國民為適用對象，而受益者付費則以個別的受益者或使用者為適用對象，因此受益者付費亦可稱之為使用者付費。此外，吳清輝（1990，45）引用和田八束的看法，說明「受益者付費」尚可分為兩類，一為傳統的受益者付費，即土地所有權人因土地增值所應負擔之費用，亦可稱之為土地所有權人負擔；另一為使用者付費，即因公共服務而負擔之費用。因為晚近常以使用者付費作為特定工程建設開發利益歸屬之課取原則，因此傳統的受益者付費被忽視。綜言之，使用者付費為較明確且普遍之用詞。

[16]　收取服務費用的「服務」是包含政府服務（government services）如治安、教育、醫療及運輸等服務，與公用設施服務（utility services）如上下水道、電信及瓦斯等公用設施；開發費用則是依據基礎建設如道路、人行道、路燈、上下水道及自來水、污水的處理廠等興建成本收取費用，此類費用常以基礎建設費（capital improvement fees），衝擊費（impact fees），設廠投資費（plant investment charges）、或擴建回收費（expansion recovery fees）等名詞稱之。（Bland，1988，21.19-21.34）

（recapture-the-benefits rule）。假設地方政府對公共設施的興建決策，如同廠商在不完全競爭市場下追求利潤極大時，則依據廠商理論可知，公共設施對該地方地價的貢獻（或稱邊際產值）應會大於公共設施成本。因此在不完全競爭市場下，基於社會正義，對於受益之地主，至少要收取公共設施建設成本，否則將造成不當的財富重分配。理論上不超過成本規則的方法，實質上將限制暴利歸公的能力，然而在實務層面，此課題並不重要，並且在立法的規範下，常以成本支出為上限。（Misczynski，1987，320）因此，使用者付費之設計原則以成本面之考量為主。

　　至於影響成本之因素有產出面、受益者分佈、不同時間需求及成本項目等四項考量層面。在產出面方面，如消防隊、警察局及市場等設施之建築物或設備，一旦興建設立，即很難擴張（或縮小），民眾對此類設施之需求量（或產量）增加時，將促使成本急劇上升。在受益者分佈方面，資本密集的公共設施如上、下水道，在人口密度較高之地區，其每人平均資本支出將低於人口密度較低者；且公共設施設置的地點與受益者距離設施的遠近，亦將影響設施之成本。在不同時間需求方面，如道路等設施之需求，在一定時期內會產生規則性之變化，即尖峰及離峰時期之變化；此類設施或服務，將因定價的策略不同，令使用者在尖、離峰時產生不同之成本負擔。在成本項目方面，成本將不僅包括操作維護成本，尚且包括支出成本（即建設成本）。因為公共設施成本之現值（或成本）不易反映，如上、下水道此類屬長期固定資產之建設，往往實際收費較公共設施或服務的真實成本低出許多。（Downing 及 Dilorenzo，1981，188-191）

　　其次，依成本為考量的收費制度，其收費額度必須考慮實際上公共設施或服務提供的數量（quantity）[17]、公共設施或服務的承載力（Capacity）[18]及受

---

[17]　依數量收費時，其費額須反映目前產量的短期成本，亦即由公共設施或服務實際消費量的變化而產生之成本，因此在尖峰時期應收取較高的費額。

益者的區位（location）[19]，以訂定適當的費率，此三種費額中，依承載力收費與依區位收費可按月支付，或在受益者第一次享用時支付連接費（Connection Charge）。（Downing 及 Dilorenxo，1981，191-192）至於收費額度又可依反映成本的程度分為完全反映成本（self-sustaining services）[20]，部分反映成本（partially sustaining services）[21]及象徵性收費（token fees）[22]等三種型態。（Bland，1988，21.24）

綜言之，依美國七〇及八〇年代之經驗，公共設施之建設及營運經費，可依其興建及營運之成本，以完全、部份或象徵性等三類反映不同程度之成本，作為使用者付費之計算基礎與方式。至於不同的受益程度僅影響其負擔費用之多寡，即作為微調所須負擔之費用而已。換言之，市地重劃可視為一種完全反映開發成本之使用者付費手段。

---

[18]　依承載力收費時，則須先計算公共設施或服務在所設計的承載力下的全部成本，此全部成本與數量費額的差額即為依承載力收費的費額，此費額以該公共設施或服務設計承載力下的潛在受益者為基礎而分攤，而且費用的產生主要是因較高的建造成本所導致，當建造成本不高時，此項費額即可免予收取。

[19]　依區位收費時，為反映受益者在不同的區位與發展密度下的長期成本。

[20]　完全反映成本者，是計算全部的直接成本與適當的管理成本，所謂直接成本包括土地取得費用、地上物拆遷補償費用、工程費用等，管理成本包括維護管理費及其他如利息、物價波動準備金等費用。

[21]　部分反映成本者，是因有些公共設施或服務的消費具有外部效益，因此僅計算部分成本以鼓勵消費至最適情況。一般而言，其費額通常只反映直接成本。

[22]　象徵性收費者，有些公共設施或服務不適合收費，但是為了鼓勵使用如美術館、博物館等設施，且避免過度浪費造成擁擠，故採象徵性收費。

參、市地重劃之實施

市地重劃自實施以來，雖然隨著臺灣的經濟發展經歷三階段的變革，但是卻一直扮演著都市建設的重要手段；尤其在 1986 年之後，更是藉由都市計畫書的指定，成為都市計畫中財務計畫的重要籌措財源手段之一。本章簡要說明市地重劃的實施時機、實施方式與實施程序。

一、市地重劃之實施時機

市地重劃原來是市地開發的重要手段，然而在配合現行土地使用計畫與管制的規範下，變成是都市土地的開發手段。將現行不同法規對市地重劃的實施時機規定，整理如下。

（一）土地法第一三五條

直轄市或縣（市）地政機關因下列情形之一，經上級機關核准，得就管轄區內之土地，劃定重劃地區，施行土地重劃，將區內各宗土地重新規定其地界：

1. 實施都市計畫者。

2. 土地面積畸零狹小，不適合於建築使用者。

（二）土地法施行法第三三條

城市地方土地重劃，應經中央地政機關核定之。

（三）平均地權條例第五六條

各級主管機關得就左列地區報經上級主管機關核准後辦理市地重劃：

1. 新設都市地區之全部或一部，實施開發建設者。

2. 舊都市地區為公共安全、公共衛生、公共交通或促進土地合理使用之需要者。

3. 都市土地開發新社區者。

4. 經中央主管機關指定限期辦理者。

依前項規定辦理市地重劃時，主管機關應擬具市地重劃計畫書，送經上級主管機關核定公告滿三十日後實施之。

（四）都市計畫法第五八條

縣（市）（局）政府為實施新市區之建設，對於劃定範圍內之土地及地上物得實施區段徵收或土地重劃。依規定辦理土地重劃時，該管地政機關應擬具土地重劃計畫書，呈經上級主管機關核定公告滿三十日後實施之。

（五）大眾捷運系統土地聯合開發辦法第九條

聯合開發之用地取得以協議為原則，協議二次不成者，得由該主管機關依法報請徵收或依市地重劃、區段徵收方式辦理。

二、市地重劃之實施方式

操作市地重劃的基本理念為藉由土地地籍的交換分合,強化土地的利用效率,此交換分合並不涉及土地所有權的消滅或取得,因此除了得由政府主動辦理以外,並得由地主自行辦理。現行法規將實施方式分為政府主動辦理、政府優先辦理及地主自行辦理三類,分述如下。

(一)政府主動辦理

辦理市地重劃時,主管機關應擬具市地重劃計畫書,送經上級主管機關核定公告滿三十日後實施之。在公告期間內,重劃地區私有土地所有權人半數以上,而其所有土地面積超過重劃地區土地總面積半數者,表示反對時,主管機關應予調處,並參酌反對理由,修訂市地重劃計畫書,重行報請核定,並依其核定結果公告實施,土地所有權人不得再提出異議。(平均地權條例第五六條)

重劃計畫書經核定公告實施後,主管機關必要時得將部分業務委託法人或學術團體辦理。此等受託法人或學術團體,以經營業務有辦理土地重劃項目,並置有地政、測量專業人員為限。(市地重劃實施辦法第十八條)

(二)政府優先辦理

適當地區內之私有土地所有權人半數以上,而其所有土地面積超過區內私有土地總面積半數者之同意,得申請該管直轄市或縣(市)政府核准後優先實施市地重劃。(平均地權條例第五七條)

(三)地主自行辦理

為促進土地利用,擴大辦理市地重劃,中央主管機關得訂定辦法,獎勵土地所有權人自行組織重劃會辦理之。其獎勵事項如下:

1. 給予低利之重劃貸款。

2. 免收或減收地籍整理規費及換發權利書狀費用。

3. 優先興建重劃區及其相關地區之公共設施。

4. 免徵或減徵地價稅或田賦。

5. 其他有助於市地重劃之推行事項。

　　重劃會辦理市地重劃時，應由重劃區內私有土地所有權人半數以上，而其所有土地面積超過重劃區私有土地總面積半數以上者之同意，並經主管機關核准後實施之（平均地權條例第五八條）。

三、市地重劃之實施程序

　　市地重劃在經由法定的勘選程序，依重劃範圍的劃定原則、評估事項，擬定重劃計畫書內容，並且在報請主管機關核定並公告後，即進行市地重劃的開發作業。一般而言，自勘選重劃地區至重劃完成之日[23]止，實施市地重劃的時程需時二至三年。

（一）重劃範圍之勘選程序

1. 主管機關

　　重劃地區之範圍，由該管主管機關勘定；其由中央主管機關辦理者，應會同當地直轄市或縣（市）政府辦理。（市地重劃實施辦法第六條）

---

[23]　重劃完成之日，係指地籍測量、土地登記、工程驗收、實地指界及交接土地等各項工作均完成之日。（市地重劃實施辦法第三・一條）

2. 公告禁止或限制事項

　　重劃地區選定後，直轄市或縣（市）政府，得視實際需要報經上級主管機關核定後，分別或同時公告禁止或限制下列事項：（平均地權條例第五九條）

(1) 土地移轉、分割或設定負擔。

(2) 建築改良物之新建、增建、改建或重建及採取土石或變更地形。

　　然而下列事項不在禁止或限制事項之內：（市地重劃實施辦法第一一條）

(1) 土地繼承登記。

(2) 建物及其基地登記。

(3) 因抵繳遺產稅土地所有權移轉國有登記。

(4) 因強制執行、土地徵收或法院判決確定，申請登記者。

(5) 共有土地因實施耕者有其田部分徵收放領，辦理持分交換移轉登記者。

(6) 申請剩餘財產差額分配登記。

(7) 抵押權讓與登記。

(8) 實施重劃本身所必要之作業。

　　前項禁止或限制期間，以一年六個月為期（平均地權條例第五九條）。此期間係指各禁止或限制事項，不論分別或同時辦理公告禁止或限制，其全部期間合計不得超過一年六個月。（市地重劃實施辦法第一一條）

3. 評估擬定事項核定及公告通知

　　重劃地區選定後，主管機關應舉辦座談會，並擬具市地重劃計畫書，報請上級主管機關核定。座談會主管機關應以書面載明下列事項，通知土地所有權人（市地重劃實施辦法第一四條第一項）。：

(1) 重劃區範圍及總面積(附範圍圖)。

(2) 公共設施用地負擔項目及其概略面積。

(3) 舉辦重劃工程項目。

(4) 重劃經費負擔概算及負擔方式。

(5) 預計重劃平均負擔比率。

　　重劃計畫書經核定後，主管機關應即依法公告，及通知土地所有權人，並舉行說明會，說明重劃意旨及計畫要點。土地所有權人對重劃計畫書有反對意見者，應於公告期間內以書面載明理由及其所有土地之坐落、面積及姓名、住址，於簽名蓋章後，提出於主管機關為之。（市地重劃實施辦法第一六條）

　　主管機關依平均地權條例第五六條第三項規定，修訂重劃計畫書重行報請核定時，對土地所有權人提出而未採納之意見應說明不能採納之理由，並於核定結果公告實施後，將不能採納之理由函復異議人。（市地重劃實施辦法第一七條）

（二）重劃範圍之劃定原則

　　重劃地區範圍應盡量配合都市計劃之閭鄰單位辦理，其邊界並應依下列原則劃定：（市地重劃實施辦法第七條）

1. 明顯之地形、地物。

2. 非屬整個街廓納入重劃區者，依街廓分配線[24]。

---

[24] 街廓分配線示意如下：
F 表示街角第一筆土地面臨
　　面道路之長度
S 表示宗地面臨正街之
　　實際分配寬度

3. 計畫道路中心線。但路寬在八公尺以下或都市計畫附帶以市地重劃方式開發者，得將道路全寬納入重劃區。

　　都市計畫指定整體開發之地區，其以市地重劃方式開發者，應以都市計畫指定整體開發地區為重劃地區範圍，並得依都市計畫劃定之開發分區辦理市地重劃；其經依市地重劃實施辦法第八條評估實施市地重劃確有困難者，應檢討都市計畫後再行辦理重劃。

（三）重劃範圍之勘選原則

　　主管機關勘選市地重劃地區時，應就下列事項加以評估：（市地重劃實施辦法第八條；吳容明，1990，38-42）

1. 都市計畫。

　　(1) 是否已實施都市計畫：

　　擬辦重劃地區如實施都市計畫主要計畫與細部計畫者，則可配合細部計畫迅予辦理，否則因都市計畫主要計畫及細部計畫審議作業較為費時，在短期內即無法舉辦。

　　(2) 都市計畫是否屬於優先發展地區：

　　如擬辦重劃區之都市計畫係屬於優先發展地區，即可列入優先舉辦。

C　表示費用負擔係數
11　表示側面道路負擔尺度
12　表示正面道路負擔尺度

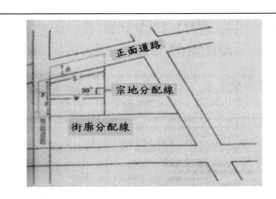

(3) 公共設施是否規劃適當：

如公共設施之規劃配置適當則舉辦重劃後居民可享受舒適的公共設施所帶來的便利，如果公共設施用地所佔比例較低，則其負擔亦可相對減低。否則如負擔太重勢將影響土地所有權人參與重劃意願。

(4) 都市計畫土地使用分區是否合理：

如果規劃合理，則可帶動該重劃區的均衡發展。

(5) 都市計畫說明書有無註明「應採市地重劃辦理整體開發」：

如已有註明，則辦理市地重劃時可使都市計畫的理想完全實現。否則，如任令其毫無限制的發展，將影響的都市整體發展，市地重劃也不易舉辦。

(6) 都市計畫樁位是否已完成釘樁及檢測：

如已完成即可實施重劃分割測量確定實施範圍界線。

都市計畫影響力所占之比例最高者為已實施都市計畫及細部計畫地區，其次則為優先發展區，依序類推。

2. 土地所有權人意願。

(1) 土地權屬方面：

如重劃區土地產權單純，人數較少者則不同意見必少，易於協調及辦理重劃分配。相反地，人數多時，意見多有分歧，無法協調一致，重劃分配也相對困難。

(2) 土地所有權人意願：

若願意參重劃之人數及面積比例較高，則易於舉辦重劃。

(3) 預估土地所有權人重劃負擔比率：

如超過法定額度時將使土地所有權人受分配土地面積減少，有損其權
益，易遭致反對。

主要以土地所有權人意願影響力高於預估土地所有權人重劃負擔比率及
土地權屬。

3. 地區發展潛力。

(1) 鄰近地區有無足夠產業活動及就業機會：

如鄰近地區工商業發達，有足夠產業活動及就業機會，則可吸引並影響
重劃區的發展，因重劃區經重劃後即可容納相當數量的人口前來居住。

(2) 有無聯外道路及完善之公共設施：

擬辦重劃區如聯外交通便捷又完善公共設施者，則可促進該重劃區之商
業及其他各項活動之發展，進而提高該重劃區生活品質及優美生活環境。

(3) 重劃區及鄰近有無重劃計畫案：

如該重劃區或鄰近地區有重大計畫案，如興建國宅或行政中心遷移計畫
等，將可吸引相關產業活動，以及大量人口遷入，促進重劃區之快速發
展。

(4) 重劃區是否位屬發展中之鄉、鎮、市：

依當地發展趨勢，擬辦重劃區如位屬發展中之鄉、鎮、市者，為免造成
不當之畸形發展，應及早列入優先辦理市地重劃地區予以配合開發。

4. 人口成長情形與建地需求量。

(1) 人口成長速度：

如擬辦重劃區係屬人口成長快速之鄉鎮市，則可及即辦理市地重劃。

(2) 建地需求：

擬辦重劃區如符合鄰里單元規模，而適合新社區發展者，其附近如有重大經建計畫實施足以吸引大量人口移入者，則該區房地需求量大，為了容納大量人口，應即早興辦市地重劃。

5. 地區現況。

(1) 擬辦重劃區之現況是否單純：

擬辦重劃區現況單純者糾紛少，則辦理重劃之阻力較小。如現況複雜，則阻力較多。

(2) 既成建物是否過多：

如擬辦重劃區老舊既成建物較多，則亟應以舉辦市地重劃方式同時實施建築物更新，亦即須立體之換地以土地面積換建築面積。如新建築物較多，則辦理市地重劃較為困難。

(3) 是否屬於禁建、限建地區或低密度發展區：

如是，則政府可以辦理市地重劃的方式作整體的規劃開發。

(4) 地形地質等自然環境是否特殊：

如情形特殊不適合重劃工程施工者，應考慮儘量避免納入辦理重劃。

(5) 重劃區附近有無嫌惡設施或危險場所：

如重劃區附近有被污染惡臭水溝河川、垃圾場、殯儀館、墳墓、火藥庫或其他易爆炸、易燃燒之設施，如強予辦理市地重劃，將來亦鮮少有人願意承購土地建屋或遷入。

6. 重劃後地價預期增漲幅度。

　(1) 房地產市地景氣是否良好：

　　房地產市場景氣如果非常良好則預期房地產漲價之社會心理將日益增高，因此大眾願意投資承購重劃區土地，以求保值及增值。

　(2) 重劃區是否接近都市發展或其他工商業發展地區：

　　接近者，其地價預期漲幅會較高。

7. 財務計畫。

　(1) 有關重劃經費可否由縣市政府調度：

　　如重劃經費調動裕如，經費來源不虞匱乏，則較易支援辦理重劃。

　(2) 開發成本之高低：

　　如重劃區重劃前地價、地上物補償遷移費較低則開發成本亦較低。如公共設施工程費用所佔比例較少，則開發成本也較低，較適宜辦理重劃。

　(3) 預估抵費地平均底價或平均市價是否較低：

　　如預估抵費地平均低價或平均市價愈低愈容易出售，愈高，則銷售率較低，勢將影響回收成本。

　(4) 同縣市其他重劃區抵費地標售情況：

　　重劃區抵費地標售互相影響，是以其他重劃區抵費地出售情況踴躍與否，售價高低有連帶影響。

　(5) 財務計畫是否健全及具體可行：

　　如重劃資金之籌措財源、貸款計畫、償還計畫（包括償還能力）非常健

全且具體可行，則辦理重劃過程中，對於經費支用、補償等即無虞中斷。

8. 其他特殊事項。

(1) 政治因素：

如政治民主、開發，民生樂利富足，生活安定，即可有較充裕資金投資辦理市地重劃。如在專制不民主的國家，百業蕭條，嚴生凋敝，則難以舉辦市地重劃。

(2) 社會因素：

治安、經濟活動及就業狀況，與鄰近市鎮之依存關係，來源問題，鄰近鄉、鎮、市之天然資源、燃料水情況及公用事業分布、依賴狀況等，均會影響市地重劃之舉辦。

(3) 文化因素：

都市發展的目標，除了注重有形的硬體建設外，尚須注重市民生活品質、文化修養，景觀育樂等方面的軟體建設。有高水準教育素養及豐富文化素養之國民，較易接受高水準的生活品質。文化氣息濃厚之地區居民較嚮往安寧舒適、悠閒、美觀高品質的生活環境，此等文化因素也會影響到市地重劃的舉辦。

其次，若選定之重劃地區尚未發布細部計畫或其細部計畫需變更者，應於完成細部計畫之擬定或變更程序後，再行辦理重劃。但選定重劃之地區，其主要計畫具有都市計畫法第二二條第一項規定[25]之內容者，得先依主要計畫辦理

---

[25]　都市計畫法第二十二條第一項之規定，「細部計畫應以細部計畫書及細部計畫圖就左列事項表明之：一、計畫地區範圍。二、居住密度及容納人口。三、土地使用分區管制。四、事業及財務計畫。五、道路系統。六、地區性之公共設施用地。七、其他。」

重劃，以配合擬定細部計畫。（市地重劃實施辦法第九條）

（四）重劃計畫書之內容

主管機關擬具之重劃計畫書應記載下列事項：（市地重劃實施辦法第一四條第二項）

1. 重劃地區及其範圍。

2. 法律依據。

3. 辦理重劃原因及預期效益。

4. 重劃地區公、私有土地總面積及其土地所有權人總數。

5. 重劃地區原公有道路、溝渠、河川及未登記地土地面積。

6. 土地總面積：指計畫範圍內之公、私有土地面積及未登記地之計算面積。

7. 預估公共設施用地負擔：包括土地所有權人共同負擔之公共設施用地項目、面積及平均負擔比率。其計算式如下：

公共設施用地平均負擔比率＝

$$\frac{\text{公共設施用地負擔總面積—重劃前原有公有道路、溝渠、河川及未登記地面積}}{\text{重劃區總面積—重劃前原公有道路、溝渠、河川及未登記地面積}}$$

8. 預估費用負擔：包括土地所有權人共同負擔之工程項目及其費用、重劃費用及貸款利息之總額與平均負擔比率。其計算式如下：

費用平均負擔比率＝

$$\frac{\text{工程費用總額＋重劃費用總額＋貸款利息總額}}{\text{重劃後平均地價x（重劃區總面積-重劃前原公有道路、溝渠、河川及未登記地面積）}}$$

9. 土地所有權人平均重劃負擔比率概計。其計算式如下：

重劃總平均負擔比率＝

公共設施用地平均負擔比率＋費用平均負擔比率

10. 重劃區內原有合法建物或既成社區重劃負擔減輕之原則。

11. 財務計畫：包括資金需求總額、貸款及償還計畫。

12. 預定重劃工作進度表。

13. 重劃區範圍都市計畫地籍套繪圖。

　　至於土地所有權人依平均條例第五七條申請優先實施市地重劃時，其申請書應載明下列事項：（市地重劃實施辦法第十條）

1. 擬辦重劃地區及範圍。

2. 申請辦理重劃之原因。

3. 參加重劃土地標示及土地所有權人姓名、國民身分證統一編號、住址，並簽名蓋章。

4. 代表人姓名、國民身分證統一編號、住址。

（五）市地重劃之作業程序

　　內政部曾依「都市土地重劃實施辦法」之規定，將現行市地重劃作業原則與實施程序作成如圖 3-1。

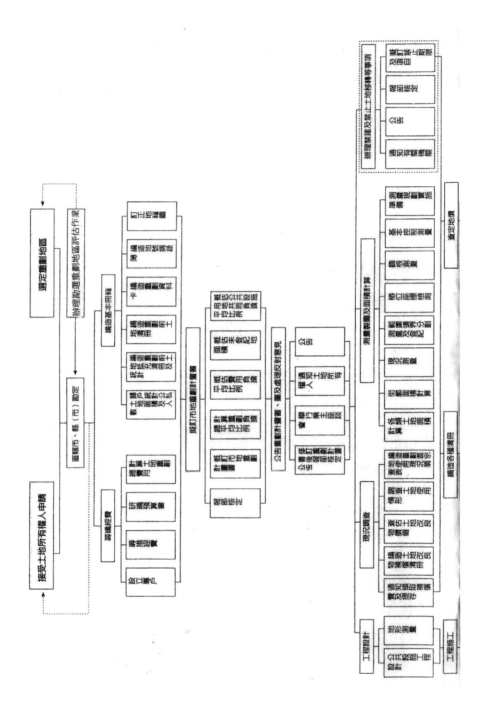

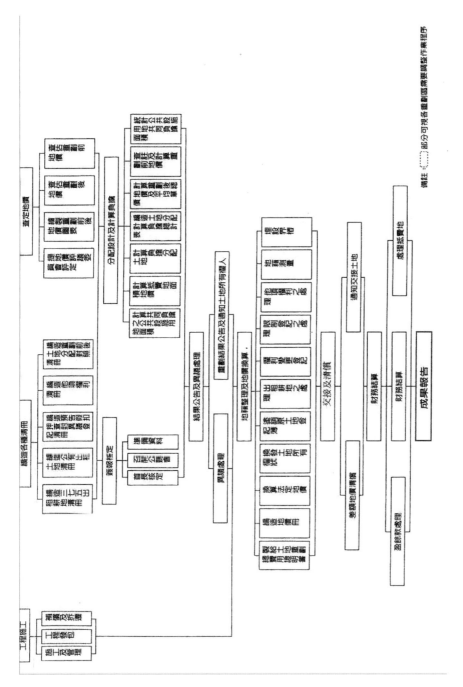

圖 3-1　市地重劃作業程序圖

資料來源：臺中市政府（2002：19）

肆、市地重劃之負擔

　　市地重劃之負擔計算是重劃作業中的核心工作。基於全區開發須財務平衡（即一般所謂之自償性）以及各宗土地在重劃前後作等價交換的原則，並且在土地所有權人以折價抵付共同負擔之土地，合計面積不超過各該重劃區總面積45%的限制條件下，計算全區之重劃總平均負擔比率，及各宗土地重劃後應分配之面積。

　　一般而言，市地重劃全區之公共設施用地共同負擔比率多設定在35%左右，費用共同負擔比率多設定10%左右。當然，在等價交換的原則下，各宗土地之負擔比例則視負擔公共設施用地的條件不同，而有不同的負擔比例。

一、市地重劃負擔之方式與比例

　　實施市地重劃必須取得的道路、溝渠、兒童遊樂場、鄰里公園、廣場、綠地、國民小學、國民中學、停車場、零售市場等十項用地[26]，除以原有公有道

---

[26] 依平均地權條例第六十條第一項折價抵付共同負擔之土地，合計面積超過各該重劃區總面積百分之四十五者，除超過部分之共同負擔依同條例第三項但書規定辦理外，其未超過部分之共同負擔依下列順序定之：一、道路、二、溝渠。三、兒童遊樂場。四、鄰里公園。五、廣場。六、綠地。七、國民小學。

路、溝渠、河川[27]及未登記地[28]等四項土地抵充外，其不足土地及工程費用、重劃費用與貸款利息，由參加重劃土地所有權人按其土地受益比例共同負擔，並以重劃區內未建築土地折價抵付，此即稱為抵費地。抵費地合計面積以不超過各該重劃區總面積百分之四十五為限[29]。但經重劃區內私有土地所有權人半數以上且其所有土地面積超過區內私有土地總面積半數之同意者，不在此限（平均地權條例第六十條）。

如果參與重劃的土地所有權人沒有未建築土地時，則改以現金繳納；並且其經限期繳納而逾期不繳納者，得移送法院強制執行。然而重劃區內已建築土地之所有權人，如尚有其他未建築土地者，其重劃負擔應仍以未建築土地折價抵付，不得改以現金繳納（市地重劃實施辦法第二二條）。

簡言之，參與市地重劃的土地所有權人是以抵費地或現金支付重劃之共同負擔，並且受 45%的上限規範。

八、國民中學。九、停車場。十、零售市場。（平均地權條例施行細則第八三條）

[27]　原公有道路、溝渠、河川等土地，指重劃計畫書核定時，實際作道路、溝渠、河川使用及原作道路、溝渠、河川使用已廢置而尚未完成廢置程序之公有土地。（平均地權條例施行細則第八二條第一項）

[28]　指重劃計畫書核定時，尚未依土地法辦理總登記之土地。（平均地權條例施行細則第八二條第二項）

[29]　重劃區折價抵付共同負擔之土地，合計面積已達百分之四十五，而區內尚有平均地權條例第一項規定之其他公共用地未計入負擔者，得經區內私有土地所有權人半數以上且其所有土地面積超過區內私有土地總面積半數之同意，納入重劃共同負擔，不受平均地權條例實施行細則第八三條負擔順序之限制。（市地重劃實施辦法第二三條第一項）

二、市地重劃負擔之項目

　　土地所有權人應共同負擔之項目包括公共設施用地負擔與費用負擔，分述如下。

（一）公共設施用地負擔

　　公共設施用地負擔指重劃區內供公共使用之道路[30]、溝渠[31]、兒童遊樂場、鄰里公園、廣場、綠地、國民小學、國民中學、停車場、零售市場等十項用地[32]，扣除重劃區內原公有道路、溝渠、河川及未登記地等土地後，由參加重劃土地所有權人按其土地受益比例所算得之負擔。（市地重劃實施辦法第二一條第一項）然若重劃區內未列為前述共同負擔之其他公共設施用地，於土地交換分配時，應以該重劃地區之公有土地優先指配，或得以抵費地指配[33]之。（市地重劃實施辦法第三四條第一項）

　　公共設施用地負擔比例在計算全區之公共設施用地平均負擔比率時，即是

---

[30]　重劃區內供公共使用之道路，包括道路之安全島、綠帶及人行步道。（市地重劃實施辦法第二一條第二項）

[31]　重劃區內供公共所使用之溝渠，指依都市計畫法定程序所劃設供重劃區內公共使用之排水用地。（市地重劃實施辦法第二一條第二項）

[32]　列舉十項用地，不包括下列用地：一、重劃前業經主管機關核准興建之兒童遊戲場、鄰里公園、廣場、綠地、國民小學、國民中學、停車場及零售市場等八種用地。二、重劃前政府已取得者。（市地重劃實施辦法第二一條第三項）此外，重劃區供公共使用之十項用地以外之公共設施地，非經重劃區全體土地所有權人之同意，不得列為共同負擔。（市地重劃實施辦法第二三條第二項）

[33]　此類由抵費地指配於未列為共同負擔之公共設施用地者，需地機關應配合重劃進度編列預算，按主管機關所定底價價購，其底價不得低於各該宗土地評定重劃後地價。但依法得民營之公用事業用地，得依抵費地公開標售之程序（市地重劃實施辦法第五四條）辦理公開標售（市地重劃實施辦法第三四條第二項）

依前述重劃計畫書中之計算式估算。然而計算各宗土地時,則將公共設施用地負擔分為臨街地特別負擔及一般負擔兩大類,至於此二類的用地負擔計算式,請見下小節說明。

1. 臨街地特別負擔

　　臨街地特別負擔指重劃後分配道路兩側之臨街地,對其面臨之道路用地,按路寬比例所估算之負擔(市地重劃實施辦法第二五條第一項)。臨街地特別負擔,又再分正面道路負擔及側面道路負擔二類。至於正面道路負擔應依下列標準計算之(市地重劃實施辦法第二六條)。

(1) 面臨寬度超過 4 公尺未滿 8 公尺之道路者,其道路寬度超過 4 公尺部份,由兩側臨街地各負擔 1/2。

(2) 面臨寬度超過 8 公尺以上未滿 20 公尺之道路者,其兩側臨街地各負擔路寬之 1/4。

(3) 面臨寬度 20 公尺以上道路者,其兩側臨街地各負擔 5 公尺。

　　側面道路之臨街地特別負擔,主要落在街角地的宗地上,其負擔標準依正面道路之臨街地特別負擔之 1/2 計算。

　　此外,市地重劃範圍以都市計畫道路中心線為界者,其臨街地特別負擔,應按參與重劃之道路寬度計算。分配結果未列入共同負擔公共設施用地、面臨寬度 4 公尺以下道路及已開闢公有道路之臨街地,不計算臨街地特別負擔。(市地重劃實施辦法第二七條)

　　重劃區內都市計畫規劃之街廓無法符合重劃分配需要者,得於不妨礙原都市計畫整體規劃及道路系統前提下,增設或加寬為 8 公尺以下巷道,並依前述規定計算臨街地特別負擔。(市地重劃實施辦法第二八條第一項)重劃前供公共通行之既成巷道或私設巷道應予保留者,視為增設巷道,並依前二項規定辦

理。但該巷道如兼具法定空地性質者，應按重劃前原位置、面積分配予原土地所有權人，不計算其重劃負擔，並得配合重劃工程同時施工。（市地重劃實施辦法第二八條第三項）

2. 一般負擔

一般負擔指公共設施用地負擔扣除道路兩側臨街地特別負擔後，所餘之負擔。（市地重劃實施辦法第二五條第二項）

（二）費用負擔

費用負擔指工程費用、重劃費用及貸款利息，由參加重劃土地所有權人依其土地受益比例，按評定重劃後地價折價抵付之負擔（市地重劃實施辦法第二一條第一項）。工程費用[34]指道路[35]、路燈、橋樑、溝渠、地下管道、鄰里公園、廣場、綠地等公共設施之規劃設計、施工、整地、材料、工程管理費用及應徵之空氣污染防制費（市地重劃實施辦法第二一條第四項）。重劃費用包括土地改良物或墳墓拆遷補償費[36]、地籍整理費及辦理該重劃區必要之業務費

---

[34] 重劃計畫書經上級主管機關核定後，主管機關應即依計畫書所列工程項目進行規劃、設計及施工。自來水、電力、電訊、天然氣等公用事業所需之地下管道土木工程及其他必要設施，應協調各該事業機構配合規劃、設計，並按重劃工程進度施工。其所需經費，依規定應由使用人分擔者，得列重劃工程費用。（市地重劃實施辦法第三九條）

[35] 重劃區內之區域性道路、下水道等公共設施，除其用地應由重劃區內土地所有權人按其土地受益比例共同負擔外，其工程費得由政府視實際情況編列預算補助，或由政府視實際情況配合施工。（市地重劃實施辦法第二四條）

[36] 依平均地權條例第六二條之一規定，應行拆遷之土地改良物或墳墓，以有妨礙重劃土地分配或重劃工程施工所必須拆遷者為限。因重劃拆遷之土地改良物或墳墓，應給予補償。補償金額由主管機關查定之。於拆除或遷移前，將補償金額及拆遷期限公告三十日，並通知其所有權人或墓主；其為無主墳者，得以公告代通知。土地改良物所有權人或墓主不於規定期限內自行拆除或遷葬者，其補償金依下列規定處理：一、代為拆除費用應在土地改良物拆除補償金

（平均地權條例施行細則第八二條第四款）。貸款利息費用是因上述二種費用之經費來源，一般均由政府貸款支應而產生。

　　除上述明定之費用負擔以外，若土地所有權人因重劃實施條件而領取現金補償時，這些現金補償也是土地重劃的成本之一；然而，這筆負擔無法在提重劃計劃書階段評估，而是在重劃作業後才能詳細計算現金補償的金額。會產生現金補償的重劃情況如下（市地重劃實施辦法第五三條）：

1. 土地所有權人重劃後應分配之土地面積未達重劃區最小分配面積標準二分之一而不能分配土地時，主管機關應於重劃分配結果公告確定之次日起六十日內，**以其重劃前原有面積按原位置評定重劃後地價發給現金補償**。

2. 除因繼承或強制執行者外，在重劃範圍勘定後，土地所有權人申請分割土地，致應分配土地面積未達重劃區最小分配面積標準二分之一者，以其**重劃前原有面積按原位置評定重劃前地價發給現金補償**；逾期未領取者，依市地重劃實施辦法第五十三條之一規定存入專戶保管。

3. 土地所有權人重劃後應分配土地面積已達重劃區最小分配面積標準二分之一，經主管機關按最小分配面積標準分配後，如申請放棄分配土地而改領現金補償時，應以其應分配權利面積，**按重劃後分配位置之評定重劃後地價予以計算補償**。

　　費用負擔比率卻不論是估算全區之費用平均負擔比率，或是計算各宗土地之費用負擔比率，皆採用前述重劃計畫書中之計算式。

額內扣回。二、代為遷葬費用在墳墓遷葬補償金額內扣回。三、經依前二款規定扣回後，如有餘額，依法提存；其無法扣回者，依行政執行法規定向義務人徵收之。（市地重劃實施辦法第三八條）

　　簡言之，市地重劃總平均負擔比率與各宗土地負擔比率之差異，源自於公共設施用地負擔的平均估算與詳細估算不同。

三、市地重劃之各宗土地分配與設計原則

　　各宗土地參與市地重劃後可分配之面積，是由 G 式計算而得，得到各宗土地之重劃後面積，即依土地分配之設計原則將各宗土地配置於地籍圖上。分述如下。

（一）各宗土地分配面積之計算

1. 計算公式

　　依現行法規之規定[37]，各宗土地分配面積之總計算式如下（市地重劃實施辦法第二九條附件二）。

$$G = [a \ (\ 1 - A * B \ ) \ - Rw * F * L1 - S * L2 \ ] \ (\ 1 - C \ )$$

符號說明：

G：各宗土地重劃後應分配之面積

a：參加重劃前原有之宗地面積[38]

---

[37]　參見平均地權條例第六十條、平均地權條例施行細則第八十二條、市地重劃實施辦法第二十一條、二十四條、第二十五條、第二十六條、第二十九條及第三十四條之規定。

[38]　重劃負擔及分配面積之計算，以土地登記總簿所載之面積為準。重劃區內土地實際面積少於土地登記總面積而未能更正者，其差額得列入共同負擔（市

A：宗地地價之上漲率

B：一般負擔係數

W：分配土地寬度

Rw：街角地側面道路負擔百分比，即重劃後分配於土地寬度為 W 公尺
　　時，所應分攤之側面道路負擔百分比。其計算表如下：

W（公尺）	1	2	3	4	5	6	7	8	9
Rw（%）	17.4	24.4	31.3	37.8	44.0	50.0	55.7	61.1	66.3
W（公尺）	10	11	12	13	14	15	16	17	18
Rw（%）	71.1	75.7	80.0	84.0	87.8	91.3	94.4	97.4	100

F：街角第一筆土地面臨側面道路之長度

L1：側面道路負擔尺度

S：宗地面臨正街之實際分配寬度

L2：正面道路負擔尺度

C：費用負擔係數

解讀 G 式之意如下：

各宗土地重劃後應分配之面積＝重劃前面積　－　一般負擔面積　－　正街
負擔面積　－　旁街負擔面積　－　費用負擔面積

2. 計算順序

地重劃實施辦法第二九條）。

市地重劃負擔計算順序如下。（市地重劃實施辦法第二九條附件二）

(1) 重劃區臨街地特別負擔總面積＝

　　　　正面道路負擔總面積＋側面道路負擔總面積

正面道路負擔總面積＝

　　　　（正面道路長度×正面道路負擔標準）之總和

側面道路負擔總面積＝

　　　　（側面道路長度×側面道路負擔標準）之總和

(2) 重劃區一般負擔總面積＝

公共設施用地負擔總面積－重劃前原公有道路、溝渠、河川及未登記地面積－臨街地特別負擔總面積

(3) 重劃區一般負擔係數（B 值）＝

$$\frac{一般負擔總面積×重劃前平均地價}{重劃後平均地價×（重劃區總面積－重劃前原公有道路、溝渠、河川及未登記地面積）}$$

(4) 重劃區費用負擔係數（C 值）＝

$$\frac{工程費用總額＋重劃費用總額＋貸款利息總額}{重劃後平均地價×（重劃區總面積-公共設施用地總面積）}$$

(5) 重劃前後宗地地價上漲率（A 值）＝

$$\frac{重劃後宗地單價}{重劃前宗地單價}$$

(6) 最後，再計算各宗土地重劃後應分配之面積（即 G 式）

　　觀此計算式的負擔道路用地、一般公共設施用地及重劃費用，似乎呼應了市地重劃效益的來源部分，然而此計算式實際上乃透過 A 值（地價上漲率）、B 值（一般負擔係數）及 C 值（費用負擔係數）三值中之重劃後平均地價，將各宗土地應負擔之公共設施面積及重劃費用換算出。

　　雖然法規規範了重劃前與重劃後地價之查估方法[39]，　而且重劃前、後查估之地價，須提請地價評議委員會評定，然而在實務作業上，首先依土地所有權人須抵付之抵費地比率，反推地價能否調漲 1.82 倍乃至 2 倍，作為評估特定重劃區能否得以推動之判斷基礎。至於重劃後查估之地價與市價水準差距愈大，則愈有利於未來抵費地之標售。簡言之，重劃前、後平均地價[40]主要的作用僅是做為調整分配各宗土地應負擔之公共設施面積比率及重劃費用比率。至於重劃完成後的土地公告現值與公告地價，將依相關規定重新查估，與重劃後之平均地價並無關係。

（二）土地分配之設計原則

　　重劃區內之土地扣除平均地權第六十條規定折價抵付共同負擔之土地後，其餘土地仍依各宗土地地價數額比例分配與原土地所有權人。但應分配土地之一部或全部因未達小分配面積標準，不得分配土地者，得以現金補償之。依此方式分配結果，實際分配之土地面積多於應分配之面積者，應繳納差額地

---

[39]　市地重劃實施辦法第二十條，規定重劃前之地價應先調查土地位置、地勢、交通、使用狀況、買賣實例及當期公告現值等資料，分別估計重劃前各宗土地地價。重劃後之地價應參酌各街廓土地之位置、地勢、交通、道路寬度、公共設施、土地使用分區及重劃後預期發展情形，估計重劃後各路街之路線價或區段價。

[40]　重劃後平均地價尚有作為訂定抵費地標售底價的定價作用。

價；實際分配面積少於應分配之面積者，應發給差額地價。（平均地權條例第
六十之一條第一及二項）

　　各宗土地依土地原位次分配原則、最小分配面積標準原則、分配合併原
則、共有土地分配原則及公有土地及抵費地指配原則安排各宗地之適當位置，
各項原則分述如下。

1. 土地原位次分配之原則

(1) 重劃後土地分配之位置，以重劃前原有土地相關位次分配於原街廓之面
臨原有路街線者為準。（市地重劃實施辦法第三一條第一項）

(2) 重劃前已有合法建築物之土地，其建築物不妨礙都市計畫、重劃工程及
土地分配者，按原有位置分配之。（市地重劃實施辦法第三一條第一項
第五款）

(3) 重劃區內之都市計畫公共設施用地，除道路、溝渠用地外，在重劃前業
經主管機關核准興建者，應仍分配與原土地所有權人。（市地重劃實施
辦法第三一條第一項第六款）

(4) 例外規定，A. 重劃前土地位於共同負擔之公共設施用地或位於非共同
負擔之公共設施用地，經以公有土地、抵費地指配者，其分配位置由主
管機關視土地分配情形調整之。（市地重劃實施辦法第三一條第一項第
七款）B. 主管機關辦理市地重劃時，為配合整體建設、大街廓規劃或興
建國民住宅之需要，得經協調後調整相關土地位次，不受第一項原位次
分配方法之限制。（市地重劃實施辦法第三一條第三項）C. 重劃前政府
已取得之公共設施用地，已依計畫闢建使用，且符合平均地權條例施行
細則第八十二條第一款規定之道路、溝渠、河川等用地，依平均地權條
例第六十條第一項規定辦理抵充；其餘不屬該條款用地仍按原位置、原
面積分配，不得辦理抵充。

2. 最小分配面積標準之原則

(1) 重劃後土地之最小分配面積標準,由主管機關視各街廓土地使用情況及分配需要於規劃設計時定之。但不得小於畸零地使用規則及都市計畫所規定之寬度、深度及面積。(市地重劃實施辦法第三十條)

(2) 同一土地所有權人在重劃區內所有土地應分配面積,未達或合併後仍未達重劃區內最小分配面積標準二分之一者,除通知土地所有權人申請與其他土地所有權人合併分配者外,應以現金補償之;其已達重劃區內最小分配面積標準二分之一者,得於深度較淺、重劃後地價較低之街廓按最小分配面積標準分配之或協調合併分配之。(市地重劃實施辦法第三一條第一項第二款)

(3) 同一宗土地跨占分配線二側,其各側應分配之面積已達原街廓原路街線最小分配面積標準者,應於分配線二側個別分配之;其中一側應分配之面積,未達原街廓原路街線最小分配面積標準者,應向面積較大之一側合併分配之。(市地重劃實施辦法第三一條第一項第三款)

3. 合併分配原則

(1) 同一土地所有權人在重劃區內有數宗土地,其每宗土地應分配之面積已達原街廓原路街線最小分配面積標準者,除須先以未建築土地折價抵付(依第二二條規定)辦理外,應逐宗個別分配;其未達原街廓原路街線最小分配面積標準者,應按分配之面積較大者集中合併分配。但不得合併分配於公共設施用地及依法不能建築之土地。(市地重劃實施辦法第三一條第一項第一款)。

(2) 同一土地所有權人在重劃區內所有土地應分配之面積,未達或合併後仍未達重劃區內最小分配面積標準二分之一者,除通知土地所有權人申請與其他土地所有權人合併分配者外,應以現金補償之;其已達重劃區內最小分配面積標準二分之一者,得於深度較淺、重劃後地價較低之街廓

按最小分配面積標準分配之或協調合併分配之。（市地重劃實施辦法第三一條第一項第二款）。

(3) 同一宗土地跨占分配線二側，其各側應分配之面積已達原街廓原路街線最小分配面積標準者，應於分配線兩側個別分配之；其中一側應分配之面積，未達原街廓原路街線最小分配面積標準者，應向面積較大之一側合併分配之。（市地重劃實施辦法第三一條第一項第三款）。

(4) 重劃前各宗土地如已設定不同種類之他項權利，或經法院查封、假扣押、假處分或破產登記者，不得合併分配。（市地重劃實施辦法第三一條第二項）。

4. 共有土地分配原則

　　分別共有土地，共有人依該宗應有部份計算之應分配面積已達原街廓原路街線最小分配面積標準者，且經共有人過半數及其應有部份合計過半數之同意或其應有部份合計逾三分之二之同意者，得分配為單獨所有；其未達原街廓原路街線最小分配面積標準者，得依市地重劃實施辦法第三一條第二款規定辦理或仍分配為共有。（市地重劃實施辦法第三一條第一項第四款）。

5. 公有土地及抵費地指配原則

(1) 次序：

依平均地權條例第六十條第二項指配之公有土地[41]，以未建築或已有建築物因實施重劃而須拆除之土地為限。其提供順序如下：（市地重劃實施辦

---

[41] 指配之公有土地包含已出租之公有土地。但不包括下列土地：一、重劃計畫書核定前業經協議價購或徵收取得者。二、重劃計畫書核定前已有具體利用或處分計畫，且報經權責機關核定或有償撥用者。三、重劃計畫書核定前，國民住宅主管機關以國宅基金購置或已報奉核定列管為國民住宅用地有案者。四、非屬都市計畫公共設施用地之學產地。（市地重劃實施辦法第三三條）

法第三二條第一項）

A. 本直轄市、縣（市）有土地。

B. 本鄉（鎮）有土地。

C. 國有土地。

D. 他直轄（市）、縣（市）有土地。

E. 他鄉（鎮）有土地。

(2) 用地項目：

前項公有土地不足指配於未列為共同負擔之公共設施用地時，其指配順序如下：（市地重劃實施辦法第三二條第二項）

A. 依道路、溝渠、兒童遊樂場、鄰里公園、廣場、綠地、國民小學、國民中學、停車場、零售市場等十項公共設施（平均地權條例施行細則第八三條）之負擔順序將未列入共同負擔之公共設施用地依次指配。

B. 機關用地。

C. 其他公共設施用地。

(3) 非列為共同負擔之公共設施用地指配原則：

重劃區內未列為共同負擔之公共設施用地，除了以重劃區內之公有土地優先指配外，得以抵費地指配之。而不能以公有土地或抵費地指配者，可以公共設施用地範圍內土地所有權人所有土地面積比例分配之，其分配面積不受原街廓原路街線最小分配面積之限制，而以抵費地指配於未列為共同負擔之公共設施用地者，需地機關應配合重劃進度編列預算，按主管機關所定底價價購。（市地重劃實施辦法第三四條）就其法規文字而言，其分配之優先順序應為公有土地、抵費地及該公共設施用地範圍內土地所有權人。

然而，在現行實務例子中，於「擬定台中市都市計畫（整體開發地區單元

二）細部計畫」指定以市地重劃方式整體開發之地區劃設 8.2 公頃之交通用地（簡稱交六用地），該重劃會以抵費地指配於該交六用地，並將原土地所有權人調配至其他住宅區，但部分土地所有權人要求分配於原位置。內政部地政司內授中辦第 1016651475 號函亦認為，市地重劃區內非共同負擔之公共設施用地，如公有土地不足指配，又原地主自願放棄調配權利時，則應尊重原土地所有權人主張分配予原位置（交六用地）之權利，不得以抵費地強行指配。但監察院發函糾正地政司作法，其認為不論公辦或自辦市地重劃，其區內未列為共同負擔之公共設施用地，其土地交換分配應以公有土地優先或以抵費地指配之，假使同意將交六用地可指配於原所有權人時，將導致其地籍畸零、細碎不整，反而延宕往後公共設施開發之時程，以影響都市健全發展及違背市地重劃之目的。

　　首先，就市地重劃實施辦法第三四條而言，若以抵費地指配於非列為共同負擔之公共設施用地時，需地機關應編列預算價購之，其即意含公共設施用地公有化之前提，而促進民間參與公共建設法第 16 條[42]亦表明公共建設用地之公有化。因此，公共設施用地所有權本當為公有。再者，現行市地重劃已非單純為整理地籍的工具，節省公共設施用地取得經費及公共設施工程興建經費已成為市地重劃的重要效益之一。隨著「促進民間參與公共建設法」、「都市計畫公共設施用地多目標使用辦法」以及現行不動產估價技術規則第 97 條[43]之規

---

[42]　促進民間參與公共建設法第 16 條：「公共建設所需用地為私有土地者，由主辦機關或民間機構與所有權人協議以一般買賣價格價購。價購不成，且該土地係為舉辦政府規劃之重大公共建設所必需者，得由主辦機關依法辦理徵收。前項得由主辦機關依法辦理徵收之土地如為國防、交通、水利、公共衛生或環境保護事業因公共安全急需使用者，得由主辦機關依法逕行辦理徵收，不受前項協議價購程序之限制。」

[43]　不動產估價技術規則第九十七條：「公共設施用地及公共設施保留地之估價，以比較法估價為原則。無買賣實例者，得比較其與毗鄰土地使用分區及使用強度差異，及土地價值減損情況，並斟酌毗鄰土地平均價格為基礎推算之。」

定，公共設施用地已非以往之無價值，其地價與與住宅、商業的用地價格可能並無太大差異。此案例之非列為共同負擔公共設施用地係為交通（轉用站）用地，其未來發展潛力更甚，若將其分配於原位次，短期內雖以為僅影響非共同負擔的公共設施用地，長期而言，恐將衝擊共同負擔的公共設施用地項目，使得市地重劃提供公共設施用地的功能產生質變的影響。綜此，考量公共設施用地之提供及往後開發等因素，乃至於都市發展健全之全面性，非列為共同負擔之公共設施用地，應依市地重劃實施辦法第三四條之規定，其指配順序依序為公有土地、抵費地，最終方為原土地所有權人。

四、抵費地之處理

市地重劃之費用負擔須自抵費地之處理取回。原則上，抵費地應訂底價公開標售，並得按底價讓售為國民住宅用地、公共事業[44]用地或行政院專案核准所需用地（平均地權條例施行細則第八四條第二項）。

然而，若抵費地經二次公開標售而無人得標時，得在不影響該重劃區財務計畫之原則下，降低底價再行公開標售（平均地權條例施行細則第八四條第三項）或標租、招標設定地上權（市地重劃實施辦法第五四條第一項）。標售、讓售底價不得低於各宗土地之評定重劃後地價。但經降低底價再行公開標售者，不在此限。至於標租、招標設定地上權權利金之底價，應由主管機關視當地實際情況訂定之。（市地重劃實施辦法第五四條第二及三項）

抵費地處理後所得價款，應優先抵付重劃總費用，如有盈餘時，應以其半數撥充實施平均地權基金，半數作為增添該重劃區公共設施建設、管理、維護

由此顯示，公共設施用地價格估價基礎已有偏高之情形。

[44]　公共事業以政府機關或所屬事業機構直接興辦以公共利益或社會福利服務、社會救助為主要目的之事業。（市地重劃實施辦法第五四條第四項）。

之費用[45]；如有不足時，應由實施平均地權基金貼補之。（市地重劃實施辦法第五六條）

　　市地重劃區每區之帳務，應於重劃完成之日起一年內完成結算公告；並且於完成結算後六個月內撰寫重劃報告，檢同有關圖冊層報中央主管機關備查。（市地重劃實施辦法第五五及五七條）

---

[45]　留供重劃區內增加建設、管理、維護之費用部分，應指定行庫，按重劃區分別設立專戶儲存支用；其運用順序及範圍如下：一、道路、溝渠、橋樑之加強及改善工程。二、雨水、衛生下水道及防洪設施等改善工程。三、人行道、路樹、路燈、號誌、綠化等道路附屬工程。四、兒童遊樂場、鄰里公園、廣場、綠地、停車場、體育場等設施。五、社區活動中心、圖書館。六、改善既成公有公共建築物及其附屬設備。七、社區環境保護工程。八、該重劃區直接受益之聯外道路與排水設施及其他公共建設工程。九、其他經地方政府認定必要之公共設施工程。十、地方政府視財源狀況及實際需要認定必要之第八款用地取得。（平均地權條例施行細則第八四之一條）

伍、市地重劃案例說明

　　為進一步了解市地重劃的實質內容，選取辦理市地重劃成果最豐碩的臺中市及高雄市，作為說明之依據[46]。

一、臺中市之市地重劃成果分析及重劃計畫書內容

（一）市地重劃成果分析

　　臺中市土地面積為 163.4 平方公里，行政轄區分為中、東、西、南、北及西屯、南屯、北屯等八個區，其中北屯區面積最大達 62.7 平方公里，佔全市 38.4%，三屯區之面積 133.8 平方公里，佔全市 81.9%，其餘五區僅佔 18.1%，其中中區面積最小為 0.88 平方公里。

　　臺中市開辦市地重劃迄今，截至 2013 年底止，總計辦理了十二期的市地重劃，共完成重劃面積 1,811.6538 公頃，提供 1,114.5135 公頃的可直接建築土地面積。其中，以第四期重劃區的 440.6556 公頃面積最大，第七期重劃區的 353.3983 公頃面積次之，第五期重劃區 228.3124 公頃及第十期重劃區 221.2018 公頃面積居第三及第四位。每期重劃區的負擔比例在第六期重劃區之前依舊法

---

[46]　作者在此感謝臺中市政府地政局提供詳盡的各期重劃區重劃計畫書。

之規定，負擔比率在 40%以下，第七期重劃區之後依新法之規定，負擔比率
在 45%以下。（參見表 5-1）

表 5-1　原臺中市市地重劃成果統計表　　單位：公頃

項目 期別	重劃面積	公共設施用地	可用建築土地	重劃負擔
第一期大智市地重劃	14.5283	3.4288	11.0995	34.85%
第二期麻園頭市地重劃	24.2614	6.6836	17.5778	33.16%
第三期忠明市地重劃	18.6491	7.7305	10.9186	34.82%
第四期中正、東山市地重劃	440.6556	129.9498	310.7058	37.73%
第五期大墩市地重劃	228.3124	71.5704	156.7420	36.90%
第六期干城市地重劃	19.4306	6.2679	13.1627	39.61%
第七期惠來市地重劃	353.3983	150.8508	202.5475	44.17%
第八期豐樂市地重劃	148.7966	62.3386	86.4580	44.60%
第九期旱溪市地重劃	120.3502	47.7987	72.5515	41.78%
第十期軍功、水景市地重劃	221.2018	103.1594	118.0424	44.95%
第十一期四張犁市地重劃	141.0193	62.7571	78.2622	44.59%
第十二期福星市地重劃	81.0502	40.7965	40.2537	44.99%
總計	1811.6538	692.9983	1118.6555	

資料來源：內政部地政司（2013），土地重劃統計資料

　　市地重劃對臺中市的都市發展及都市建設有重要的影響。臺中市政府藉由
辦理市地重劃，除了取得特定公共設施用地及建設經費以外，並且引導臺中市
往屯區、往西之發展，即早期由第四期及第五期重劃區扮演此功能，後期為平
衡各屯區之發展，第八期重劃區發展南方區域、第十期及第十一期重劃區發展
北方區域，特別是第七期重劃區將市政中心及重要展演設施引入至國道一號臺
中港交流道附近的區域中，參見圖 5-1。

（二）重劃計畫書內容

　　為進一步了解臺中市各期市地重劃辦理的法令依據、劃定範圍、重劃原因
及效益、土地所有權人負擔比率及政府的財政來源等實質內容，以臺中市第四

期至第十二期共九區的市地重劃計畫書為例說明。

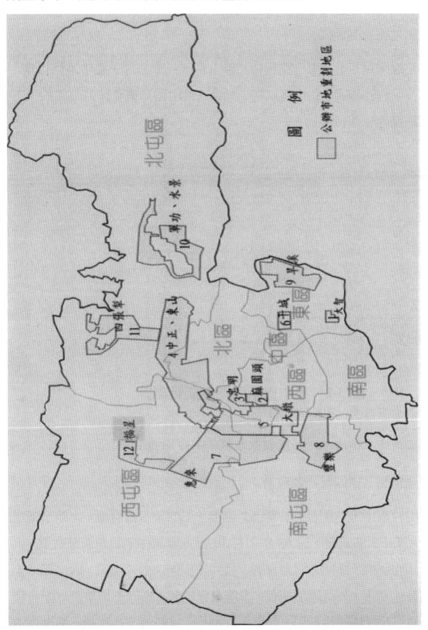

圖 **5-1**　原臺中市公辦市地重劃區示意分布

資料來源：臺中市政府地政局（2006）

甲、臺中市擬辦第四期中正、東山市地重劃計畫書

一、重劃地區及其範圍：

　　忠明路及麻園溪以北，東山路延伸道路北向一街廓以南，臺中港路以東，中清路以西及大雅路以東，北屯路以西，南北以東山路計畫道路為基礎的上下各三個街廓範圍內。

圖 5-2　臺中市第四期重劃範圍圖

資料來源：臺中市政府（2002，32）

二、法律依據：依據平均地權條例第五十七條辦理。

三、辦理重劃之原因及預期效益：

　　臺中市由於臺中港之開發，工業區之開發，工商業日益發達，人口不斷增加，又因擴大都市計畫範圍，於 68 年 1 月 19 日方解建住宅問題漸形嚴重，人口密集已達飽和狀態，惟地方財力有限，公共設施無法適時建設，因之都市土地未能作充分之利用，亟待設法補救，本府有鑑於此，舉辦市地重劃以配合都市計劃，興建公共設施改良地形，促進土地利用，以發展都市建設，經勘選本市中豐公路和臺中港路地帶，面積約 450 公頃辦理本市第四期市地重劃，並經省地政局 67.12.19 六七地二字第 5237 號函複勘同意，土地所有權人百分之 66.2

之申請，依照平均地權條例第五十七條規定辦理。

四、重劃地區土地總面積及土地所有權人總：

重劃地區土地總面積 440.3569 公頃。重劃區土地所有權人 3,959 人。

五、重劃前原公有道路溝渠河川等用地面積：

重劃前原公有道路、溝渠河川等用地為 2.3439 公頃。

六、預估公共設施用地共同負擔：

公共設施用地項目	面積（公頃）	備註
道路用地	109.6761	臨街部分：43.7368 公頃，非臨街部分：65.9393 公頃
溝渠	10.5278	
市場	1.6580	
公園	12.6671	
廣場	1.2602	
原有公有道、水	2.3439	

公共設施用地共同負擔平均比例＝

$$\frac{\text{公共設施共同負擔總面積－重劃前原公有道水面積}}{\text{重劃區總面積－重劃前原公有道水面積}}$$

＝0.30466

七、預估抵費地負擔：重劃費用 2,000,000,000 元。

抵費地負擔比率＝

$$\frac{\text{重劃費用}}{\text{重劃後平均地價×（重劃區總面積－重劃前原公有道水面積）}}$$

＝0.09132

八、平均負擔：平均負擔為百之 39.598。

九、財務計劃：

（一）第四期市地重劃總費用計 1,694,915,254 元，貸款利息 305,084,746
　　　元，共計 2,000,000,000 元。

（二）該項費用擬向有關基金或土地銀行分四期借貸。

十、預定工作進度表：如附表（一）。（略）

十一、重劃範圍地籍圖及細部計劃對照圖：如附表（二）。（略）

十二、重劃後土地使用分區圖，主要道路及公共設施分布圖：如附表（三）。
（略）

乙、臺中市擬辦第五期大墩市地重劃計畫書

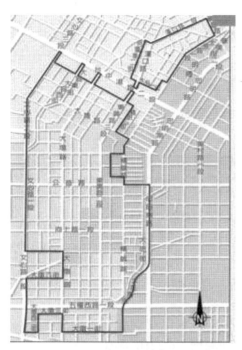

圖5-3 臺中市第五期重劃範圍圖
資料來源：臺中市政府（2002，36）

一、重劃地區及範圍

東至麻園頭溪、南至五權西路以南一至二個街廓；西至文心路計畫道路中心線；北至第四期市地重劃區界文中六附近。

二、法律依據：

依據平均地權條例第五十七條規定辦理。

三、辦理重劃之原因及預期效益：

（一）原因：

1. 臺中市由於臺中港路之開發，工業區之開發，工商業日益發達，人口不斷增加，惟地方財力有限，無法在短期內籌措大量資金，開闢道路、興建公共設施，完成新社區以配合市民需要。本府有鑑於此，擬在第二、四期市地重劃區鄰近地區續辦第五期市地重劃，不但可使本市西區、西屯區、南屯區間都市計畫道路系統連結貫通，且因其他公共設施之開發，促進都市新社區發展。

2. 上列擬辦重劃區由本府初勘，經臺灣省地政處複勘同意並以71.8.3七一地二字第五四四四五號函、71.2.18七二地二字第一四四三四號函核定重劃實施範圍。

（二）效益：（略）

四、

（一）重劃區土地總面積及土地所有權人總數：

1. 重劃區土地總面積：229 公頃

2. 重劃區土地所有權人總數：1,863 人

（二）重劃區申請參加重劃人數及占重劃區總人數之比率：

1. 申請參加重劃人數：1,155 人

2. 占重劃區總人數之比率：62%

（三）重劃區私有土地總面積及申請參加重劃面積、比率：

1. 重劃區私有土地總面積：205.6434 公頃

2. 申請參加重劃面積：132.4557 公頃。占重劃區私有土地總面積比率：
   64.41%。

五、重劃前原公有道、溝渠河川等用地面積：6.2210 公頃。

六、預估公共設施用地負擔：28.75%

公共設施用地項目	面積（公頃）	備註
道路用地	60.9560	
溝渠	1.2156	
市場	1.1742	
公園	5.1739	
廣場	1.7534	
合計	70.2731	

公共設施用地負擔平均比率＝

$$\frac{70.2731-6.2210}{229-6.2210}$$

＝28.75%

七、預估費用負擔：10.70%

（一）工程費用總額：1,271,179,500 元

（二）重劃費用總額：62,310,500 元

（三）貸款利息總額：216,510,000 元

合計：1,550,000,000 元

費用負擔比例＝

$$\frac{1,271,179,500 \text{元}＋62,310,500 \text{元}＋216,510,000 \text{元}}{6,500 \text{元}×（2,290,000－62,210）}$$

＝10.70%

八、計算重劃負擔總平均比率：39.45％。

重劃負擔平均比率＝公共設施用地負擔平均比率＋費用負擔平均比率＝

28.75％＋10.70％＝39.45％

九、財務計劃：

（一）概算市地重劃總費用：1,550,000,000 元。

（二）經費籌措來源：

舉借對象	省綜合基金	土地銀行及各行庫	合計
起訖年月	72.10-74.6	72.7-73.12 73.7-74.6	72.7-74.6
利率	7%	11%	
貸款金額	540,000,000 元	780,000,000 元 200,000,000 元	1,520,000,000 元
利息	65,810,000 元	128,700,000 元 22,000,000 元	216,510,000 元
備註	利率如有變更，按省訂標準調整。	利率如有變更，按中央銀行公布利率調整。	

（三）償還辦法：第五期市地重劃分 73、74 兩個年度完成，73 年度因無收入，預計於 74 年度地籍整理完竣後陸續標售抵費地及收取差額地價款共計 1,550,000,000 元用以償還貸款本利和。

十、預定重劃工作進度：詳見附件（一）。（略）

十一、重劃範圍地籍圖及都市計劃對照圖：詳見附件（二）。（略）

十二、重劃後土地使用分區及主要道路公共設施分布圖：詳見附件（三）。

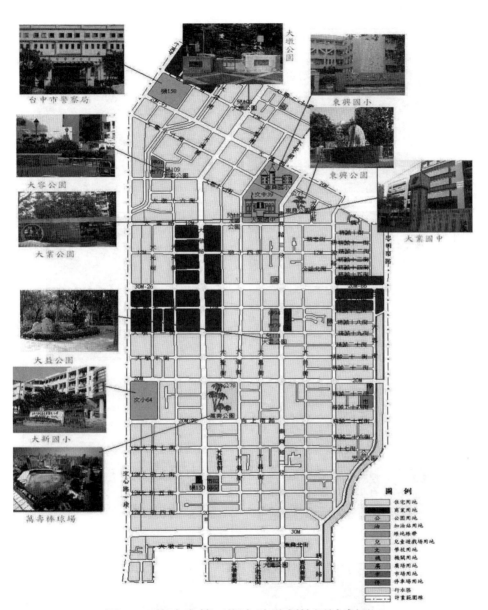

圖 5-4　臺中市第五期市地重劃使用計畫圖

資料來源：臺中市政府（2005）

五期重劃區現勘照片——住宅區

五期重劃區現勘照片——公共設施

大業國中　　　　　　　　　　大新停車場

五期重劃區現勘照片——商業區

精明一街　　　　　　大墩廣場

丙、臺中市第六期干城市地重劃修正後計畫書

一、重劃地區及範圍：

本重劃區坐落在東區練武段，其四至如下：東至：進德路（含拓寬五公尺部分）；西至：雙十路或都市計畫使用管制線；南至：南京路（含拓寬五公尺部分）；北至：練武路（至計畫道路中心線）。

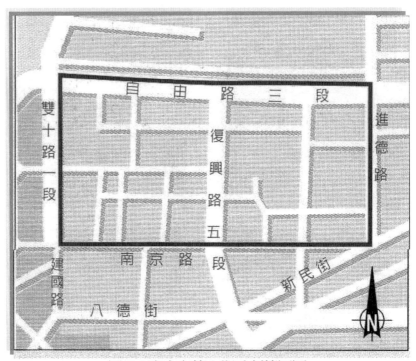

圖 5-5 臺中市第六期重劃範圍圖

資料來源：臺中市政府（2002，40）

二、法令依據：

（一）平均地權條例第五十六條。

（二）都市計畫公告文號：本府 74.7.26 七四府工都字第 57857 號。

三、辦理重劃原因及預期效益：

　　本重劃區位居臺中市中心，區內大部分為省有土地原作省府臨時辦公廳舍，現省府已另購黎明社區土地興建辦公廳舍，原辦公區已廢棄不用，為處分區內之國、省有土地並配合臺中都會區未來發展，干城地區之開發以市地重劃方式辦理，乃促使地盡其利之最佳辦法。

　　本地區土地主要為都市計畫商業區，但目前區內主要建物仍為營房、軍眷舍、民房、臨時車站等，土地尚無法做高度商業使用，重劃開發後，除可改善臺中市商業活動環境及作為商業區建設示範價值外，尚可解決國有、省有、軍方及私有土地交換利用等問題，效益甚大。

四、重劃地區土地總面積及土地所有權人總數：

項目	土地所有權人人數	面積（公頃）	備註
公有	2	18.0540 公頃	
私有	127	1.3446 公頃	臺灣汽車客運股份有限公司土地占 0.7132 公頃
未登錄地		0 公頃	
總計	129	19.3986 公頃	

五、重劃前原公有道路、溝渠、河川等用地面積：0.6900 公頃。

六、土地總面積以邊界分割測量後之公私有土地面積及未登記地之實際面積為準。

七、預估公共設施用地負擔：

（一）共同負擔之公共設施用地項目：

公共設施用地項目	面積（公頃）	備註
道路用地	4.7423	
廣場	1.1010	
停車場	0.6163	
合計	6.4596	

（二）土地所有權人負擔公共設施用地面積：

6.4596 公頃－0.6900 公頃＝5.7696 公頃

八、預估費用負擔：

項目		全額（元）	說明	備註
工程費	道路	98,716,000	本項經費列入重劃本工程預算辦理	
	雨水下水道	30,722,000		
	污水下水道	12,954,000		
	自來水	14,647,000		
	電力	16,940,000		
	電信	8,647,000		
	天然氣	2,170,000		
	廣場舖面及美化植栽	18,633,000		
地上物補償費		190,000,000		
重劃作業費		10,000,000		
貸款利息		37,342,900		
合計		440,771,900		

（一）經費籌措方式：

開發資金 440,771,900 元，擬向臺灣省建設基金辦理貸款。俟抵費地出售及差額地價收取後償還。

九、土地所有權人負擔概計：

（一）共同負擔之公共設施用地部分：

負擔面積 5.7696 公頃，負擔比率：

$$\frac{5.7696}{19.3986-0.6900}$$

=30.84%

（二）費用負擔部分（重劃後評定地價以每年平方公尺 27,000 元計算）：

總費用：440,771,900 元，負擔比率：

$$\frac{440,771,900}{27,000 \times (193,986 - 6,900)}$$

=8.73%

（三）前兩項負擔合計為：39.57%。

十、負擔減輕原則：依本市市地重劃協調委員會 76 年第二次會議決議（省地政處 76.6.11 地二字第 53798 號函同意備查）。私有土地重劃前均已面臨既成道路，並已課徵工程受益費，且電力、電信、自來水、天然氣等設施均已完竣，重劃受益程度較低，免計扣費用負擔，其公共設施用地負擔部分擬按參加重劃面積五%計扣。

十一、土地分配原則：

（一）依內政部 76.5.8 臺（78）內地字第 492973 號函規定「重劃前已建有合法房屋且不妨礙工程施工之私有土地，於徵其全部土地所有權人切結同意左列事項後，按原位置、原面積分配。

1. 重劃後按原位置、原面積分配，並依法負擔重劃之費用及差額地價。

2. 重劃後分配之土地，於建築物改建或新建時，應與鄰地合併後，依『干城地區細部計畫建築物及土地使用分區管制要點』之規定辦理。土地所有權移轉時，並應取得承受人之同意，不得異議。

（二）依本市市地重劃協調委員會七十六年第二次會議決議（省地政處 76.6.11 地二字第 53798 號函同意備查）。

1. 位於共同負擔公共設施用地內之私有土地，重劃後依都市土地重劃實施辦法第十九條第七款規定辦理分配。（修訂後市地重劃實施辦法第二

十六條第七款）。

2. 位於變電所用地內及進德路旁之私有土地（空地），重劃後擬合併分配於面臨進德路之街廓。

十二、財務計畫：

（一）概算市地重劃總費用：440,771,900 元。

（二）經費籌措來源：

舉措對象	臺灣省建設基金
起訖年月日	76.4~79.5
年利率	5%
貸款金額	373,429,000
利息	37,342,900
備註	利率如有變更，按省訂標準調整。

（三）償還辦法：預計於 79 年度地籍整理竣後陸續標售抵費地及收取差額地價款約計 440,771,900 元用以償還貸款本利和。

十三、預定重劃工作進度：

自民國 76 年 2 月至民國 79 年 5 月（詳見進度表）（略）。

十四、重劃區範圍都市計畫地籍套繪圖。（略）

丁、臺中市擬辦第七期惠來市地重劃計畫書

一、重劃地區及範圍：

本重劃區坐落本市西屯區臺中港路以南地區範圍包括西屯區何厝段、惠來厝段、上石碑段、西屯段、馬龍潭段、潮洋段。南屯區田心段、溝子墘段、黎明段、三塊厝段、南屯段等地段土地其四至為：東：文心路（五期市地重劃區邊）；西：八十公尺外環計畫道路全部，三十公尺、十五公尺計畫道路中心線；南：五權西路以北十五公尺都市計畫道路中心線；北：臺中港路邊。

本重劃範圍內公益路（文心路~黎明路）計畫道路已依法徵收完竣應予剔除。

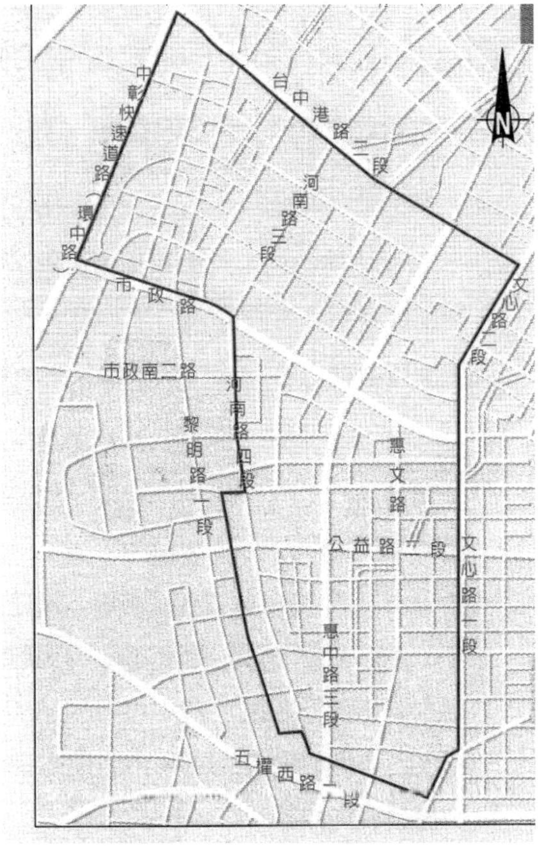

圖 5-6　臺中市第七期重劃範圍圖
資料來源：臺中市政府（2002，44）

二、法令依據：

（一）平均地權條例第五十七條。

（二）都市計畫發布日期及文號。

1. 主要計畫：75.2.22 府工都字第 12291 號。

2. 細部計畫：

(1) 副都市中心專用區 78.10.12 府工都字第 89484 號。

(2) 副都市中心專用區西側 78.9.22 府工都字第 81509 號。

(3) 副都市中心專用區南側 78.9.23 府工都字第 82499 號。

3. 省府地政處 77.11.4 七七地二字第 57051 號函重劃範圍同意辦理。

三、辦理重劃原因及預期效益：

（一）重劃原因：

1. 本重劃區與第四、五期市地重劃區，省政府黎明辦公區相鄰，原為農業區經都市計畫通盤檢討變更為副都市中心專用區及其他使用分區，另配置必要之公共設施且必須以市地重劃整體開發始得發照建築。

2. 臺中市為臺灣中部區域之中心都市，隨著人口聚集都市化與工業化之發展目前已成為中部都會地區、經濟行政、文化教育娛樂等中心預估民國 85 年臺中市人口將達一百萬以上都會區人口亦將達二百萬以上而舊有市區因道路狹窄建築密集，勢難以負荷未來都會區整體發展之需要，並將導致中心區交通擁塞、公共設施不足、環境品質惡化之局面，而本區之開發將能改善本市發展結構分散舊市市中心區之壓力，使本市成為一多核心發展之都市並期能帶動中部區域整體繁榮以達成區域均衡發展之政策。

（二）預期效益：（略）

四、重劃地區公私有土地總面積及其土地所有權人總數：

項目	土地所有權人數	面積（公頃）	備註
公有	5	51.2550	
私有	2,300	296.1687	
未登錄土地	0	3.6391	
總計	2,305	351.0628	

備註：本表所列公、私有土地面積係依據土地登記簿紀載面積摘錄統計，未登錄土地面積係重劃範圍面積減除公私有土地面積後得之。

五、土地所有權人申請重劃情形：

私有土地所有權人人數					私有土地面積（公頃）				
總人數	申請人數		未申請人數		總面積（公頃）	申請面積（公頃）		未申請面積（公頃）	
	人數	%	人數	%		面積（公頃）	%	面積（公頃）	%
1201	52.22	1099	47.78	296.1687		174.9113	59.06	121.2574	40.94
公有土地面積：51.2550					可抵充之公地面積：16.9338				

六、重劃前原公有道路溝渠、河川等已登記面積共計 16.9338 公頃，未登記面積 3.6391 公頃，總計 20.5729 公頃，依據平均地權條例第六十條規定抵充為共同負擔之公共設施用地。

七、土地總面積以邊界分割測量後之公私有土地面積及未登記地之實際面積為準。

八、預估公共設施用地負擔：

（一）共同負擔之公共設施用地項目：

1. 道路、道路兼廣場共計 96.4762 公頃。

2. 廣場、廣場兼停車場 2.9226 公頃。

3. 公園：16.8926 公頃。（都市計畫（細部）說明書列為鄰里性公共設施項目）

4. 綠帶（道路旁）：0.29 公頃。

5. 停車場：4.4382 公頃。

6. 市場：3.3888 公頃。

7. 溝渠：4.3010 公頃。

8. 兒童遊戲場兼鄰里公園：2.6082 公頃。

9. 文小：4.3824 公頃。

10. 文中：14.6117 公頃。

合計 150.3117 公頃。

（二）土地所有權人負擔公共設施用地面積：

150.3117－20.5729＝129.7388（公頃）

（三）公共設施用地平均負擔比率：

$$\frac{150.3117-20.5729}{351.0628-20.5729}$$

＝39.26%

九、預估費用負擔：

（一）預估工程項目及其費用、重劃費用及貸款息之總額

項目		全額（元）	說明	備註
工程費	道路工程	1,036,810,000	本項經費列入重劃本工程預算辦理	包含綠化、號誌工程
	整地工程	123,750,000	〃	
	橋樑工程	155,080,000	〃	
	雨污水下水道工程	238,000,000	〃	
	大排水溝工程	77,840,000	〃	
	管線配合款	823,830,000	〃	包括電力、電信、自來水、瓦斯
	預備金	150,000,000	〃	工程款不足之預備款、負擔總計表按實付款數核列
補償費		1,476,030,000	〃	
重劃作業費		77,302,761	〃	
貸款利息		465,000,000	〃	
合計		4,623,642,761	〃	負擔總計表按實付款核列

（二）預估費用負擔平均負擔比率：

$$\frac{4,623,642,761}{25,000 \times (351,0628-205,729)}$$

=5.60%

十、土地所有權人平均重劃負擔比率概計：

39.26% ＋ 5.60% ＝ 44.86%

十一、重劃區內原有合法建築物或既成社區負擔減輕之原則：

依平均地權條例第六十條規定，視其受益情形減輕其負擔，其減輕之原則提市地重劃委員會審議決定。

十二、財務計畫：

（一）資金需求總數 4,623,642,761 元。

（二）貸款計畫：前款所需費用擬向臺灣省建設基金及行庫貸款支應。

（三）償還計畫：由土地所有權人提供之抵費地出售款或繳納差額地價款償還。

十三、預定工作進度表：自 79 年 2 月至 81 年 1 月（詳附表）（略）

十四、重劃區範圍都市計畫地籍套繪圖。（略）

七期重劃區現勘照片——住宅區

七期重劃區現勘照片——商業設施

七期重劃區現勘照片——公共設施

圖 5-7　臺中市第七期市地重劃使用計畫圖
資料來源：臺中市政府（2005）

戊 、臺中市擬辦第八期豐樂市地重劃計畫書

一、重劃地區及範圍：

本重劃區坐落在南屯區豐安段、豐樂段、田心段大部分及南屯段一小部分，另包含南區半平厝段一小部分；本區包括豐樂里細部計畫優先發展區及東北角舊都市計畫一小部分，其四至如下：東：麻園頭溪畔（四公尺道路徵收線邊）為界；南：後期發展區二十米計畫道路中心線為界；西：黎明路（不含黎明路）為界；北：南屯路南側三十五公尺為界。

二、法令依據：

（一）平均地權條例第五十七條。

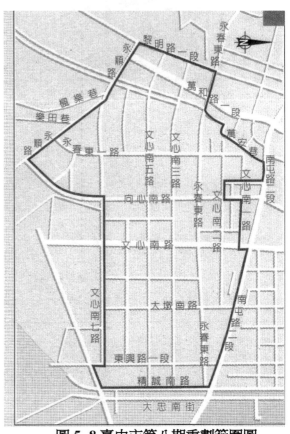

圖 5-8 臺中市第八期重劃範圍圖
資料來源：臺中市政府（2002，48）

（二）都市計畫細部計畫業經臺中市政府 77.2.15 府工都字第 11654 號發布實施。

（三）實施範圍經臺灣省政府地政處 77.10.20 地二字第 4933 號函復同意照辦。

三、辦理重劃之原因及預期效益：

（一）原因：

1. 依據臺中市政府 75.2.22 府工都字第 12291 號發布實施之臺中市都市計畫通盤檢討（不含大坑風景區），該計畫書規定「農業區變更為住宅區且劃定為優先發展區部分，應依各該劃定變更範圍，依次序擬定各該細部計畫同時配合居住密度與計畫容納人口訂定土地使用分區管制要點以市地重劃方式實施整體開發，否則不得發照建築。

2. 配合臺中都會區人口成長及建地需求辦理。

3. 重劃區之地籍零亂，南屯溪橫亙其間，無法充分有效建築使用，故辦理重劃並配合整治。

（二）預期效益：（略）

四、重劃地區公私有土地總面積及土地所有權人總數：

項目	土地所有權人人數	面積	備註
公有	5	21.62585	
私有	928	122.0933	
未登錄土地		4.0862	
總計	933	147.80535	

備註：本表所列公、私有土地面積係依據土地登記簿面積摘錄統計，未登錄土地面積係重劃範圍面積減除公、私有土地面積後得之。

五、土地所有權人申請重劃情形：

私有土地所有權人人數					私有土地面積（公頃）				
總人數	申請人數		未申請人數		總面積（公頃）	申請面積（公頃）		未申請面積（公頃）	
	人數	%	人數	%		面積	%	面積	%
928	579	62.39	349	37.61	122.0933	80.4970	65.93	41.5963	34.07
公有土地情況總面積：21.62585 公頃					可抵充之公地面積：8.7318 公頃				

六、重劃前原公有道路、溝渠、河川等用地面積：

本重劃區內重劃前原公有道路、溝渠、河川等已登記及未登記用地面積共計：12.8180 公頃，依平均地權條例第六十條規定抵充本重劃區土地所有權人共同負擔之公共設施用地。

七、重劃區土地總面積以邊界分割測量後之公、私有土地面積及未登記地之實際面積為準。

八、預估公共設施用地負擔：

（一）共同負擔之公共設施用地項目：

道路、溝渠、鄰里公園兼兒童遊樂場、廣場、國小、國中、廣場兼停車場、零售市地等面積 67.224538 公頃。

（二）土地所有權人負擔公共設施用地面積：

共有負擔之公共設施用地面積 － 抵充之原公有土地面積 ＝ 土地所有權人負擔之公共設施用地面積

$$67.224538 \text{ 公頃} - 12.8180 \text{ 公頃} = 54.406538 \text{ 公頃}$$

（三）平均負擔比率：$54.406538 \div (147.80535 - 12.818) = 40.30\%$

九、預估費用負擔：

（一）費用總額概括：

項目		全額（元）	說明	備註
工程費	道路工程	450,110,000	本項經費列入重劃本工程預算辦理	
	整地工程	58,960,000		
	橋涵工程	27,310,000		
	雨污水下水道工程	227,920,000		
	大排水溝工程	14,750,000		
	綠化工程	10,850,000		
	交通工程	21,000,000		
	管線配合款	456,400,000		
補償費		739,100,000		包括地上物、農作物、墳墓、管線遷移費等
重劃作業費		37,440,567		
貸款利息		244,125,000		
其他				
合計		2,357,965,567		

（二）籌措方式：

所需費用除向本市實施平均地權基金貸借外，不足部分擬向臺灣省建設基金或行庫申貸。

（三）平均負擔比率：13.97%。

十、土地所有權人平均重劃負擔比率概計：

（一）共同負擔之公共設施用地：54.406538 公頃，負擔比率：40.30%。

$$\frac{54.406538}{147.80535-12.818}$$

=40.30%

（二）列入重劃本工程預算之工程費等部分：負擔公共設施工程費等為 2,357,965,567 元，負擔比率：13.97%。

$$\frac{2,357,965,567}{12,500\times(147.80535-12.818)\times10,000}$$

=13.97%

（三）前二項負擔合計為 54.27%。

十一、重劃區原有合法建物或既成社區重劃負擔減輕原則：

依平均地權條例第六十條規定按其土地受益比例負擔，至受益程度(比例)提市地重劃委員會認定。

十二、財務計畫：

（一）本重劃區總費用等共計 2,357,965,567 元，由土地所有權人提供抵費地或繳納差額地價支應工程費等費用。

（二）前款所需費用擬向本市實施平均地權基金或臺灣省建設基金貸款支應。

（三）貸款償還方式：以抵費地出售款及差額地價償還。

十三、預定重劃工作進度表：（詳見附件一）（略）

十四、重劃區範圍都市計畫地籍套繪圖：（詳見附件二）（略）

己、臺中市第九期旱溪市地重劃計畫書

一、重劃地區及其範圍

本重劃區坐落東區範圍包括旱溪段之部分土地，其四至為：東：舊大里溪畔四十米道路中心線為界；南：振興路北側文小北邊十二米道路中心線為界（道路編號 12M119－40）；西：旱溪東側計畫堤防（含堤防用地）；北：精武路南側十二米，十甲路南側十米道路中心線及十甲路計畫道路邊緣(不含道路用地)。

二、法令依據：

（一）平均地權條例第五十六條。

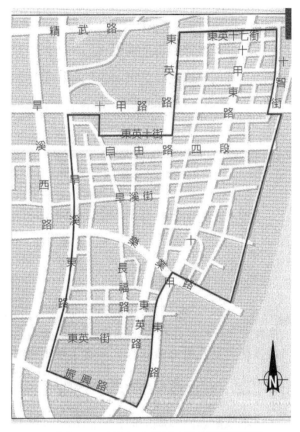

圖 5-9　臺中市第九期重劃範圍圖
資料來源：臺中市政府（2002，52）

（二）都市計畫細部計畫業經臺中市政府 78 年 9 月 21 日七八府工都字第 82016 號公告發布實施。

（三）實施範圍經臺灣省政府地政處 78 年 8 月 19 日七八地二字第 61020 號函同意照辦。

三、辦理重劃原因及預期效益：

（一）原因：

1. 依據臺中市政府 75.2.22 府工都字第 12291 號發布實施之臺中市都市計畫通盤檢討（不含大坑風景區），該計畫書規定：「東南等工業區除保留部分服務性工業區，其餘配合鄰近土地使用情況變更為其他使用分區，並應以市地重劃或都市更新方式開發為原則」，故選擇部分開發方式依平均地權條例及市地重劃實施辦法有關規定辦理市地重劃。

2. 配合臺中都會區人口成長及建地需求辦理。

3. 重劃區之地籍零亂，無法充分有效建築使用。

（二）預期效益：（略）

四、重劃區公私有土地總面積及其土地所有權人總數：

項目	土地所有權人數	面積（公頃）	備註
公有	4	8.8212	
私有	1,056	110.8015	
未登錄土地		3.7111	
總計	1,060	123.3338	

備註：本表所列公私有土地面積係依據土地登記簿面積摘錄統計，未登錄土地面積係重劃範圍面積減除公私有土地面積後得之。

五、重劃地區原公有道路、溝渠、河川及未登記土地面積：

本重劃區內重劃前原公有道路、溝渠、河川等已登記及未登記土地面積共計 3.7918 公頃，依平均地權條例第六十條規定抵充為共同負擔之公共設施用地。

七、預估公共設施用地負擔：

（一）列入共同負擔之公共設施用地項目及面積計有：道路、公園、兒童遊樂場、廣場、國小等面積 43.61 公頃。

（二）土地所權人負擔公共設施用地面積：

$$43.61 \text{ 公頃} - 3.7918 \text{ 公頃} = 39.8181 \text{ 公頃}$$

（三）公共設施用地平均負擔比率：

公共設施用地平均負擔比率＝

$$=39.8182 \div (123.3338 - 3.7918) = 33.31\%$$

八、預估費用負擔：

（一）預估工程項目及其費用，重劃費用及貸款利息之總額：

	項目	全額（元）	說明	備註
工程費	道路工程	376,660,000	本項經費列入重劃本工程預算辦理	
	整地工程	45,100,000		
	箱涵工程	47,700,000		
	雨污水下水道工程	175,560,000		
	管線配合款	312,700,000		包括電力、電信、自來水、瓦斯
	預備金	60,000,000		負擔總計表按實付數核列
補償費		747,345,000		包括地上物、農作物、墳墓、管線遷移費等
重劃作業費		29,820,792		
貸款利息		309,250,000		
合計		2,004,135,792		

（二）籌措方式：

所需費用除向本市實施平均地權基金貸借外，不足部分擬向臺灣省建設基金中央信託局或其他行庫申貸。

（三）預估費用平均負擔比率：

$$=2,004,135,792 \div 20,000 \div (1,233,338 - 37,918) = 8.38\%$$

九、土地所有權人平均重劃負擔比率概計：

（一）預估共同負擔之公共設施用地：39.8182 公頃，負擔比率：33.31%。

$$\frac{39.8182}{123.3338-3.7918}$$

=33.31%

（二）列入重劃本工程預算之工程費等部分：

負擔公共設施工程費等為 2,004,133,792 元，負擔比率：8.38%。

（三）前二項負擔合計為 41.69%。

$$33.31\%+8.38\%=41.69\%$$

十、重劃區內原有合法建物或既成社區重劃負擔減輕原則：

依平均地權條例第六十條規定按其土地受益比例負擔至受益程度（比例）提市地重劃委員認定。

十一、為免土地所有權人平均負擔比率，超過平均地權條例第六十條規定 45%之限制，經本市地重劃委員會 78 年第一次會議決議，本區內之市場、停車場合計面積 4.7 公頃不列入土地所有權人共同負擔之公共設施用地項目，並優先以區內之公有土地予以指配，且重劃後須以抵費地盈餘款優先開發，並報經臺灣省政府地政處以 78 年 4 月 15 日七八地二字第 42390 號函同意備查。

十二、財務計畫：

（一）資金需求總額：2,004,135,792 元。

（二）貸款計畫：前款所需費用擬向本市實施平均地權基金或臺灣省建設基金中央信託局或其他行庫貸款支應。

（三）償還計畫：由土地所有權人提供之抵費地出售款或繳納差額地價償還。

十三、預定重劃工作進度表。（略）

十四、重劃區範圍都市計畫地籍套繪圖。（略）

庚、臺中市第十期軍功、水景市地重劃計畫書

一、重劃地區及其範圍

本重劃區坐落在北屯區建安段、建和段、青田段、青雲段、建功段、長春段、青萍段一大部分，及軍功寮段、長生段、北屯段、建寮段之少部份，本區包含軍功、水景里細部計劃優先發展區及兩側旱溪排水道，為配合旱溪排水道整治計劃，解決當地之水患，以提供防洪功能。本重劃範圍其四至如下：東：東起自大坑風景區兩邊及二十米計劃道路中心線（編號 20M16－31）與後期發展區為界；西：西至旱溪排水道西側 15M 計劃道路邊（編號 15M27－37）與後期發展區為界；南：南從太

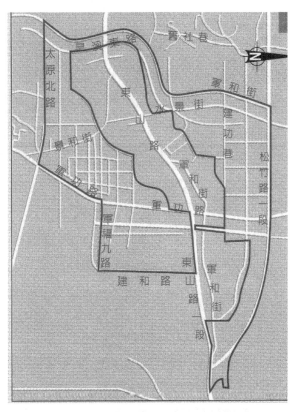

圖 5-10　臺中市第十期重劃範圍圖
資料來源：臺中市政府（2002，56）

原北路 40M 建築線及 20M 計劃道路中心線（編號 20M－15－31）和軍功路 20M 道路中心線與後期發展區為界；北：北迄 30 米松竹路計畫道路邊與後期發展區為界。

二、法令依據：

（一）平均地權條例第五十六條。

（二）都市計畫細部計畫業經臺中市政府 78.10.21 府工都字第 92780 號

公告發布實施。

（三）實施範圍業經臺灣省政府地政處於 82.5.6 以地二字第 22832 號函複勘核定。

三、辦理重劃原因及預期效益：

（一）原因：

1. 依據臺中市政府 75.2.22 府工都字第 12291 號發布實施之臺中市都市計畫通盤檢討（不含大坑風景區），該計畫書規定「農業區變更為住宅區，且劃定為優先發展區部分，應依各該劃定變更範圍，依次序擬定各該細部計畫，同時配合居住密度與計畫容納人口，訂定土地使用分區管制要點，以市地重劃方式實施整體開發，否則不得發照建築」。依據上開規定，選定本期重劃之範圍，以市地重劃方式開發，提供一較為良好之居住環境，促進本地區之發展與繁榮。

2. 配合臺中都會區人口成長及建地需求辦理。

3. 重劃區之地籍零亂，原旱溪流橫亙其間且崎嶇不整時生水患，同時無法充分有效建築使用，故辦理市地重劃，以提高土地利用價值，並配合整治旱溪排水道，以達到治水防洪功能。

（二）預期效益：（略）

四、重劃地區公私有土地總面積及所有權人總數：

項目	土地所有權人人數	面積（公頃）	備註
公有	4	19.0159	
私有	1820	200.0841	
未登錄土地		0.9000	
總計	1824	220.00	

備註：本表所列公、私有土地面積係依據土地登記簿面積摘錄統計。

五、重劃地區原公有道路、溝渠、河田及未登記土地面積：

本重劃區內原公有道路、溝渠、河川及未登記土地面積共計：3.90 公頃，依平均地權條例第六十條規定,抵充本重劃區土地所有權人共同負擔之公共設施用地。

六、重劃區土地總面積，以邊界分割測量後之公、私有土地面積，及未登記地之面積為準。

七、預估公共設施用地項目：

（一）公共設施用地項目：

道路 54.57 公頃，國中 3.50 公頃，國小 2.35 公頃，溝渠 11.35 公頃，綠地 0.14 公頃，鄰里公園 8.18 公頃，廣場 0.30 公頃，零售市場 1.72 公頃，停車場 1.90 公頃，廣場兼停車場 1.05 公頃，鄰里公園兼兒童遊樂場 0.68 公頃，兒童遊樂場 2.33 公頃，綠地兼兒童遊樂場 0.63 公頃。以上公共設施面積為 88.70 公頃。

依市地重劃實施辦法第廿一條第二項規定，「……所稱溝渠，指依都市計畫法定程序所劃設供重劃區內公共使用之排水用地……」，本府係依上開規定,旱溪排水道性質屬於溝渠用地，並依平均地權條例第六十條規定，列為共同負擔之公共設施用地。

（二）土地所有權人負擔公共設施用地面積：

$$88.70-3.90＝84.8 公頃。$$

（三）公共設施用地平均負擔比例：

$$\frac{80.70-3.9}{220-3.9}$$

$$=39.24\%$$

八、預估費用負擔：

（一）費用總額概括：

項目		金額	說明
工程費用	道路工程	849,899,750	包括道路、側溝、綠化、交通號誌等工程
	整地工程	17,905,250	
	雨污水工程	372,900,000	
	大排水工程	121,635,875	不包括旱溪排水工程
	管線配合款	277,395,375	包括電力電信瓦斯自來水
補償類		982,700,000	包括建物農作物墳墓遷移
重劃作業費		264,508,834	
貸款利息		480,600,000	期間約三年，年利率約 10%
預備費		117,354,130	作為辦理重劃時預備之用，並以將來實際支付之金額，於負擔總計表中，列入費用負擔。
合計		3,484,899,214	

（二）籌款方式：

$$\frac{3,484,899,214}{40,000 \times (200 - 3.9) \times 10,000}$$

=4.03%

九、土地所有權人平均負擔重劃比率概計：

（一）土地所有權共同負擔之公共設施用地面積：84.80 公頃，該用地負擔比率為：39.78%。

（二）費用負擔總額：3,484,899,214 元，該費用平均負擔比率為：4.03%

（三）前兩項負擔平均比率合計為 43.27%。

十、重劃區內，原有合法建物，或既成社區重劃負擔減輕原則：

依平均地權條例第六十條規定，按其土地受益比例負擔，至其受益程度(比例)，俟辦理土地分配時，將提本市市地重劃委員會審議。

十一、財務計劃：

（一）本重劃區總費用等共計 3,484,899,214 元。

（二）前款所需費用，擬向本市實施平均地權基金或臺灣省建設基金，或省屬各行庫貸款。

（三）貸款償還方式：由土地所有權人以未建築土地折價抵付之土地出售款，或繳納差額地價償還。

十二、預定重劃工作進度表：（自 82 年 1 月至 84 年 12 月止）。

臺中市第十期軍功、水景地區市地重劃區預定工作進度表	
工作項目	預定工作進度
一、選定重劃地區	自 82 年 1 月至 82 年 3 月
二、重劃範圍報省府複勘	自 82 年 4 月至 82 年 5 月
三、研訂市地重劃計畫書報核	自 82 年 5 月至 82 年 6 月
四、公告重劃計畫書	自 82 年 6 月至 82 年 7 月
五、舉行重劃區座談會及處理反對意見	自 82 年 7 月至 82 年 8 月
六、籌措經費	自 82 年 8 月至 82 年 10 月
七、公告禁止土地移轉及禁建等事項	自 82 年 11 月至 82 年 12 月
八、現況審查及測量	自 83 年 1 月至 83 年 6 月
九、工程規劃設計	自 82 年 9 月至 83 年 2 月
十、查定重劃前後地價	自 82 年 12 月至 83 年 6 月
十一、查估及發及土地改良物或墳墓拆遷補償費	自 82 年 8 月至 83 年 2 月
十二、工程施工	自 83 年 2 月至 84 年 3 月
十三、土地分配設計及計算負擔	自 83 年 7 月至 84 年 1 月
十四、分配結果公告及異議處理	自 84 年 2 月至 83 年 3 月
十五、地籍整理及權利變更登記	自 84 年 3 月至 84 年 8 月
十六、交接清償	自 84 年 8 月至 84 年 11 月
十七、財務結算	自 84 年 10 月至 84 年 11 月
十八、成果報告	自 84 年 11 月至 84 年 12 月

辛、臺中市第十一期四張犁市地重劃計畫書

一、重劃地區及其範圍：

本重劃區坐落在北屯區仁和段、仁美段、同榮段、松昌段之大部份，及仁德段、松竹段、平間段一小部分。其四至如下下：東：南側部份以崇德路以西 30 米處起向北連接松竹路北側路邊線後向東延伸至 20 米計畫道路中心線（編號：20H－40－44）與後期發展區為界；南：大連路北側 25 米處；西：30 米計畫道路中心線及 25 米計畫道路中心線與後期發展區為界；北：20 米計畫道路中心線及 15 米計畫道路中心線與後期發展區為界。

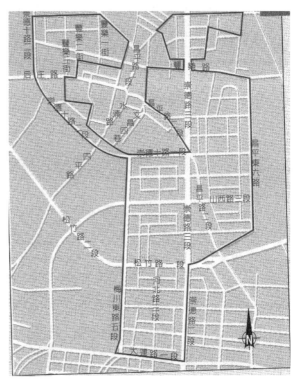

圖 5-11　臺中市第十一期重劃範圍圖
資料來源：臺中市政府（2002，60）

二、法令依據：

（一）平均地權條例第五十六條。

（二）都市計畫細部計畫業經臺中市政府 79.9.19 府工都字第 79401 號公告實施。

（三）實施範圍經臺灣省政府地政處 80.11.26 地二字第 7015 號函核定。

三、辦理重劃原因及預期效益：

（一）原因：

1. 依據臺中市政府75.2.22府工都字第12291號發部實施之臺中市都市計畫通盤檢討（不含大坑風景區），該計畫書規定「農業區變更為住宅區且劃定為優先發展區部份，應依各該劃定變更範圍，依次序擬定各該細部計畫同時配合居住密度與計畫容納人口訂定土地使用分區管制要點，以市地重劃方式實施整體開發，否則不得發照建築」。

2. 配合臺中都會區人口成長及建地需求辦理。

3. 重劃區之地籍零亂，溪流橫亘其間，無法充分有效建築使用，故辦理重劃並配合整治。

（二）預期效益：（略）

四、重劃地區公私有土地總面積及所有權人總數：

項目	土地所有權人人數	面積	備註
公有	4	12.1153	
私有	976	127.9854	
總計	980	140.1007	

備註：本表所列公、私有土地面積係依據土地登記簿面積摘錄統計。

五、重劃地區原公有道路、溝渠、河川及未登記土地面積：

本重劃區內重劃前原公有道路、溝渠、河川等已登記土地面積共計4.5652公頃，依平均地權條利第六十條規定抵充本重劃區土地所有權人共同負擔之公共設施用地。

六、重劃區土地總面積以邊界分割測量後之公、私有土地面積總和為準。

七、預估公共設施用地負擔：

（一）共同負擔之公共設施用地項目：

道路39.17公頃、溝渠0.52公頃、鄰里公園兼兒童遊樂場10.80公頃、國小3.36公頃、國中3.42公頃、廣場兼停車場2.55公頃、零售市場1.66

公頃等面積，共計 61.4800 公頃。

（二）土地所有權人負擔公共設施用地面積：

共同負擔之公共設施用地面積，抵充之原公有土地面積，土地所有權人負擔公共設施用地面積：54.9148 公頃。

（三）公共設施用地平均負擔比例：

$$\frac{61.48-6.5652}{140.1007-6.5652}$$

=41.11%

八、預估費用負擔

（一）費用總額概括：

項目		金額	說明
工程費用	道路工程	562,787,000	
	整地工程	213,277,000	
	雨污水工程	240,690,000	
	大排水工程	3,315,000	
	綠化工程	35,925,000	
	交通工程	9,817,500	
	管線配合款	179,239,500	包括電力電信瓦斯自來水
補償類		595,610,000	包括建物農作物墳墓遷移
重劃作業費		84,193,000	
貸款利息		95,929,000	
預備費		61,135,000	
合計		2,081,918,000	

（二）籌款方式：

所需費用除向本市實施平均地權基金貸借外，不足部分擬向臺灣省建設基金或行庫申貸。

（三）平均負擔比率：

本重劃區已列入 82 年度概算補助為 99,337,000 元

$$\frac{2,081,918,000-94,130,000}{40,000\times（140.1007-6.5652）\times10,000}$$

=3.72%

九、土地所有權人平均負擔重劃比率概計：

（一）共同負擔之公共設施用地：61.48 公頃，負擔比率：41.11%

（二）費用負擔總額 2,081,918,000 元，負擔比率：3.90%，扣除補助款，負擔比率降為 3.71%。

（三）前兩項負擔合計為 44.83%。

十、重劃區內原有合法建物或既成社區重劃負擔減輕原則：

依平均地權條例第六十條規定按其土地受益比例負擔，至其受益程度（比例）提市地重劃委員會認定。

十一、財務計劃：

（一）本重劃區總費用共計 2,081,918,000 元

（二）貸款計劃：前款所需費用擬向本市實施平均地權基金或臺灣省建設基金或省屬行庫貸款。

（三）貸款償還方式：由土地所有權人提供抵費地或繳納差額地價償還。

十二、預定重劃工作進度表：（詳見附件一）（略）

十三、重劃區範圍都市計畫地籍套繪圖：（詳見附件二）（略）

王、臺中市第十二期福星市地重劃計畫書

一、重劃地區及範圍：

本重劃區坐落本市西屯區臺中港路以北地區，範圍包括西屯、廣明段等地段土地，其四至為：東：10M—196 計畫道路左側及黎明路左側建築線；西：80 公尺環中路左側建築線；南：20M—126 福星路北側及臺中港路北側建築線；北：20M—124 福星北路北側建築線。

二、法令依據：

（一）平均地權條例第五十六條。

（二）變更臺中市都市計畫（福星路附近地區）細部計畫（第一次通盤檢討）業經臺中市政府 93 年 6 月 16 日府工都字第 0930094821 號公告發佈實施。

（三）實施範圍業經臺中市政府相關單位於 93 年 3 月 26 日勘定，並提請本市市地重劃委員會 93 年第一次會議決通過，於 93 年 5 月 7 日簽奉市長核定在案。

三、辦理重劃原因及預期效益：

（一）重劃原因：

1. 本重劃區屬臺中市都市計畫通盤檢討（不含大坑風景區）之優先發展區。原細部計畫於 79 年 5 月發佈實施，由於發佈實施迄今已滿五年，故依都市計畫法第廿六條及都市計畫定期通盤檢討實施辦法辦理細部計畫通盤檢討，已於 93 年 6 月 16 日公告實施，亟待進行重劃開發，使本重劃區成為西屯地區發展中心及全市之次要商業中心。

2. 配合臺中都會區人品成長及建地需求辦理。

3. 重劃區之地籍零亂，無法充分有效建築使用，故辦理市地重劃，以提高土地利用價值。

（二）預期效益：（略）

四、重劃地區公、私有土地面積及土地所有權人總數：

項目	土地所有權人人數	面積	備註
公有	2	13.0061	
私有	1586	68.0157	
總計	1588	81.0578	

備註：本表所列公、私有土地面積係依據土地登記簿面積摘錄統計，未登錄土地面積係重劃範圍面積減除公、私有土地面積後得之。

五、徵求土地所有權人同意重劃情形：

私有土地所有權人人數					私有土地面積（公頃）				
總人數	同意人數		未同意人數		總面積（公頃）	同意面積（公頃）		未同意面積（公頃）	
	人數	％	人數	％		面積	％	面積	％
1586	107	6.75	1479	93.25	68.0517	7.6704	11.27	56.7817	83.43
公有土地情況總面積：13.00 公頃					可抵充之公地面積：6.0363 公頃				

六、重劃地區原公有道路、溝渠、河川及未登記等抵充土地面積：

本重劃區內重劃前原公有道路、溝渠、河川及未登記等土地，面積共計6.0363 公頃，依平均地權條例第六十條規定，抵充本重劃區土地所有權人共同負擔之公共設施用地。

七、重劃區土地總面積以邊界分割測量後之公、私有土地面積及未登記地之實際面積為準。

八、預估公共設施用地負擔：

（一）道路 28.59 公頃、鄰里公園兼兒童遊樂場 2.6681 公頃、廣場 0.2441公頃、廣場兼停車場 0.344 公頃、國小 2.0439 公頃、國中 3.5157（原面積 3.5157公頃，國中 3.46 公頃徵收完畢，依市地重劃實施辦法第三十三條規定原地指配，不列入共同負擔，餘 0.0557 公頃）、停車場 0.3240 公頃。

都市計畫規劃之公共設施用地面積合計 40.3293 公頃，為免重劃區土地所

有權人平均負擔比率超過百分之四十五起見（因該區意願調查同意比例未達半數），僅將以上公共設施用地面積 27.8446 公頃列為共同負擔，又依平均地權條例施行細則第八十三條規定之順序，將後順位之公共設施用地依序（停車場、國民中學、國民小學…之順序）列為非共同負擔之公共設施用地，即將後順位之原共同負擔公共設施用地面積 2.9884 公頃部分改列為非共同負擔，並依平均地權條例第六十條第二項及市地重劃實施辦法第三十二條至第三十四條規定由公有土地、抵費地優先指配之。

（二）土地所有權人負擔公共設施用地面積：

共同負擔之公共設施用地面積－抵充之原公有土地面積＝土地所有權人負擔公共設施用地面積。

$$40.3293 - 3.46 - 6.0363 - 2.9844 = 27.8446$$

（三）公共設施用地平均負擔比率：

$$\frac{40.3293 - 3.46 - 6.0363 - 2.9884}{81.0578 - 3.46 - 6.03630}$$

=38.91%

九、預估費用負擔

（一）費用總額概括：

項目		金額	說明
工程費用	施工費用（含道路、整地、雨污水、大排水等工程及管線配合款）	1,248,787,000	包括道路、側溝、綠化、交通號誌、電力、電信、瓦斯、自來水等配合款。
重劃費用	地上物拆遷補償費	793,000,000	包括建物、農作物、墳墓遷移
	重劃業務費	28,881,000	
貸款利息		106,359,000	貸款期間三年，以年利率 1.75%計算。
合計		2,177,027,000	實際列入共同負擔金額

（二）費用負擔平均負擔比率：

$$\frac{2,177,027,000}{50,000\times（81.0578-3.46-6.0363）\times10,000}$$

=6.08%

十、土地所有權人平均重劃負擔比率概計：

土地所有權人平均重劃負擔比率＝

$$38.91\%+6.08\%=44.99\%。$$

十一、重劃區內原有合法建物或既成社區重劃負擔減輕原則：

依平均地權條例第六十條規定按其土地受益比例負擔，至其受益程度俟辦理土地分配時，提本市市地重劃委員會審議辦理。

十二、財務計劃：

（一）資金需求總額（總費用）計 2,177,027,000 元。

（二）財源籌措方式：

1. 向本市實施平均地權基金貸款支應。

2. 向財政部建設基金貸款。

3. 金融機構貸款。

（三）、償還計畫：由土地所有權人以未建築土地折價抵付重劃負擔之抵費地出售款或繳納差額地價償還。

十三、預定重劃工作進度表：如後。自民國 93 年 3 月至 95 年 12 月止。

十四、重劃區範圍都市計畫地籍套繪圖：（略）

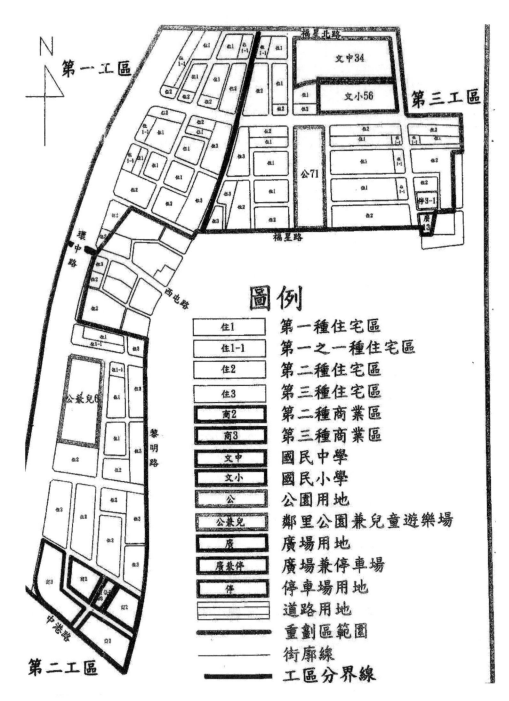

圖 5-12　臺中市第十二期重劃範圍圖

資料來源：臺中市政府（2002）

台中市第十二期福星地區市地重劃區預定工作進度表

工　作　項　目	預　定　工　作　進　度
一、選定重劃地區	自93年3月至93年4月
二、重劃範圍核定	自93年5月至93年5月
三、徵求同意	自93年7月至93年7月
四、研訂重劃計畫書報核	自93年7月至93年8月
五、公告重劃計畫書	自93年8月至93年9月
六、舉行業主座談會及處理反對意見	自93年8月至93年9月
七、籌編經費	自92年9月至92年12月
八、公告禁止土地移轉及禁建等事項	自94年8月至94年9月
九、現況調查及測量	自93年12月至94年6月

項目	時間
十、工程規劃設計	自93年4月至94年2月
十一、查定重劃前後地價	自94年4月至94年12月
十二、查估及公告、通知發放土地改良物或墳墓拆遷補償費	自93年5月至94年3月
十三、工程施工	自93年10月至95年6月
十四、土地分配設計及計算負擔	自94年8月至95年7月
十五、分配草案說明會	自95年6月至95年7月
十六、分配結果公告及異議處理	自95年7月至95年8月
十七、地籍整理及權利變更登記	自95年8月至95年9月
十八、交接及清償	自95年9月至95年10月
十九、財務結算	自95年11月至95年12月
二十、成果報告	自95年12月至95年12月

二、高雄市之市地重劃成果分析

原高雄市土地面積為 171.0452 平方公里，行政轄區分為鹽埕區、鼓山區、左營區、楠梓區、三民區、新興區、前金區、苓雅區、前鎮區、旗津區及小港區等十一個區，其中小港區面積最大達 45.55 平方公里，佔全市 26.63%，楠梓區亦有 29.73 平方公里，其中鹽埕區面積最小為 1.64 平方公里。

臺灣地區自 1958 年 8 月於高雄市開始辦理第一期市地重劃迄今，截至 2013 年底止，由原高雄市府辦理完成之公辦市地重劃有 77 期，總面積 2,683.7804 公頃，提供了 1,679.7311 公頃的可直接建築土地面積（表 5-2）；

表 5-2　原高雄市市地重劃成果統計表

項目 期別	重劃面積	公共設施用地	可用建築土地	重劃負擔
第一期市地重劃	66.3125	19.6363	46.6762	34.00%
第二期市地重劃	62.9247	22.3617	40.5630	37.00%
第三期市地重劃	22.9650	10.5014	12.4636	49.00%
第四期市地重劃	66.2284	23.5046	42.7238	38.00%
第五期市地重劃	375.5688	82.0787	293.4901	21.00%
第六期市地重劃	41.7854	12.7651	29.0203	36.00%
第七期市地重劃	45.9633	16.6959	29.2674	44.00%
第八期市地重劃	71.6823	27.0262	44.6561	43.00%
第九期市地重劃	67.0419	25.7789	41.2630	39.54%
第十期市地重劃	3.4875	1.2712	2.2163	42.00%
第十一期市地重劃	17.0859	7.9793	9.1066	43.00%
第十二期市地重劃	30.0314	17.3302	12.7012	60.00%
第十三期市地重劃	63.7382	38.4257	25.3125	60.00%
第十四期市地重劃	64.9291	19.7052	45.2239	30.00%
第十五期市地重劃	43.3703	13.3696	30.0007	32.00%

資料來源：內政部地政司（2013），土地重劃統計資料

截至 2013 年底止辦理完成之地區

表 5-2 原高雄市市地重劃成果統計表——續 1

期別 項目	重劃面積	公共設施用地	可用建築土地	重劃負擔
第十六期市地重劃	0.6832	0.4882	0.1950	67.00%
第十七期市地重劃	38.1010	24.0379	14.0631	60.00%
第十八之一期市地重劃	4.5454	1.4676	3.0778	33.66%
第十八之二期市地重劃	5.4264	1.5983	3.8281	31.31%
第十八之三期市地重劃	5.9105	1.7215	4.1890	28.59%
第十八之四期市地重劃	29.3028	8.4212	20.8816	27.36%
第十八之五期市地重劃	52.4790	15.2635	37.2155	32.92%
第十八之六期市地重劃	21.5980	5.5070	16.0910	30.58%
第十八之七期市地重劃	69.5321	24.4858	45.0463	33.10%
第十八之八期市地重劃	77.3787	20.3739	57.0048	29.80%
第十九期市地重劃	36.3995	11.9641	24.4354	36.91%
第二十期市地重劃	42.1189	14.2307	27.8882	38.32%
第二一期市地重劃	28.2347	10.4248	17.8099	35.62%
第二二期市地重劃	0.4210	0.1997	0.2213	47.40%
第二三期市地重劃	34.5292	10.7380	23.7912	32.16%
第二四期市地重劃	18.5690	5.9573	12.6117	38.97%
第二五期市地重劃	102.4462	34.0382	68.4080	39.03%
第二六期市地重劃	29.5873	10.2017	19.3856	29.46%
第二七期市地重劃	6.3843	4.0580	2.3263	69.63%
第二八期市地重劃	4.2959	2.6088	1.6871	62.89%
第二九期市地重劃	240.4622	111.6049	128.8573	45.00%
第三十期市地重劃	2.9745	1.0565	1.9180	40.24%
第三一期市地重劃	20.8972	7.0173	13.8799	45.00%
第三二期市地重劃	58.5681	23.8289	34.7392	42.58%
第三三期市地重劃	154.7006	55.2451	99.4555	35.74%
第三四期市地重劃	26.8970	11.0406	15.8564	44.00%
第三五期市地重劃	1.4760	0.5111	0.9649	38.97%

資料來源：內政部地政司（2013），土地重劃統計資料

截至 2013 年底止辦理完成之地區

表 5-2　原高雄市市地重劃成果統計表──續 2

項目　期別	重劃面積	公共設施用地	可用建築土地	重劃負擔
第三六期市地重劃	10.6491	4.0153	6.6338	39.48%
第三七期市地重劃	91.4506	38.5000	52.9506	42.52%
第三八期市地重劃	6.2858	4.2447	2.0411	64.22%
第三九期市地重劃	3.5492	1.2088	2.3404	39.47%
第四十期市地重劃	23.3400	9.4419	13.8981	39.25%
第四一期市地重劃	12.6921	5.9398	6.7523	40.68%
第四二期市地重劃	9.6161	3.1200	6.4961	39.79%
第四三期市地重劃	11.7780	4.4185	7.3595	40.88%
第四四期市地重劃	144.0720	64.9851	79.0869	50.36%
第四五期市地重劃	21.3415	5.0302	2.8416	45.00%
第四六期市地重劃	6.3061	1.4737	4.8324	23.68%
第四七期市地重劃	43.5100	23.7600	19.7500	56.37%
第四八期市地重劃	1.3592	0.8822	0.4770	67.50%
第四九期市地重劃	4.1236	3.4891	0.6345	67.50%
第五十期市地重劃	3.9847	1.4267	2.5580	39.82%
第五一期市地重劃	14.3675	5.7427	8.6248	38.97%
第五二期市地重劃	5.8685	2.1689	3.6996	40.20%
第五三期市地重劃	6.2622	4.6955	1.5667	75.50%
第五四期市地重劃	8.7548	6.2407	2.5141	72.50%
第五五期市地重劃	8.9215	6.7139	2.2076	75.50%
第五六期市地重劃	2.0619	1.6174	0.4445	73.73%
第五七期市地重劃	1.0675	0.3202	0.7473	34.70%
第五八期市地重劃	1.5979	0.8945	0.7034	44.98%
第五九期市地重劃	2.4126	0.5612	1.8514	30.66%
第六十期市地重劃	10.0194	4.4977	5.5217	49.84%
第六一期市地重劃	0.8780	0.2456	0.6324	37.97%
第六三期市地重劃	0.2420	0.1042	0.1378	44.30%
第六四期市地重劃	3.6465	0.7971	2.8494	24.74%
第六六期市地重劃	1.1889	0.0309	1.1580	5.98%
第六七期市地重劃	1.6779	0.7040	0.9739	52.07%

資料來源：內政部地政司（2013），土地重劃統計資料

截至 2013 年底止辦理完成之地區

表 5-2　原高雄市市地重劃成果統計表──續完

項目 期別	重劃面積	公共設施用地	可用建築土地	重劃負擔
第六八期市地重劃	30.2185	11.6284	18.5901	44.17%
第七三期市地重劃	1.9124	0.6996	1.2128	44.65%
第七五期市地重劃	15.8716	6.6524	9.2192	47.65%
第七六期市地重劃	0.8007	0.1577	0.6430	34.00%
高雄市鳳青市地重劃	13.9187	6.6504	7.2683	54.46%
總計	2,682.7804	1,003.0493	1,679.7311	─

資料來源：內政部地政司（2013），土地重劃統計資料

截至 2013 年底止辦理完成之地區

陸、土地所有權人辦理市地重劃

　　市地重劃既可促進都市建設發展，節省政府公共設施用地取得及開發工程等經費，土地所有權人亦可因此而獲得土地價值增漲之實益，可謂公私均蒙其利，惟為顧及政府因人力、財力有限，常因此而難以適時配合實施，故有獎勵民間自辦市地重劃之必要，俾擴大市地重劃之績效。

　　臺灣土地所有權人辦理土地重劃起源於 1976 年內政部訂定「獎勵人民自行辦理土地重劃實施要點」，惟該要點所適用之對象為農地或鄉村住宅用地及其有關土地，並非針對市地重劃而定。一直至 1977 年 2 月 2 日修正「實施都市平均地權條例」為「平均地權條例」時於第五八條規定，為促進土地利用，擴大辦理土地重劃，中央機關得訂定辦法，獎勵土地所有權人自行組織團體辦理之，為土地所有權人辦理（以下簡稱自辦）市地重劃首立法律依據，亦為自辦市地重劃事業之發展踏出第一步。之後，為落實推動自辦市地重劃，內政部先於 1979 年 9 月 10 日發布「獎勵都市土地所有權人辦理重劃辦法」，再於 1992 年 12 月 30 日修正為現行之「獎勵土地所有權人辦理市地重劃辦法」（莊仲甫，1997，13-14）。

一、土地所有權人辦理市地重劃之要件及案件來源

（一）土地所有權人辦理市地重劃之要件

　　莊仲甫依其辦理自辦市地重劃之經驗，將土地是否適合辦理自辦市地重劃之初步分析條件列舉如下。

1. 須為都市計畫範圍內之住宅區、商業區：

　　現行取得的公共設施用地，主要仍配置在住宅區、商業區周圍，不適用於工業區及非都市土地[47]。

2. 重劃範圍不得小於一個街廓：

　　辦理面積一般在十公頃以內，多以 2 至 3 公頃為辦理規模。但是因都市計畫需要，報經直轄市或縣（市）主管機關核定者，不在此限（獎勵土地所有權人辦理市地重劃辦法第五條）。

3. 土地所有權人須二人以上：

　　自辦市地重劃區土地所有權人總數為一人者，不得辦理（獎勵土地所有權人辦理市地重劃辦法第八條第二項）。然因須有私有土地所有權人數及其所有面積半數以上之同意，故須掌握地主至少四分之三以上的意見，否則會員大會召開時，很難達成同意之意見。

4. 公共設施用地負擔比例須達 15%：

---

[47]　籌備會申請擬辦重劃地區有下列各款情形之一者，應不予核准：一、重劃範圍不符合第五條規定者。二、非屬都市計畫指定整體開發地區，經選定市地重劃範圍之公有土地管理機構已有具體利用或處分計畫，且報經權責機關核定者。但剔除該部分公有土地後，重劃範圍仍屬完整者，不在此限。三、經政府擬定開發計畫或有重大建設者。四、重劃範圍位於都市計畫檢討變更地區且涉及重劃範圍內之都市計畫變更者。五、經政府指定以區段徵收方式開發者。（獎勵土地所有權人辦理市地重劃辦法第二一條）

依規定應提供之公共設施用地，扣除原公有道路、溝渠、河川用地及未登記地抵充部分後剩餘面積，未達全區土地扣除上開抵充土地後之面積百分之十五者，直轄市或縣（市）主管機關應通知籌備會重新調整擬辦重劃範圍。（獎勵土地所有權人辦理市地重劃辦法第二十二條第一項）否則，應提供區內其他非共同負擔之公共設施用地，然須經重劃區全體土地所有權人同意。（獎勵土地所有權人辦理市地重劃辦法第二十二條第二項）

5. 須區內私有土地所有權人數及其所有面積半數以上之同意：

重劃範圍經核定後，籌備會[48]應以書面載明下列事項徵求擬辦重劃區內土地所有權人之意見：(1) 重劃區範圍及總面積（附範圍圖），(2) 公共設施用地負擔項目及其概略面積，(3) 土地所有權人參加重劃之土地標示及面積，(4) 舉辦重劃工程項目，(5) 預計重劃平均負擔比率，(6) 重劃經費負擔概算及負擔方式，(7) 土地所有權人同意或不同意之意見。（獎勵土地所有權人辦理市地重劃辦法第二十五條）

6. 無法定禁止辦理事項：

若有法定禁止辦理事項，將導致辦理的成本增高，乃至無法推動。

（二）土地所有權人辦理市地重劃之案件來源

1. 整體開發地區或附條件辦理市地重劃地區

---

[48] 自辦市地重劃應由土地所有權人過半數或七人以上發起成立籌備會。（獎勵土地所有權人辦理市地重劃辦法第八條第一項）籌備會之任務有：1. 調查重劃區現況，2. 舉辦座談會說明重劃意旨，3. 向有關機關申請提供都市計畫及地籍資料與技術指導，4. 申請核定擬辦重劃範圍，5. 徵求土地所有權人同意，6. 重劃計畫書之擬定、申請核定及公告，並通知土地所有權人，7. 擬定重劃會章程草案，8. 召開第一次會員大會。（獎勵土地所有權人辦理市地重劃辦法第九條）

　　此種地區均係因都市計畫變更而來，在都市計畫變更前，其原為農業區或保護區或工業區或公共設施用地，經都市計畫變更程序後成為住宅區或商業區，並規定為整體開發地區或附條件以市地重劃開發地區，此種地區須完成市地重劃後始得予發照建築。此種地區為自辦市地重劃案件主要來源[49]。（莊仲甫，1997，35）

2. 公共設施尚未開發之地區

　　前述整體開發地區或附條件以市地重劃方式開發之地區，雖屬公共設施尚未完竣地區，惟此處公共設施尚未完竣地區則指該二種地區以外之地區而公共設施尚未完全開闢完竣者而言，此種地區原在早期（大約 1981 年代以前）即規劃為住宅區或商業區，但因故公共設施一直未開闢，致難予建築使用，土地所有權人為求盡速得以建築使用，乃有自辦市地重劃之意願，故此種地區也常能成為自辦市地重劃案源之一。（莊仲甫，1997，35-36）

3. 大規模建築地區

　　此種地區常是配合建設公司之需求而辦理，建設公司擬於某一地區建築房屋，若該地區公共設施尚未開闢，則須開闢道路、整地填土，以利建築使用，而以自辦市地重劃方式配合辦理。（莊仲甫，1997，36）

二、土地所有權人辦理市地重劃之當事人及重劃公司

（一）當事人

---

[49]　以高雄市為例，截至 1991 年 6 月底止，已辦理完成或正辦理中之自辦市地重劃區，屬於整體開發地區之自辦市地重劃區，佔全部自辦市地重劃區之 58.82%。（莊仲甫，1997，35）

1. **重劃會**（籌備會、重劃會、會員大會、理事會、監事會）

　　籌備會任務包括：(1) 調查重劃區現況。(2) 向有關機關申請提供都市計畫及地籍資料與技術指導。(3) 申請核定擬辦重劃範圍。(4) 舉辦座談會說明重劃意旨。(5) 徵求土地所有權人同意。(6) 重劃計畫書之擬定、申請核定及公告，並通知土地所有權人。(7) 擬定重劃會章程草案。(8) 召開第一次會員大會。(9) 其他法令規定應行辦理並經中央主管機關認定應由籌備會辦理者。（獎勵土地所有權人辦理市地重劃辦法第九條）並於重劃計畫書公告期滿日期二個月內通知土地所有權人召開第一次會員大會，審議章程、重劃計畫書，並互選代表組成理事會、監事會，分別負責執行業務。（獎勵土地所有權人辦理市地重劃辦法第十一條第一項）

　　重劃會係自辦市地重劃之主體，除應配置適當人員處理經常業務外，其法定組織包括會員大會，理事會及監事會。重劃會成立前應先選定適當處所為其會址或辦公室，其處所以位於重劃區內或鄰近重劃區為佳，以土地所有權人就近聯繫，惟亦有將重劃會設於重劃公司內，以利重劃作業。惟籌備會於召開第一次會員大會選定理事、監事，應將章程、會員與理、監事名冊及第一次會員大會及理事會紀錄送請直轄市或縣（市）主管機關核定後成立。（獎勵土地所有權人辦理市地重劃辦法第十一條第四項）

　　會員大會係自辦市地重劃會最高權利或決策機關，出全體土地所有權人為會員，即不論公、私有土地之所有權人，亦不論是否同意參加自辦市地重劃之土地所有權人，均為重劃會之會員。會員大會之權責包括：(1) 通過或修改章程。(2) 選任或解任理事、監事。(3) 監督理事、監事職務之執行。(4) 追認或修正重劃計畫書。(5) 重劃分配結果之認可。(6) 抵費地之處分。(7) 預算及決算之審議。(8) 理事會、監事會提請審議事項。(9) 獎勵土地所有權人辦理市地重劃辦法規定應提會員大會審議之事項。(10) 其他重大事項。（獎勵土地所有權人辦理市地重劃辦法第十三條第一項）

　　理事會係會員大會之執行機關，由理事七人以上組成，並由理事互選一人為理事長（獎勵土地所有權人辦理市地重劃辦法第十一條第二項）。惟為使理會事得較易於召開，其名額不宜過多。其權責如下：(1) 召開會員大會並執行其決議。(2) 代為申請貸款。(3) 土地改良物或墳墓拆遷補償數額之查定。(4) 工程設計、發包、施工、監工、驗收及移管。(5) 異議之協調處理。(6) 撰寫重劃報告書。(7) 其他重劃業務應辦事項。（獎勵土地所有權人辦理市地重劃辦法第十四條第一項）

　　監事會由監事組成，監事名額不得超過理事名額三分之一，但重劃會會員人數為八人以下時，得選一人為監事，其餘會員均為理事（獎勵土地所有權人辦理市地重劃辦法第十條第二項）。其權責如下：(1) 監察理事會執行會員大會之決議案。(2) 監察理事會執行重劃業務。(3) 審核經費收支。(4) 監察財務及財產。(5) 其他依權責應監察事項。（獎勵土地所有權人辦理市地重劃辦法第十五條第一項）

2. 土地所有權人

　　依理而言，任何有資金能力之土地所有權人（含全體土地所有權人或部分土地所有權人）均可自辦市地重劃，但實務上，由全體土地所有權人組成有其困難存在。而由部分土地所有權人出資辦理者，往往僅是其中一位土地所有權人或極少數之土地所有權人，該土地所有權人在發起自辦市地重劃之初，即辦演主導地位，且常是該自辦市地重劃區內所有土地面積最大之一位。（莊仲甫，1997，64）

3. 投資人

　　以投資市地重劃為主要業務，即對自辦市地重劃提供所需資金，並以取得抵費地為其目的。自辦市地重劃投資人之主要職責有下列四項：(1) 提供自辦市地重劃所需一切及全部資金。(2) 徵求地主同意。(3) 地上物拆遷補償協調

事宜。(4) 全權處理一切重劃作業。其中第四項，投資人均委託重劃公司或專門機構、人員辦理（莊仲甫，1997，66）。

4. 重劃公司

重劃公司主導整個自辦市地重劃工作之進行。重劃公司之功能主要為(1) 提供重劃技術。(2) 提供自辦市地重劃所需資金。(3) 負責或協助徵求地主同意。詳見下小節說明。

（二）重劃公司在自辦市地重劃之功能及角色

重劃公司在自辦市地重劃中扮演了不可或缺的角色，其經營型態可分為兩類，即僅受託辦理重劃作業與投資辦理重劃。依不同的經營型態，重劃公司提供不同的服務功能包括重劃作業之服務、資金之提供、地主之協調及工程之施工。詳細分述如下。

1. 僅受託辦理重劃作業重劃公司

此類重劃公司之功能包括(1) 申請成立籌備會及核定重劃範圍。(2) 重劃區各項資料之蒐集及編製。(3) 擬定重劃計畫書及申請核定。(4) 重劃前後地價之調查及估計（需與不動產估價師協同作業）[50]。(5) 計算負擔及土地分配

---

[50] 內政部 3 月 1 日台內地字第 0950017125 號函指出：「依自辦市地重劃會依獎勵土地所有權人辦理市地重劃辦法第 28 條規定：「重劃前後地價，應於辦理重劃土地分配設計前，由重劃會經會員大會通過後，送請直轄市或縣（市）主管機關提交地價評議委員會評定之。」，故重劃前後地價查估於自辦市地重劃業務有實際查估之需要，惟查自辦市地重劃會，依上開辦法第 11 條、第 12 條、第 13 條規定，並無重劃之前、後地價查估權責，且重劃之前、後地價查估，攸關參與重劃土地所有權人權益，是以自辦市地重劃會辦理市地重劃，有重劃前、後地價查估之實際需求時，應依前開辦法第 12 條第 2 項後段規定：「……視實際需要雇用各種專業人員辦理或委託法人、學術團體辦理。」，委託不動產估價師查估，以確保土地所有權人之權益與公平。」

設計。(6) 重劃後土地界樁之埋設。(7) 申辦地籍整理。(8) 財務結算。(9) 申請核發土地重劃負擔總費用證明書。(10) 編製重劃報告。(11) 其他有關重劃事項,如協召開會員會會及理監事會、協助徵求地主同意、代表重劃會出席政府所召開之會議等。

此類重劃公司受託辦理重劃,自須收取服務費(或委辦作業費),此項費用由重劃會或投資人支應(一般在形式上,仍應由重劃會支應),其計費標準並未有統一之規定,因此,在實務上,收費行情或標準就顯得相當紊亂。

2. 投資辦理重劃之重劃公司

此類重劃公司基本上以投資市地重劃為主要業務,然而整個自辦市地重劃作業亦均由該公司統籌辦理。此種型態重劃公司之功能包括:(1) 負責籌措自辦市地重劃所需之資金,其資金來源可能來自公司自有資金(一般較少見),或股東、或第三人(借貸或投資)。(2) 負責徵求地主同意。(3) 負責全部重劃作業(含重劃工程相關事宜)。

在上述二種型態之重劃公司中,目前多為第二種型摯,而純接受委記辦理市地重劃之重劃公司日趨減少。追究其原因,當以投資自辦市地重劃較為有利之故。

三、土地所有權人辦理市地重劃之財務計畫及獎勵

(一)資金來源

1. 貸款

土地所有權人參加自辦市地重劃所需費用,得向政府指定之銀行或實施平均地權基金申請低利貸款,其貸款手續得委由重劃會代辦。(獎勵土地所有權

人辦理市地重劃辦法第四六條）然依實務經驗觀察，幾乎沒有以貸款方式支應自辦市地重劃資金之案例。

2. 全部自籌（地主、重劃公司或第三人）

對有必要進行土地開發之地主而言，因限於無法僅就自己之土地辦理市地重劃，而必須聯合鄰近土地一併辦理市地重劃時，可由地主（全體土地所有權人或部分土地所有權人）共同出資辦理，也有由其獨自出資，而不願其他土地所有權人參與投資，即形成單獨出資辦理之結果，縱使如此，其他土地所有權人仍有權要求共同出資。

重劃公司主要業務之一即在於投資辦理市地重劃，因此，由重劃公司出資自辦市地重劃乃屬當然，重劃公司之資金主要來自其股東，股東以其自有資金或另行籌措而來之資金交由重劃會來運用，再由重劃公司或其推派之代表人出面訂定投資契約。（莊仲甫，1997，65）

第三人乃土地所有權以外之人，可能僅有一人，亦可能為數人，但由數人出資辦理者，亦僅推派一人為代表人。（莊仲甫，1997，65）

3. 部分自籌，部分以抵費地作價抵付工程費用

為了減輕資金週轉壓力，可以重劃後抵費地作價抵付工程費用者，即由投資人與承包重劃工程之營造廠商約定，營造廠商原應收取之工程費用，由投資人以重劃後所取得之抵費地，依雙方約定之地價，折算抵付之，而投資人無須再給付承包廠商工程費用，雙方所約定之地價，通常均較市價為低，否則，承包廠商因需墊付工程費用及負擔利息之故，而認為無利可圖而不願接受。（莊仲甫，1997，65）

（二）收入來源

1. 抵費地之處理

抵費地未出售前,以直轄市或縣市主管機關為管理機關,不得登記為重劃公司、投資人、或少數提供重劃費用之地主所有,於出售後逕為登記與承受人[51]。

至於自辦市地重劃區內抵費地之出售,應於重劃工程竣工驗收,並報經主管機關同意後為之。抵費地出售方式,對象、價款及盈餘款之處理,應由理事會訂定並提報會員大會通過後辦理之(獎勵土地所有權人辦理市地重劃辦法第四十二條)。

若自辦市地重劃係以貸款方式辦理,抵費地之出售價款自應優先用於償還重劃費用、工程費用、貸款及其利息(獎勵土地所有權人辦理市地重劃辦法第四十二條第二項),但若係由投資人投資辦理者,則抵費地應歸投資人所有。

2. 差額地價之處理

若土地所有權人無未建築土地可供折價抵付重劃共同負擔者,應以現金(差額地價)繳納之,即以差額地價代替提供抵費地。(平均地權條例第六十之一)

(1) 土地所有權人繳納差額地價者

重劃後實際分配之土地面積多於應分配之面積者,主管機關應於重劃土地接管後三十日內通知土地所有權人,就其超過部分按評定重劃後地價限期繳納差額地價;逾期未繳納者,依法移送強制執行。(市地重劃實施辦法第五二條

---

[51]　依獎勵土地所有權人辦理市地重劃辦法第三九條之規定,自辦市地重劃共同負擔及抵充之公共設施用地,登記為直轄市或縣(市)有;管理機關為各該公共設施主管機關。抵費地在未出售前,以直轄市或縣(市)主管機關為管理機關,於出售後,登記與承受人。

第一項）

(2) 土地所有權人領取差額地價者

　　重劃後實際分配之土地面積少於應分配之面積者，主管機關應於重劃土地接管後三十日內通知土地所有權人，就其不足部分，按評定重劃後地價發給差額地價補償；逾期未領取者，依第五十三條之一規定存入專戶保管。（市地重劃實施辦法第五二條第二項）

（三）財務結算

　　自辦市地重劃於交接土地及清償債務後，理事會應於三個月內辦理結算，提報會員大會，並報請直轄市或縣（市）政府備查後公告。（獎勵土地所有權人辦理市地重劃辦法第四五條第一項）財務結算後將重劃收支情形予以統計並列表。重劃收入包括抵費地出售收入及差額地價收入二種，抵費地收入按出售總價款計之，若抵費地尚未出售者，可按經會員大會通過之出售底價計算之；至於差額地價收入，可按重劃前後土地分配清冊中應繳差額地價金額統計而得，統計完成後，即編造財務結算收支明細表，如表 6-1。（莊仲甫，1997，315）

（四）自辦市地重劃之獎勵

　　為鼓勵土地所有權人自行辦理市地重劃，在作業費、工程費及稅費上各有下列之優惠：

1. 作業費

　　自辦市地重劃籌備會或重劃會向有關機關申請閱覽地籍及藍曬圖、都市計畫圖、耕地租約資料時，免收閱覽費；申請發給土地登記簿、地籍圖及地價冊謄本時，減半收取謄本費。（獎勵土地所有權人辦理市地重劃辦法第四七條）

　　自辦市地重劃免收土地權利變更登記及換發權利書狀費用。自辦市地重劃地區，直轄市或縣（市）主管機關應優先辦理公共設施用地分割測量，並免收測量費用。依獎勵土地所有權人辦理市地重劃辦法第二十八條及第三十五條辦理之重劃區範圍邊界之鑑界、分割測量及地籍測量之費用，減半收取。（獎勵土地所有權人辦理市地重劃辦法第四八條）

2. 工程費

　　自辦市地重劃區所需之自來水、電力、電訊、天然氣等設施，應由直轄市或縣（市）主管機關洽請各該事業機構於重劃工程施工時一併施設。（獎勵土地所有權人辦理市地重劃辦法第五三條）

　　自辦市地重劃區之區域性道路、下水道等公共設施，除其用地應由重劃區內土地所有權人按其土地受益比例共同負擔外，其工程費用得由直轄市或縣（市）政府視實際情形編列預算補助或由政府視實際情形配合施工。（獎勵土地所有權人辦理市地重劃辦法第五四條）

3. 稅費

　　自辦市地重劃期間，依法得減免地價稅或田賦之土地，由重劃會於重劃計畫書公告確定後二個月內列冊報經主管機關轉送稅捐稽徵機關。（獎勵土地所有權人辦理市地重劃辦法第五十條）

　　自辦市地重劃完成後之土地，由重劃會於重劃完成之日起三十日內列冊報經主管機關轉送稅捐稽徵機關依法免徵地價稅或田賦。（獎勵土地所有權人辦理市地重劃辦法第五一條）

　　自辦市地重劃區抵費地出售時，不計徵土地增值稅。（獎勵土地所有權人辦理市地重劃辦法第五二條）

表 6-1　自辦市地重劃區財務結算收支明細表

重劃事業收入			重劃事業支出		
項目	金額（元）	備考	項目	金額（元）	備考
一、差額地價收入			一、重劃工程費		
二、抵費地出售收入		抵費地計 筆面積 公頃，已出售面積筆，面積 公頃	二、重劃業務費		
三、未出售抵費地		未出售抵費地計 筆 面積 公頃，按已出售底價估列	三、地上物補償費		
			四、貸款利息		
			五、差額地價補償費		
盈虧（虧損）			小計		
說明		本重劃區盈餘款經會員大會決議（ ）一、按比率發還原土地所有權人，（ ）二、增加重劃區內建設			

四、土地所有權人辦理市地重劃之程序

自辦市地重劃之程序,參見圖 6-1。本文依先期作業、籌備作業及正式作業說明相關內容。

(一)先期作業

自辦市地重劃之先期作業,主要是對自辦市地重劃是否辦理作一決定。其工作包括蒐集基本資料、實地勘查、法令上可行性評估、投資效益評估及困難度分析等。簡要說明各項工作如下。(莊仲甫,1997,73-111)

1. 蒐集基本資料

主要是蒐集有關土地使用計畫及管制方面的書、圖資料,以及地籍圖、土地登記謄本。

2. 實地勘查

實地勘查時,應攜帶上述基本資料,逐一查看下列內容:(1) 公共設施開闢情形。(2) 鄰近地區發展情形,如建築情形、商業活動、大型公共設施、人口聚集程度等。(3) 查訪鄰近已開發地區地價。(4) 擬辦重劃區內建物分佈情形。(5) 了解附近有無重大建設正進行中或計畫進行。(6) 查看原公有道路、溝渠、河川等可供抵充之土地,其使用現況。

實地勘查之目的,主要係作為決定開發與否及劃定重劃區範圍之參考。

3. 法令上可行性評估

重劃範圍初步劃定後,即應計算出土地總面積,並據以推算重劃負擔。其次,依上述自辦市地重劃之要件內容,評估選定之重劃區之法令可行性。

4. 投資效益評估

　　自辦市地重劃之重劃負擔計算及土地交換分合設計，乃依市地重劃實施辦法規定辦理。然在先期作業中，須預估重劃總費用及重劃事業收入，以計算投資報酬率。實務上，重劃總費用依各項費用之一定標準估算，重劃事業收入則估算抵費地面積及其地價，最後計算投資報酬率。

5. 困難度分析

　　自辦市地重劃並無公權力為後盾，遇有困難或阻礙，皆須費時、費神予以多方溝通、協調，甚而訴之於法院裁判，有時亦未必能成功。故就建築物密集程度高、面臨已開闢道路者、被徵收土地之剩餘部分、經過農地重劃者、地上之廠房仍作工廠生產使用之土地、地形方整及土地面積已達一街廓者及非整體開發地區等之地區，實施自辦市地重劃較為困難。

（二）籌備作業

1. 重劃之發起及成立籌備會

　　自辦市地重劃應由土地所有權人過半數或七人以上發起成立籌備會，祭祀公業所有土地得以派下員過半數或七人以上申請發起。發起人檢附範圍圖及發起人所有區內土地所有權狀影本，向直轄市或縣(市)主管機關申請核定；其申請書應載明：(1) 擬辦重劃範圍及土地所有權人總數。(2) 發起人姓名、住址，並檢附國民身分證影本。如發起人為法人時，應檢具法人登記證明文件及其代表人資格證明文件。(3) 發起人所有區內土地標示。(4) 籌備會代表人姓名及聯絡地址；自辦市地重劃區土地所有權人總數為一人者，不得辦理。（獎勵土地所有權人辦理市地重劃辦法第八條）

2. 申請核定擬辦重劃範圍

　　籌備會成立後，應備具申請書並檢附下列圖冊向直轄市或縣（市）主管機

關申請核定擬辦重劃範圍：(1) 劃區範圍及位置圖。(2) 重劃區都市計畫地籍套圖繪圖。(3) 重劃區土地清冊並載明土地所有權人。(4) 公共設施用地負擔項目及其概略面積。（獎勵土地所有權人辦理市地重劃辦法第二十條）

3. 召開座談會及徵求同意

重劃範圍經核定後，籌備會應舉辦座談會說明重劃意旨（獎勵土地所有權人辦理市地重劃辦法第二五條第一項），並以書面載明: (1) 重劃區範圍及總面積（附範圍圖）。(2) 公共設施用地負擔項目及其概略面積。(3) 土地所有權人參加重劃之土地標示及面積。(4) 舉辦重劃工程項目。(5) 預計重劃平均負擔比率。(6) 重劃經費負擔概算及負擔方式。（獎勵土地所有權人辦理市地重劃辦法第二五條第二項）土地所有權人同意參加重劃者，應於前項書面簽名或蓋章，但籌備會核准成立之日起前一年至重劃計畫書報核之日前取得之土地所有權，除繼承取得者外，其持有土地面積合計未達該重劃區都市計畫規定最小建築基地面積二分之一者，不計入同意及不同意人數、面積比例。（獎勵土地所有權人辦理市地重劃辦法第二五條第三項）除了土地所有權人親自到該管直轄市或縣（市）政府確認同意無誤者以外，籌備會提送的同意書應檢附同意人印鑑證明書[52]及同意書經依公證法及其施行細則等相關規定辦理公證或認證之文件。（獎勵土地所有權人辦理市地重劃辦法第二五條之一第一項）

4. 重劃計畫書之擬定及申請核定

籌備會應檢附下列書、表、圖冊，向該管直轄市或縣（市）主管機關申請核准實施市地重劃。(1) 申請書。(2) 重劃計畫書。(3) 重劃區土地清冊。(4) 土地所有權人同意書。(5) 土地所有權人意見分析表，包括同意、不同意之意見

---

[52] 印鑑證明書應依籌備會向該管直轄市或縣（市）主管機關申請核准實施市地重劃規定申請書件送經直轄市或縣（市）政府收件之日前一年內核發者為限。（獎勵土地所有權人辦理市地重劃辦法第二五條之一第二項）

及其處理經過情形。(6) 其他有關資料。除上述內容外，亦須載明市地重劃實施辦法第十四條第二項規定事項。（獎勵土地所有權人辦理市地重劃辦法第二六條）

5. 重劃計畫書之公告及通知

籌備會應於重劃計畫書核定後公告三十日，並通知土地所有權人。（獎勵土地所有權人辦理市地重劃辦法第二七條第二項）

（三）正式作業

1. 成立重劃會

籌備會應於重劃計畫書公告期滿日起二個月內通知土地所有權人並召開第一次會員大會，審議章程、重劃計畫書，並互選代表組成理事會、監事會，分別負責執行業務。（獎勵土地所有權人辦理市地重劃辦法第二六條）

2. 各項工作項目

測量、調查及地價查估，計算負擔及分配設計，土地改良物或墳墓拆遷補償及工程施工，公告、公開閱覽重劃分配結果及其異議之處理，申請地籍整理，辦理交接及清償，財務結算，撰寫重劃報告，報請解散重劃會等程序同公辦市地重劃。

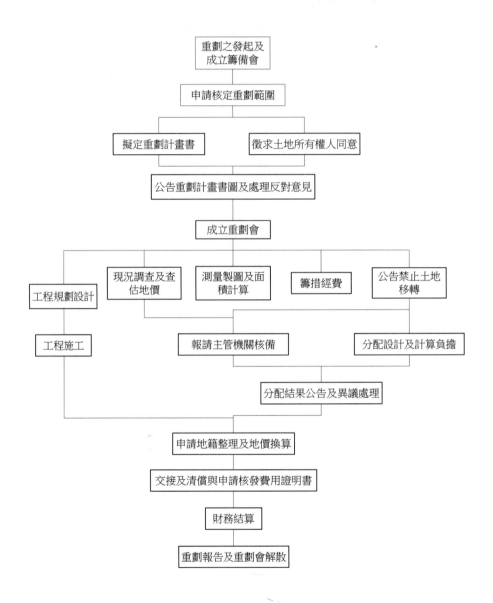

圖 6-1　自辦市地重劃作業程序圖

五、土地所有權人辦理市地重劃案例說明

　　依第壹章第三節的土地重劃效益分析可知,自辦市地重劃區數占全臺灣市地重劃完成區數之 63.01%,其區數約是公辦市地重劃完成區數的 1.7 倍;然而,若以辦理重劃之面積來看,公辦之市地重劃面積占臺灣地區重劃總面積之 82.4%,並且重劃區平均面積為 37.46 公頃,是自辦重劃區平均面積 4.68 公頃之 8 倍。其次,臺灣地區歷年完成自辦市地重劃的區數,以桃園縣、臺南市及臺中市三者為各縣市之前三名;若以辦理完成的面積觀察,前三名為高雄市、臺南市及臺中市;然而若從平均面積觀之,前三高者分別為宜蘭縣的 11.28 公頃、新竹市的 11.01 公頃及臺北市的 8.40 公頃。因此,本書以桃園縣四個不同時期不同地區及彰化縣二個不同時間不同地區的自辦市地重劃計畫書為例說明。

甲、桃園縣平鎮市振平自辦市地重劃區計畫書

一、重劃地區及其範圍:

　　本重劃區坐落桃園縣平鎮市,範圍包括振平段 967-2 等地號上地(如後地籍套繪圖),其四至為:(略)

二、法律依據:

　　(一)依據「平均地權條例」第五十八條第三項規定辦理。

　　(二)依據「擬定中壢平鎮都市計畫(原「公二十二」公園用地為住宅區)細部計畫案」規定以市地重劃方式開發之地區。其發布日期及文號為桃園縣政府 88 年 7 月 12 日八八府工都字第 133146 號函公告實施。

三、辦理重劃原因及預期效益:

　　(一)辦理原因:

1. 依據桃園縣政府88年7月12日八八府工都字第133146號函公告實施之「擬定中壢平鎮都市計畫（原「公二十二」公園用地為住宅區）細部計畫案」，本區開發方式係以市地重劃方式開發之地區。

2. 本重劃區因區內土地地籍紊亂，依細部計畫規定（應配置適當之公共設施用地與擬具具體公平合理之事業及財務計畫並俟細部計畫完成法定程序發布實施後始得發照建築）。另為避免造成土地資源浪費及考量降低政府公共設施建設之負擔，遂由重劃區內土地所有權人自行組織辦理本區土地重劃。

（二）預期效益：（略）

四、重劃地區公私有土地總面積及土地所有權人總數：

項目	土地所有權人數	面積（公頃）	備註
公有	1	0.030341	
私有	17	0.839519	
合計	18	0.869860	

備註：本表所列公、私有土地面積係依據土地登記謄本所載面積摘錄統計。實際面積以實際測量為準。

五、土地所有權人申請重劃情形：

私有土地所有權人人數					私有土地面積				
總人數	申請（同意）情形		未申請（同意）情形		總面積（公頃）	申請（同意）情形		未申請（同意）情形	
	人數	比率	人數	比率		面積	比率	面積	比率
17	14	82.35%	3	17.65%	0.839519	0.577412	68.78%	0.262107	31.22%
公有土地面積：0.030341 公頃					可抵充之公地面積：0.030341 公頃				

六、重劃地區原公有道路、溝渠、河川及未登記等抵充土地面積：

本重劃區內重劃前原公有道路、溝渠、河川及未登記等土地，面積共計

0.030341 公頃，依平均地權條例施行細則第八十二條第一項第一、二款及同條
例第六十條第一項規定抵充為共同負擔之公共設施用地。

七、重劃地區土地總面積：

項目	土地所有權人數	面積（公頃）	備註
公有	1	0.030341	
私有	17	0.839519	
未登記土地	0	0.000000	
合計	18	0.869860	

八、預估公共設施用地負擔：

（一）列入共同負擔之公共設施用地項目及面積計有：

公共設施用地項目	面積（公頃）	備註
公園兼兒童遊樂場	0.324010	
合　　　計	0.324010	

（二）土地所有權人負擔公共設施用地面積：0.324010 公頃。

共同負擔之公共設施用地面責－抵充之原公有道路、溝渠、河川及未登
記地等土地面積＝土地所有權人負擔之公共設施用地面積。

0.324010－0.030341＝0.293669（公頃）

公共設施用地平均負擔比率：34.98%

公共設施用地平均負擔比率＝

$$\frac{（0.324010－0.030341）公頃}{（0.869860－0.030341）公頃}$$

＝34.98%

九、預估費用負擔：

（一）預估工程項目及其費用、重劃費用及貸款利息之總額：

項目		金額（元）	說明	備註
工程費	一、道路工程	1,350,000	一、本工程費用以送經各該工程主管機關核定之數額為準。	
	二、土木整地工程	620,000		
	三、景觀工程	2,165,000		
	小計（A）	4,135,000		
重劃費用	土地改良物拆遷補償費	21,530,000	一、本項費用以理事會查定提交會員大會通過之數額為準。	
	重劃作業費	2,810,000		詳見附錄二（略）
	小計（B）	24,340,000		
貸款利息（C）		2,211,130	五大銀行平均基準利率：3.81%	貸款期間二年
合計（A）＋（B）＋（C）		30,686,130		

（二）費用負擔比率：13.05%。

$$\frac{4,135,000+24,340,000+2,211,130}{28,000\times（8,698.6-303.41）}$$

＝13.05%

（三）土地所有權人平均重劃負擔比率概計：48.03%。

十、平均重劃負擔比率＝

公共設施用地負擔比率＋費用負擔比率

＝34.98%＋13.05%＝48.03%

十一、重劃區內原合法建物或既成社區負擔減輕原則：

（一）重劃區內原有合法建物之所有權人，區內如尚有其他未建築土地者，其重劃負擔應以未建築土地折價抵付，不得改以現金繳納。若無有其他未建築土地者，改以現金繳納差額地價時，減收二十％。

（二）重劃區內既成社區之負擔減輕原則依前項規定辦理。

十二、財務計畫：

（一）資金需求總額：新臺幣 30,686,130 元。

（二）財源籌措方式：前款所需費用擬向金融機構貸款或向民間機構借款籌措。

（三）償還計畫：由土地所有權人折價抵付重劃負擔之抵費地出售款或繳納差額地價償還。

十三、預定重劃工作進度表：

自民國 93 年 4 月 1 日起至民國 96 年 11 月 30 日止。（詳如附錄二預定工作進度表）（略）

十四、重劃區範圍都市計畫地籍套繪圖：如后附圖。（略）

乙、桃園縣龜山鄉精忠自辦市地重劃區重劃計畫書

一、重劃地區及範圍：

（一）重劃地區及範圍

本自辦市地重劃區係位於桃園縣龜山鄉內，範圍包括精忠段內之部分土地，其四至範圍如下：（略）　本重劃區總面積約 0.282700 公頃。

（二）本重劃區名稱：桃園縣龜山鄉精忠自辦市地重劃區。

二、法令依據

（一）平均地權條例第五十八條第二項規定辦理。

（二）獎勵土地所有權人辦理市地重劃辦法第二十四條規定辦理。

（三）本重劃區範圍業經桃園縣政府 93.6.29 府地重字第 0940176545 號函備查在案（附件一）（略）。

（四）本重劃區都市計畫已於 83.8.5 桃園縣政府八三府工都字第 150151 號函「擬定龜山都市計畫（原「市一」市場用地變更為住宅區）細部計畫書」公告發布實施，已完成擬定都市計畫程序，符合市地重劃實施辦法第八條規定。

三、辦理重劃原因及預期效果：

（一）、辦理重劃原因：

1. 本重劃區經都市計畫區規劃為住宅區，但目前大部份土地均閒置未利用，其經濟效益極低。

2. 地籍凌亂，產生畸零地，不利建設阻礙地方發展。

3. 公共設施缺乏。

（二）預期效益：（略）

四、重劃區內公私有土地總面積及土地所有權人總數，申請情形：

（一）公私有土地面積及人數

項目	土地所有權人數	面積（公頃）	備註
公有	1	0.004055	
私有	30	0.278645	
未登錄地	0	0	
合計	31	0.282700	

（二）私有土地所有權人同意辦理重劃情形：

總人數	私有土地所有權人人數				私有土地面積				
	申請（同意）情形		未申請（同意）情形		總面積（公頃）	申請（同意）情形		未申請（同意）情形	
	人數	比率	人數	比率		面積	比率	面積	比率
30	17	56.67%	13	43.33%	0.27	0.16	60.05%	0.11	39.95%
公有土地面積：0.004055 公頃									

五、重劃區原公有道路、溝渠、河川及未登記土地面積

本重劃區內重劃前原公有道路、溝渠、河川等已登記及未登記土地面積約0.004055公頃。

六、預估公共設施用地負擔：

（一）列入共同負擔之公共設施用地項目及面積：

公共設施項目	面積（公頃）	備註
廣場兼停車場	0.097662	本表公共設施用地實際面積，以經依法釘樁、分割、登記之面積為準
合計	0.097662	

（二）公共設施用地平均負擔比例

1. 重劃區共同負擔公共用地總面積：0.097662 公頃。

2. 重劃區總面積：0.282700 公頃。

3. 公共設施用地平均負擔比：33.59%。

$$\frac{0.097662-0.004055}{0.282700-0.004055}$$

=33.59%

七、預估費用負擔：

（一）費用負擔總額概估：

項目		金額（元）	備註
工程費	填土整地工程	1,000,000	本項費用以重劃會將本區工程規畫設計書圖及工程預算送請各該工程主管機關核定金額為準。
	路燈工程	100,000	
	廣場兼停車場工程	1,720,000	
	廣場兼停車場排水系統工程	680,000	
	工程管理監造費	210,000	依土木土程總額百分之六計算
	小計	3,710,000	
重劃費用	地上物拆遷補償費	3,500,000	本項費用以理事會查定提交會員大會通過之金額為準。
	重劃作業費	1,666,000	費用及項目如附件二（略）
	小計	5,166,000	
貸款利息		327,524	貸款金額 8,876,000 計算，以年息 3.69%計算期限一年半
合計		9,203,524	

（二）預估費用負擔比率：

$$\frac{3,710,000+5,166,000+327,524}{21,000\times(2,827-40.55)}$$

=15.73%

八、土地所有權人平均重劃負擔比率概計：

（一）土地所有權人備均重劃負擔比率＝公共設施用地負擔比率＋費用負擔比率。

（二）共同負擔之公共設施用地負擔比率：33.59%。

（三）重劃費用負擔比率：15.73%。

（四）合計平均重劃負擔比：49.32%。

九、重劃內原有合法建物或既成社區或面臨已開闢道路等受益程度較低土地負擔減輕原則：無。

十、財務計劃：

（一）資金需求總額約新臺幣 9,203,524 元。

（二）貸款計畫：前款所需費用擬向金融機構或向民間機構借款籌措支應。

（三）償還計畫：於重劃後土地登記完竣且重劃工程完成驗收，並經主管機關接管後，由區內土地所有權人以未建築土地折價抵付之抵費地出售價款或繳納差額地價償還。

十一、預定重劃作業進度：

木重劃區預定工作期間為一年半，民國 94 年 3 月至民國 95 年 9 月止（詳附件三）。（略）

十二、重劃區範圍都市計劃地籍套繪圖、重劃區範圍圖。（詳附件四）。（略）

十三、附件：（略）

丙、桃園縣六高自辦市地重劃區重劃計畫書

一、重劃地區及其範圍（詳如重劃範圍都市計劃地籍套繪圖）（略）。

本自辦重劃區坐落中壢市新街段，範圍四至如左：（略）

總面積：約 2.97653 公頃。

二、法律依據：

（一）依據平均地權條例第五十八條第三項規定辦理及將勵土地所有權人辦理市地重劃辦法辦理。

（二）本重劃區都市計畫細部計畫桃園縣政府於民國 93 年 1 月 29 日以府城鄉字第 0930019109 號函發佈實施。

（三）本重劃區桃園縣政府於民國 93 年 12 月 31 日以府地重字第 0930346101 號函核備成立「六高自辦市地重劃區籌劃會」；民國 94 年 6 月 21 日以府地重字第 0940467825 號函核定本重劃區重劃範圍，並核定重劃區名稱為「六高自辦市地重劃區」。

三、辦理重劃原因及預期效益：

（一）重劃原因：

1. 依據『擬定中壢平鎮都市擴大修訂計畫（新街國小西北側住宅區）細部計畫』案，桃園縣政府民國 93 年 1 月 29 日以府城鄉字第 0930019109 號函公告發佈實施。本區開發方式係以市地重劃方式開發之地區。

2. 為促進本地區都市之繁榮發展及土地合理有效利用，並協助政府加速取得公共設施用地及完成公共設施建設，經區內土地所有權人多次協調結果，決定以自辦重劃方式開發。

（二）預期效益：（略）

四、重劃地區公私有土地總面積及其土地所有權人總數

項目	土地所有權人數	面積（公頃）	備註
公有	2	0.03613	
私有	10	2.94040	
未登錄地		0.00000	
合計	12	2.97653	

五、土地所有權人同意辦理重劃情形（實際面積以實際測量為準）：

私有土地所有權人人數					私有土地面積				
總人數	申請（同意）情形		未申請（同意）情形		總面積（公頃）	申請（同意）情形		未申請（同意）情形	
	人數	比率	人數	比率		面積	比率	面積	比率
10	10	100.00	0	0	2.9404	2.9404	100.00	0	0
公有土地面積：0.03613					可抵充之公地面積：0.03613				

六、重劃區原公有道路、溝渠、河川及未登記地土地面積：

本重劃區內重劃前原公有道路、溝渠、河川及未登記土地面積共計約 0.03613 公頃，依平均地權條例施行細則第八十二條第一項第一、二款即同條例第八十條規定抵充區內共同負擔之公共設施用地。

七、列入共同負擔之公共設施項目及面積計有：

（一）本區土地所有權人共同負擔之公共設施用地計道路用地、綠地、廣場用地計約 0.8283 公頃。

公共設施項目	面積（公頃）	備註
道路	0.42160	公有土地及未登記土地抵充面積 0.03613 公頃
綠地	0.27700	
廣場	0.12970	
合計	0.82830	

（二）土地所有權人共同負擔用地面積 0.82830 公頃 － 0.03613 公頃 ＝ 0.79217 公頃。

（三）預估公共設施用地平均負擔比率：26.94%

$$\frac{8283-361.3}{29765.3-361.3}$$

＝26.94%

九、預估費用負擔：

（一）本重劃區舉辦工程項目計有道路、電力、路燈、自來水、雨水及污水下水道、整地等重劃工程，其負擔總額概估如下：

項目		金額（元）	備註
工程費	電力工程	4,500,000	1、本項費用以重劃會將本區工程規畫設計書圖及工程算送請各該工程主管機關核定金額為準。 2、經費列入共同負擔。
	電信工程	2,100,000	
	自來水工程	8,600,000	
	道路工程	6,500,000	
	雨水下水道工程	5,100,000	
	污水下水道工程	5,000,000	
	整地工程	5,000,000	
	小計	36,800,000	
	工程設計、協辦招標費及監造費 i.工程設計及協辦招標費 $=0.051*10,000,000+0.45*$ （36,800,000-10,000,000） $=1,716,000$ ii.監造費 $=10,000,000*0.040+0.035*$ （36,800,000-10,000,000） $=1,338,000$ iii.合計 $=1,716,000+1,338,000$ $=3,054,000$	3,054,000	1、工程設計、協辦招標費及監造費係依照政府採購法令彙編第 57 頁附表二「非建築物工程技術服務建造費用百分筆法」編列。 2、經費列入共同負擔。
重劃費用	土地改良物或墳墓拆遷補償費	210,000,000	1、本項費用以理事會查定提交會員大會通過之金額為準。 2、經費列入共同負擔。
	重劃作業費	5,850,000	經費列入共同費擔。
合計		255,704,000	
貸款利息		14,229,928	1、利率以五大銀行平均基準利率 3.71 計算，貸款期間一年六個月。 2、貸款利息＝ 255704000*0.0371*1.5＝ 14,229,927.6
總費用		269,933,928	總費用為重劃工程費用總額、重劃作業費、貸款利息之加總 269,933,928 元，列入共同負擔。

（二）預估費用負擔比率：21.24%

十、土地所有權人平均重劃負擔比率概計

　　＝公共設施用地平均負擔比率 ＋ 費用平均負擔比率

　　＝26.94%＋21.24%＝48.18%

十一、財務計畫：

（一）本重劃區總費：269,933,928 元。

（二）貸款計劃：前款所需費用擬向金融機構或民間機構借款籌措。

（三）償還計劃：由重劃區內土地所有權人以未建築土地折價抵付或以現金繳納重劃費用。

十二、預定重劃工作進度：（略）

丁、桃園縣蘆竹鄉大興自辦市地重劃區重劃計畫書

一、重劃地區及範圍：

（一）重劃地區及範圍：

1. 本自辦市地重劃區係位於桃園縣蘆竹鄉內，範圍包括中興段及新興段內之部份土地，其四至範圍如下：（略）

2. 重劃區總面積約 12.859800 公頃。

（二）本重劃區名稱：桃園縣蘆竹鄉大興自辦市地重劃區。

二、法令依據

（一）平均地權條例第五十八條第二項規定辦理。

（二）獎勵土地所有權人辦理市地重劃辦法第二十六條規定辦理。

（三）本重劃區範圍業經桃園縣政府 94.11.03 府地重字第 0940309112 號函備查在案（附件一）（略）。

（四）本重劃區都市計畫已於 90.10.17 府城鄉字第 184623 號函「變更蘆竹鄉（大竹地區）都市計畫（第二次通盤檢討）案」公告發布實施，已完成擬定都市計畫程序，符合市地重劃實施辦法第八條規定。

三、辦理重劃原因及預期效果：

（一）辦理重劃原因：

1. 本重劃區經都市計畫區規劃為住宅區，但目前大部份土地均閒置未利用，其經濟效益極低。

2. 地籍凌亂，產生畸零地，不利建設阻礙地方發展。

3. 公共設施缺乏。

（二）預期效益：（略）

四、重劃區內公私有土地總面積及土地所有權人總數，申請情形：

（一）公私有土地面積及人數

項目	土地所有權人數	面積（公頃）	備註
公有	3	2.016687	
私有	127	10.838554	符合獎勵土地所有權人辦理市地重劃辦法第 25 條規定
	879	0.004559	未符合獎勵土地所有權人辦理市地重劃辦法第 25 條規定
未登錄地	0	0	
合計	1009	12.859800	

註：本表面積係依土地登記謄本面積及部分圖面面積計算，其實際面積應依重劃範圍邊界分割後之實測面積為準。

（二）私有土地所有權人同意辦理重劃情形：

私有土地所有權人人數					私有土地面積					
總數	申請（同意）情形		未申請（同意）情形		總面積（公頃）	申請（同意）情形		未申請（同意）情形		
	人數	比率	人數	比率		面積	比率	面積	比率	
127	69	54.33%	58	45.67%	10.8385	6.0313	55.65%	4.8072	44.35%	

公有土地面積：2.016687 公頃

註：公有土地分別為中華民國、桃園縣蘆竹鄉、新店市所有。

五、重劃區原公有道路、溝渠、河川及未登記土地面積：

本重劃區內已徵收開闢道路面積計 1.077087 公頃，其餘區內重劃前原公有道路、溝渠、河川等已登記及未登記土地面積，依內政部 94.12.23 臺內中地字 094956213 號函辦理抵充為區內共同負擔之公共設施用地。

六、預估公共設施用地負擔：

（一）列入共同負擔之公共設施用地項目及面積：

項目	面積（公頃）	備註
道路	3.134813	1、本表公共設施用地實際面積，以經依法釘椿、分割、登記之面積為準。
合計	3.134813	2、本表所示道路面積不含已於 82 年徵收已開闢道路面積 1.077087 公頃，本重劃區道路面積共計 4.211900 公頃。

（二）公共設施用地平均負擔比例

1. 重劃區共同負擔公共設施用地總面積：3.134813 公頃。

2. 重劃區總面積：12.859800 公頃。

3. 公共設施用地平均負擔比例：26.61%

$$\frac{3.134813}{12.859800 - 1.077087} = 26.61\%$$

七、預估費用負擔

（一）費用負擔總額概估：

項目		金額（元）	備註
工程費	填土、整地、擋土牆工程	65,000,000	本項費用以重劃會將本區重劃工程規劃設計書圖及工程預算送請各該工程主管機關該定金額為準
	道路、側溝、下水道工程	148,000,000	"
	路燈工程	2,280,000	"
	自來水工程	6,000,000	本項費用以事業單位規劃設計書圖及工程預算之金額為準。
	電力工程	14,000,000	"
	電信工程	2,000,000	"
	工程管理監造費	12,916,800	依土木工程總額百分之六計算。
	小計	250,196,800	
重劃費用	地上物拆遷補償費	18,500,000	本項費用以理事會查定提交會員會會通過金額為準。
	重劃作業費	6,139,272	費用及項目如附件二
	小計	24,639,272	
貸款利息		22,206,755	依據五大銀行平均基準利率4.04%，以2年計算。
合計		297,042,827	

（二）、預估費用費擔比率

$$\frac{250,196,800 + 24,639,272 + 22,206,755}{17,500 \times (128,598.00 - 10,770.87)}$$

＝14.41%

八、土地所有權人平均重劃負擔比率概計：

（一）土地所有權人平均重劃負擔比率

　　　＝公共設施負擔比率＋費用負擔比率

（二）共同負擔之公共設施用地負擔比率：26.61%

（三）重劃費用負擔比率：14.41%

（四）合計平均重劃負擔比率：41.02%

　　九、重劃內原有合法建物或既成社區或面臨已開闢道路等受益程度較低土地負擔減輕原則：無。

　　十、財務計劃：

（一）資金需求總額約為新臺幣 297,042,827 元。

（二）貸款計畫：前款所需費用擬向金融機構或向民間機構借款籌措支應。

（三）償還計畫：於重劃後土地登記完竣且重劃工程完成驗收，並經主管機關接管後，由區內土地所有權人以未建築土地折價抵付之抵費地出售價款或繳納差額地價償還。

　　十一、預定重劃作業進度：

　　本重劃區預定工作期間為二年六個月，民國 94 年 5 月至民國 96 年 11 月止（詳附件三）。（略）

　　十二、重劃區範圍都市計畫地籍套繪圖、重劃區範圍圖（詳附件四）（略）

　　十三、附件：（略）

戊、彰化縣員林鎮公三自辦市地重劃計畫書

一、重劃地區及其範圍

本自辦市地重劃區定名為「員林鎮公三自辦市地重劃區」，坐落彰化縣員林鎮，範圍包括莒光段之部分土地，其範圍四至如下：（略）

二、法律依據

（一）依據平均地權條例第五十八條第二項規定辦理。

（二）本重劃區實施範圍業經彰化縣政府 87 年 12 月 23 日彰府地價字第 237160 號函核定。

（三）都市計畫發布日期及文號（都市計畫細部計畫已完成法定程序，其發布日期及文號為彰化縣政府 87 年 9 月 22 日八七彰府工都字第 168797 號函公告）。

三、辦理重劃原因及預期效益

（一）原因：本重劃區之開發原因依循員林都市計畫第二期通盤檢討本計畫附帶變更條件指示：「應另行擬定細部計畫（含配置適當之公共設施用地與擬具公平合理之事業及財務計畫）」，因此為符合計畫地區土地所有權人之公平負擔原則，以及考慮本地區未來發展之難易程度，土地所有權人以自辦市地重劃方式開發。本重劃完成後將可促進土地利用開發、完成公共建設、地籍整理、美化市容、增加稅收。

（二）預期效益：「依都市計畫規定內容提供公共設施用地及興辦重劃工程」，本區完成後將可提供建築用地面積約 7120.78 平方公尺，公共設施用地約 4297.22 平方公尺，在此完善提高土地利用價值，同時可節省政府公共建設之經費，縮短開發的年期，以助政府無償取得公共設施，就以政府財政負擔、個人利益及開發時效三者而言，自以辦理市地重劃為最佳。

四、重劃土地面積總面積及土地所有權人總數

項目	土地所有權人數	面積（公頃）	備註
公有	1	0.030200	
私有	51	1.111600	
未登記土地	0	0.000000	
合計	52	1.141800	

備註：本表所例公私有土地面積係依據土地登記簿計載面積摘錄統計，未登錄土地面積係重劃範圍面積減除公私有土地面積後得之。

五、土地所有權人申請重劃情形

私有土地所有權人人數					私有土地面積				
總人數	申請（同意）情形		未申請（同意）情形		總面積（公頃）	申請（同意）情形		未申請（同意）情形	
	人數	比率	人數	比率		面積	比率	面積	比率
51	37	72.55%	14	27.45%	1.111600	0.797710	71.76%	0.313890	28.34%
公有土地面積：0.030200 公頃					可抵充之公地面積：0.030200 公頃				

註：各項面積及公設用地比率按其細部計畫書提供共同負擔公共設施用地之比例（37.64）將以實際測量面積為準。

六、重劃區原公有道路、溝渠、河川及未登記土地面積：

本重劃區內重劃前原公有道路、溝渠、河川等已登記及未登記面共計 0.030200 公頃。

七、預估公共設施用地負擔

（一）列入共同負擔之公共設施用地項目及面積

道路用地（約 0.130059 公頃）、公（兒）用地（約 0.299663 公頃）（合計面積約 0.429722 公頃）。

（二）土地所有權人負擔公共設施用地面積

0.429722 - 0.030200 = 0.399522

（三）公共設施用地平均負擔比率

（0.429722 - 0.030200）/（1.141800 - 0.030200）＝ 0.3995221 / 1.1116

＝ 35.94%

八、預估費用負擔

（一）費用負擔總額概估

項目		金額（元）	說明	備註
工程費	道路工程款	6,240,000	本項工程費用以重劃會將本區重劃工程規劃設計書圖及工程預算送詳主管機關核定之數額為準。本區「綠化」意指公（兒）用地「綠化工程」。	
	整地、綠化工程費	9,900,000		
	雜項工程費	600,000		
	電力工程費	3,000,000		
	電信工程費	1,000,000		
	自來水工程費	1,000,000		
重劃作業費		1,000,000		
貸款利息		3,800,000	以一年為貸款期間，年利率約7.95%	
地上拆遷補償費		25,040,000	本項費用以理事會查定提交會員大會通過送請主管機關核備之金額為準。	
其它				
合計		51,580,000		

（二）預估費用負擔比率

（46,780,000＋1,000,000+3,800,000）÷33,000 × (11,418-302)

＝51,580,000÷366,828,000＝14.06%

九、土地所有權人平均重劃負擔比率概計

35.94%＋14.06%＝50%

十、財務計畫

（一）資金需求總額：新臺幣伍仟壹佰伍拾捌萬元整。

（二）貸款計畫：前項所需費用擬向銀行貸款或民間支應。

（三）償還計畫：由區內土地所有權人以其未建築土地折價抵付之抵費地出售款償還或繳納差額地價償還。

十一、預定重劃工作進度表

自民國 87 年 11 月 1 日起至民國 89 年 11 月 30 日止。（詳見進度表）。（略）

十二、附件說明（略）

己、彰化縣二林鎮儒雅自辦市地重劃區重劃計畫書

一、重劃地區及範圍：

（一）重劃地區及範圍

本自辦市地重劃區係位於彰化縣二林鎮內，範圍均在二林儒雅段，其範圍標示如下：（略）

（二）本重劃區名稱：彰化縣二林鎮儒雅自辦市地重劃區。

二、法令依據：

（一）依平均地權條例第五十八條第二項規定辦理。

（二）獎勵土地所有權人辦理市地重劃辦法。

（三）本重劃區範圍業經彰化縣政府 89 年 8 月 24 日八九彰府地價字第 160506 號函核定（附件一）。

（四）、本重劃區都市計畫已依法完成擬定或變更程序，符合市地重劃實施辦法第八條規定，其核准日期及文號為 88 年 3 月 24 日八八彰府工都字第 047373 號函。

三、辦理重劃原因及預期效果：

（一）辦理重劃原因：

本重劃區原為公十二公園用地，為配合都市發展整體之需要，於辦理變更二林都市計畫（第一期公共設施保留地專案通盤檢討）時將本區變更為住宅區，並於細部計畫中規定應以『市地重劃』之方式辦理開發。

運用『市地重劃』可將重劃區內雜亂不整、畸零細碎之土地予以交換、分合成為一方整之地形，且均可以面臨街面使用，並配合公共設施的興建可促使土地更經濟有效的利用和帶來環境的改善，其所能獲得之土地

價值亦相對提高；因此區內多數土地所有權人原意依市地重劃相關辦法之規定按其原有土地之比例平均負擔區內之公共設施用地及工程費用，認同『市地重劃』為一公平、合理之開發方式，為早日進行土地之開發利用，故以土地所有權人自辦市地重劃之方式辦理開發。

（二）預期效益：（略）

四、重劃區內公私有土地總面積及土地所有權人數，同意情形：

（一）公私有土地面積及人數：

項目	土地所有權人數	面積（公頃）	備註
公有	1	0.205587	
私有	36	0.637490	
未登記土地	0	0.000000	
合計	37	0.843077	

（二）私有土地所有權人同意辦理重劃情形：

私有土地所有權人人數					私有土地面積				
總人數	申請（同意）情形		未申請(同意)情形		總面積（公頃）	申請（同意）情形		未申請（同意）情形	
	人數	比率	人數	比率		面積	比率	面積	比率
36	19	52.80%	17	47.20%	0.637490	0.398334	62.50%	0.239156	37.50%

五、重劃區原有道路、溝渠、河川及未登記之土地，面積共計 2055.87 平方公尺

六、土地總面積：

本重劃區土地總面積以計畫範圍內之公私有土地面積及未登記地之計算面積為準，總面積為 0.843077 公頃。

七、預估公共設施用地負擔：

（一）共同負擔之公共設施用地項目及面積：

公共設施項目	面積（公頃）	備註
廣場兼供溝渠用地	0.385132	
四米道路用地	0.033123	
合　　計	0.418255	

（二）平均負擔比率：

$$\frac{4182.55 - 2055.87}{8430.77 - 2055.87}$$

＝33.36%

八、預估費用負擔：

（一）預估費用：

1. 費用負擔總額概估：

	項目	金額（元）	備註
工程費	AC 路面及照明工程、整地	608,529	本項費用以重劃會將本區重劃工程規劃設計書圖及工程預算送請主館機關核定金額為準。
	排水溝及廣場工程、整地	5,495,504	包含側溝及排水渠道整治，以下同上
	電力工程費	120,000	本項費用以事業單位開列憑證之發包結算金額為準。
	電信工程費	400,000	同上
	自來水工程費	80,000	同上
地上拆遷補償費		360,000	
重劃作業費		1,000,000	
貸款利息		645,000	年利率 8%，以 12 個月計
合計		8,709,033	

2. 預估費用負擔比率：

$$\frac{7,064,033+1,000,000+645,000}{12,500\times(8430.77-2055.87)}$$

$=10.93\%$

（二）、籌措方式

（三）上開概估經費均列入重劃本工程預算辦理由土地所有權人提供抵費地或差額地價支應。

九、土地所有權人負擔概計：

（一）共同負擔之公共設施用地負擔比率：33.36％。

（二）重劃費用負擔比率：10.93％。

（三）合計平均負擔比率：44.29％。

（四）重劃總負擔平均比率＝公共設施用地負擔比率＋費用負擔比率

　　　44.29% =33.36%+10.93%

十、財務計劃：

（一）本重劃區重劃費用總額為：8,709,033 元，全部由土地所有權人提供抵費地出售價款或以繳納差額地價方式償還。

（二）前項款額以向銀行或私人貸款方式籌措。

十一、預定重劃工作進度：

本重劃區預定工作期間為一年九個月，自民國 89 年 7 月 1 日至民國 91 年 3 月 31 日止（詳附件二）（略）

十二、重劃範圍都市計劃地籍套繪圖（略）。

十三、附件：（略）

農地重劃篇

柒、農地重劃

　　臺灣農地重劃最興盛的時期實在 1960 年代中後期[53]，1970 年代因開始推動工業化的各項實質重大建設，農地重劃呈現停滯狀態。1980 年代前期，再度強化雲嘉南平原地區的農地利用，然而至 1980 年代末期，農地變更作為非農業部門使用之面積，每年約 4,000 至 6,000 公頃。因此，行政院農業委員會在經歷數年的討論後，於 1995 年開始推動農地釋出方案[54]，自此之後，農地

---

[53]　參見本書第一章第三節農地重劃效益之分析內容。

[54]　此方案在短程的作法上，透過擴大農地變更管道、農業用地分區調整、放寬農地變更限制、簡化審查程序等方式，逐步釋出農地。(行政院農委會，1995，8-10) 其中 1. 擴大農地變更管道是透過開發許可制的規定，擴大允許民間亦得申請辦理土地使用分區變更，在都市土地部分可經由定期通盤檢討時申請辦理，非都市土地得隨時申請。2. 農業用地分區調整的作法有三：(1) 因應經濟發展、都市擴大及人口成長需要，檢討調整都市計畫農業區之範圍。(2) 依據社會、經濟及自然條件將現有特定農業區或一般農業區中之地層下陷、都市邊緣、已被建築用地包圍之零星農地及不適農作生產地區，調整改劃其他分區。(3) 鄉村邊緣農地經整體規劃後，得以農村社區更新方式調整改劃為鄉村區。3. 放寬農地變更限制之作法有三：(1) 都市計畫農業區符合整體規劃者，同意變更為非農業使用。(2) 非都市土地鄉村區、工業區與風景區內之農業用地，同意逕依分區性質變更為非農業使用。(3) 非都市土地一般農業區農地之變更使用，其事業計畫符合各目的事業主管機關訂定之規範者，得依其所訂審核標準同意變更。(4) 放寬特定農業區符合下列情形之一者，得申請變更使用：(1) 國家重大建設計畫，如國家六年建設計畫之各項建設。(2) 經行政院核定之事業或公共設施,如勞工住宅、工商綜合區等。(3) 住宅社區及屬低污染之工業

重劃的區數及面積快速銳減，每年僅辦理 3 至 4 區，且重劃面積自一千餘公頃下降至二百餘公頃。1990 年代時，農地重劃並輔以農水路更新改善及農漁村社區更新為重點。二十一世紀之後，反而以農村社區土地重劃為推動重點。

雖然農地重劃已非臺灣現今的重劃重點，然因其曾對經濟發展有重大貢獻，本書仍以記錄的方式探討農地重劃的重要內容。

一、農地重劃之實施時機

農地重劃的實施時機，依土地法及農地重劃條例有不同的規範內容，原則上，農地重劃條例的規定是延伸與詳述土地法的規定。

（一）土地法第一三五條

直轄市或縣（市）地政機關因下列情形之一，經上級機關核准，得就管轄區內之土地，劃定重劃地區，施行土地重劃，將區內各宗土地重新規定其地界：

1. 耕地分配不適合於農事工作或不利於排水灌溉者。

2. 將散碎之土地交換合併，成立標準農場者。

3. 應用機器耕作，興辦集體農場者。

（二）農地重劃條例第六條

直轄市或縣（市）主管機關因下列情形之一，得就轄區內之相關土地勘選為重劃區，擬定農地重劃計畫書，連同範圍圖說，報經上級主管機關核定，實

區，其申請開發面積以灌溉系統中一輪小區為最小開發單位（約二十五公頃）。但有明顯地界線且坵塊完整者不在此限。

施農地重劃：

1. 耕地坵形不適於農事工作或不利於灌溉、排水者。（參見圖 7-1）

2. 耕地散碎不利於擴大農場經營或應用機械耕作者。

3. 農路、水路缺少，不利於農事經營者。

4. 須新闢灌溉、排水系統者。

5. 農地遭受水沖、砂壓等重大災害者。

6. 舉辦農地之開發或改良者。

圖 7-1　農地重劃前空照圖　　　　**圖 7-2　農地重劃後空照圖**
資料來源：臺灣省政府地政處（1997）　資料來源：臺灣省政府地政處（1997）

圖 7-3　實施農地重劃完成後之農水路
資料來源：臺灣省政府地政處（1991，10）

圖 7-4a　苗栗縣苑裡鎮南山農地重劃區重劃前地籍圖
資料來源：苗栗縣政府地政處

圖 7-4b　苗栗縣苑裡鎮南山農地重劃區重劃後地籍圖
資料來源：苗栗縣政府地政處

二、農地重劃之實施方式

農地重劃的實施方式與市地重劃類似,即亦分為政府主動辦理、政府優先辦理及地主自行辦理三類,然而歷年來的農地重劃實施方式,卻僅以政府主動辦理為主,政府優先辦理為輔,而未見地主自行辦理方式。此三類實施方式分述如下。

(一)政府主動辦理

農地重劃計畫書經上級主管機關核定後,直轄市或縣(市)主管機關應即於重劃區所在鄉(鎮、市、區)公所或重劃區之適當處所公告三十日,公告期滿實施之。在公告期間內,重劃區土地所有權人半數以上,而其所有土地面積超過重劃區土地總面積半數者表示反對時,該管主管機關應予調處並參酌反對理由,修訂農地重劃計畫書,重行報請核定,並依核定結果公告實施,土地所有權人不得再提異議。(農地重劃條例第七條)

(二)政府優先辦理

依規定勘選之農地重劃區,因重劃區內私有土地所有權人過半數,而其所有土地面積超過區內私有土地總面積半數者之申請,直轄市或縣(市)主管機關得報經上級主管機關核准後優先辦理。(農地重劃條例第八條)

(三)地主自行辦理

為促進土地利用,擴大辦理農地重劃,中央主管機關得訂定辦法,獎勵土地所有權人自行辦理之;其獎勵事項適用平均地權條例第五八條之規定[55]。所謂自行辦理,指經重劃區內私有土地所有權人三分之二以上,而其所有面積亦

---

[55]　參見本書第 78 頁之說明。

達私有土地面積三分之二以上者之同意，就重劃區全部土地辦理重劃，並經該
管直轄市或縣（市）主管機關核准者而言。（農地重劃條例第十條）

三、農地重劃之實施程序

　　農地重劃在經由法定的勘選程序，依重劃範圍的劃定原則、評估事項，擬
定重劃計畫書內容，並且在報請主管機關核定並公告後，即進行農地重劃的開
發作業。

（一）、重劃範圍之勘選程序：

1. 主管單位

　　直轄市或縣（市）主管機
關得就轄區內之相關土地勘選
為重劃區，擬訂農地重劃計畫
書，連同範圍圖說，報經上級
主管機關核定，實施農地重
劃。（農地重劃條例第六條）其
次，勘選重劃區時，應就重劃
區地理環境詳細勘察（見圖
7-5），作成紀錄。並召集區內農
民舉辦說明會，徵詢其意見，
完成初勘後，報請中央主管機
關會同有關機關複勘核定之。（農地重劃條例施行細則第十二條）在早期，省
級由地政處為主管單位，農林廳、建設廳、水利局、水土保持局為會辦單位；
縣級由縣府地政科為主辦單位，建設局科、農林局科、社會局科、水土保持工

圖 7-5　重劃範圍現場勘選圖
資料來源：臺灣省政府地政處（1991）

作站、山地室課、農田水利會為會辦單位。精省之後,即以縣級為推動主管單位。

2. 公告禁止事項

　　直轄市或縣(市)政府主管機關於農地重劃計畫書公告時,得同時公告於一定期限內禁止該重劃區內土地之新建、增建、改建及採取土石或變更地形。但禁止之期間,不得超過一年六個月。(農地重劃條例第九條)

(二)重劃範圍之劃定原則

　　縣(市)主管機關依農地重劃條例第六條規定勘選重劃區時,儘量以天然界線為界,其範圍以圖例標明重劃區界址及其四至、重劃區內外主要交通、灌溉及排水狀況,以及重劃區內村莊或明顯特殊建築物位置。(農地重劃條例施行細則第十四條)

(三)重劃範圍之勘選原則

　　農地重劃區之勘選,應兼顧農業發展規劃與農村社區建設,得不受行政區域之限制。(農地重劃條例第六條第二項)

　　各縣政府勘選農地劃地區範圍,應就全縣未辦理重劃之地區實施普查勘選,並以符合下列情形之一者,優先列入勘選範圍:

1. 政府已訂定重大計劃地區,如新辦或改善灌溉、排水、堤防工程計畫之地區、核心農業區、農產專業區,已規劃農業區發展及基層建設、社區更新、休閒農業等,其相關工程可提前配合者,應予優先辦理。

2. 凡已完成區域性排水及其他水利設施及公共設施工程之地區,其農地應列為優先辦理重劃,以提高整體區域的投資效益(臺灣省政府地政處,1992b,

6）。

但是，有下列情形之一者，不予列入勘選範圍：(1) 業經完成都市計畫範圍之土地。(2) 依法編定之工業用地。(3) 依法編為河川區域內之土地（蕭輔導，1997，26）。

重劃地區之選定，除就耕地坵塊畸零狹小、使用分散、排水灌溉不良、農路缺少不利於農事耕作之地區予以勘定外，並應特別注意下列事項：（蕭輔導，1997，26）

1. 原列第一期十年計畫農地重劃，因辦理地區變更，尚未完成重劃者。

2. 配合農業長期發展或農業機械化、共同經營等計畫，必須改善農場結構者。

3. 新闢灌溉水源或計畫改善排水系統者。

4. 依法解除河川或保安林之區域，可改良為耕地使用者。

5. 山坡地可改良供耕地使用者。即依山坡地可利用限度查定為宜農者。

6. 山地保留地列為宜農耕地者。

7. 臺糖農場土地尚為實施重劃者。

（四）重劃計畫書之內容

農地重劃計畫書，其內容應包括下列事項：（農地重劃條例施行細則第十三條）

1. 重劃區之名稱及其範圍。

2. 法律依據。

3. 辦理重劃之原因及預期效益。

4. 重劃區公私有土地面積、筆數及土地所有權人總數。

5. 重劃區內原為公有及農田水利會所有農路、水路土地面積。

6. 區域性排水或灌溉工程計畫配合實施情形。

7. 預估重劃費用及財務計畫、工程費用負擔方式。

8. 預定工作進度。

9. 其他。

（五）農地重劃之作業程序

　　農地重劃之作業內容主要分成行政業務、地籍測量及重劃工程等三大類，劃定農地重劃區後，即展開地籍測量的準備工作，正式作業中以規劃設計、土地分配與施工、測量製圖為主要工作內容，作業程序參見圖 7-6。

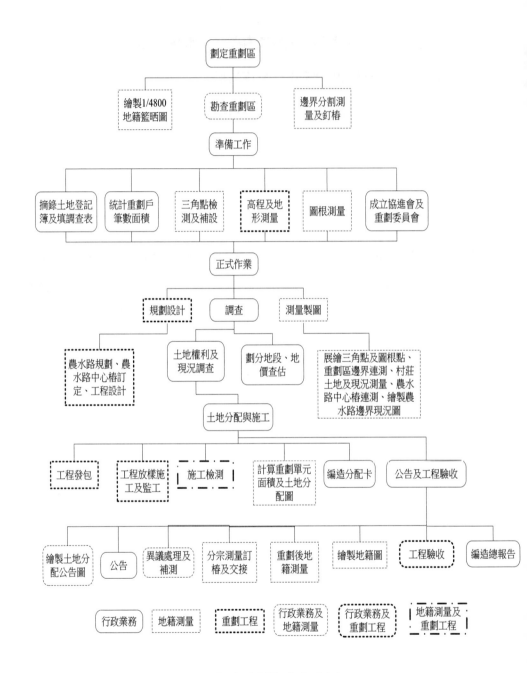

圖 7-6　農地重劃作業程序圖

資料來源：臺灣省政府地政處（1991，28）

四、農地重劃之負擔

農地重劃之負擔並不如市地重劃之多樣,農地重劃用地負擔僅是以農路及水路的用地為限,重劃費用則以工程費用為主。雖然仍以等價交換的原則推動農地重劃工作,但是農地重劃並未設定抵費地之上限,並且在工程費用上,除區域性排水工程由政府興辦並負擔費用外,其餘農路、水路及有關工程,是由政府或農田水利會興辦,所需工程費用由土地所有權人分擔,其分擔之比例由行政院定之(農地重劃條例第四條)。農地重劃負擔之計算方式,意含農地重劃之目的主要為提高農地的生產效率,而非如市地重劃的目的是取得公共設施用地。

此外,農地重劃中的抵費地僅指工程費用部分,未涵蓋農路、水路的用地範圍,此種定義不同於市地重劃抵費地的定義。

(一)農地重劃負擔之方式

實施農地重劃,除區域性排水工程由政府興辦[56]並負擔費用外,其餘農路、水路及有關工程由政府或由農田水利會興辦[57],所需工程費用由政府與土地所有權人分擔,其分擔之比例由行政院定之[58]。土地所有權人應分擔之工程費用,得由土地所有權人提供重劃區內部分土地折價抵付之。(農地重劃條例

---

[56]　由中央水利主管機關協調興辦。(農地重劃條例施行細則第三條)

[57]　農路、水路及有關工程,由縣(市)政府或農田水利會興辦。其由農田水利會興辦者,應由縣(市)政府與農田水利會將工程規劃、設計、發包、施工、驗收、經費撥付、決算、業務聯繫等先行協議,訂立協議書,報中央主管機關核備。(農地重劃條例施行細則第三條)

[58]　由政府與土地所有權人分擔工程費用之比例,得由中央主管機關按年度擬具農地重劃實施計劃及其所需工程費,報請行政院定之。(農地重劃條例施行細則第四條)

第四條）

　　重劃土地之分配，按各宗土地原來面積，扣除應負擔之農路、水路用地及抵付工程費用之土地，按重新查定之單位區段地價[59]，折算成應分配之總地價，再按新分配區[60]單位區段地價折算面積，分配予原所有權人。但限於實際情形，應分配土地之一部或全部未達最小坵塊面積不能妥為分配者，得以現金補償之。（農地重劃條例第二一條第二項）

　　土地所有權人在下列情況下，得視受益程度減免農地重劃負擔比例：1. 重劃區內土地，未能劃分坵塊及施設農路、水路予以改良者。2. 水田重劃區內之土地，因地形、地勢特殊，未能施設灌溉系統者。3. 原已臨接路寬六公尺以上之道路且灌溉情形良好之土地。4. 交通情況及排水系統原已良好之養魚池或農舍。此等減免標準，由縣（市）主管機關定之。設有農地重劃協進會或農地重劃委員會者，縣（市）主管機關得參酌其意見定之。（農地重劃條例施行細則第二一條）

　　簡言之，參與農地重劃的土地所有權人是以抵費地或現金支付重劃之共同負擔。

（二）農地重劃負擔之項目

　　依上述說明可知，農地重劃的負擔項目主要分為農、水路用地負擔及工程

---

[59]　縣（市）主管機關應就土地位置、地勢、交通、水利、土壤及使用情況，並參酌最計一年內之土地收益價格、買賣實例，以及當其公告現值等資料，分別估定之。設有農地重劃協進會者，縣（市）主管機關參酌其意見定之。（農地重劃條例施行細則第三十條）

[60]　重劃區得視自然環境、面積大小、地價高低及分配之需要，劃分若干分配區。（農地重劃條例第二十條）

費用負擔二項。

1. 農、水路用地負擔

重劃後農路、水路用地，應以重劃區內原為公有及農田水利會所有農路、水路土地抵充之；其有不足者，按參加重劃分配土地之面積比例分擔之。應抵充農路、水路用地之土地[61]，直轄市或縣（市）主管機關應於農地重劃計畫書公告時，同時通知其管理機關或農田水利會不得出租、處分或設定負擔。（農地重劃條例第十一條）

重劃區因農路、水路工程設施需要及基於灌溉、排水便利之區域性整地，應列入重劃工程辦理，但其屬個別坵塊之整理工作，應由受分配土地所有權人自行為之；所需經費，得向政府指定之銀行申請專案貸款[62]。（農地重劃條例第十二條）

2. 工程費用負擔

農地重劃所需經費分為行政業務費、相關改善工程費、規劃費以及農水路工程費等四項。然行政業務費、相關改善工程費及規劃費，皆由政府負擔，土地所有權人僅須負擔部分之農水路工程費。由政府與土地所有權人分擔之工程費用，項目包括施工費、材料費、補償費、區域性整地費、界樁設置費及管理費，此等各款費用標準（每公頃單價），由中央主管機關定之。（農地重劃條例施行細則第五條）

---

[61] 應抵充農路、水路用地之重劃區內原為公有及農田水利會所有農路、水路土地，包括重劃前已登記、未登記土地及已廢棄而未出租之原農路、水路土地。（農地重劃條例施行細則第十九條）

[62] 受分配土地所有權人之個別坵塊整理所需費用，得向中央主管機關洽定之金融機構，申請專案貸款。（農地重劃條例施行細則第二十條）

政府負擔之經費，係配合年度計畫依預算程序辦理。以 1981 年至 1985
年之農地重劃預算（參見表 7- 1）為例，(1) 行政業務費全數由省府負擔；(2)
規劃費、相關改善工程費，由中央與省府各負擔一半；(3) 農水路工程費由中
央、省府與農民各負擔三分之一。再以 1986 年至 1992 年之農地重劃預算（參
見表 7- 1）為例，其中 1.行政業務費由省政府全額負擔；2. 規劃費、相關改
善工程費、支應特殊地區不足工程費，由中央、省負擔各二分之一；3. 農水
路工程費用除農民負擔 36,000 元之外，由中央、省負擔各二分之一。

表 7-1　1981 至 1992 五年計畫農地重劃之預算金額

單位：元／公頃

	行政業務費	規劃費	相關改善工程費	支應特殊地區不足工程費	農水路工程費
1981	1,207	991	4,662	－	80,000
1982	1,467	1,000	10,427	－	88,000
1983	1,550	1,200	207,00	－	93,000
1984	1,553	1,500	25,081	－	108,000
1985	1,700	1,800	25,076	－	108,000
1986	1,642	7,326	20,000	20,000	108,000
1987	1,842	8,913	25,000	25,000	108,000
1988	2,192	8,913	25,000	25,000	108,000
1989	2,000	9,674	25,000	25,000	108,000
1990	2,000	10,396	25,000	25,000	163,000
1991	2,000	11,796	30,000	30,000	163,000
1992	3,866	12,583	30,000	30,000	163,000

資料來源：蕭輔導（1997，34-35）

三以臺灣省早期農地重劃地區農水路更新改善計畫之經費分配為例，其中
(1) 行政業務費由省政府全額負擔；(2) 規劃費、相關改善工程費、支應特殊

地區農水路工程費，由中央、省政府各負擔二分之一；(3)農水路工程費由中央負擔 42.5%、省政府負擔 42.5%、地方政府負擔 15%。（參見表 7-2）

表 7-2　1988 至 1992 早期農地重劃地區農水路更新改善計畫

單位：元／公頃

	行政業務費	規劃費	相關改善工程費	支應特殊地區不足工程費	農水路工程費
1988	1,500	6,540	10,000	0	78,000
1989	1,500	6,542	10,000	0	78,000
1990	1,500	3,879	10,000	0	78,000
1991	1,648	7,306	12,000	0	10,500
1992	1,648	8,600	12,000	12,000	170,000

資料來源：蕭輔導（1997，35）

農水路工程費每公頃約 353,000 元，除由農民負擔 40,000 元外，其餘均由政府補助。土地所有權人負擔工程費用之方式可以土地折價抵付（抵費地），或繳納現金，或向政府申請低利貸款[63]。（臺灣省地政處，1997，5）

臺灣近六十年來各階段辦理農地重劃時，農民負擔農水路工程費的比例與金額，參見表 7-3。

---

[63]　土地所有權人應分擔之工程費用，以保護自耕農基金或銀行貸款墊借。土地所有權人負擔之費用，以現金繳納者，得由土地所有權人依保護自耕農基金農地重劃放款辦法規定貸款，或銀行貸款，或以現金償還。（農地重劃條例施行細則第六條）

表 7-3　臺閩地區農地重劃各階段工程費用負擔

辦理年期	每公頃工程費（元）	農水路工程費用負擔比例與金額
1.試辦農地重劃（1958）		農民全額負擔。
2.八七水災災區農地重劃（1960）		農復會（農委會前身）全額補助。
3.示範農地重劃（1961）		農民負擔二分之一，農復會負擔二分之一。
4.十年農地重劃計畫（1962－1971）		1962 年由農民及農復會各負擔二分之一，1963 年起由農民全額負擔（約一萬餘元）。
5.加速農村建設計畫（1973－1976）	30,000	農民負擔三分之一，餘由原省府及農委會各負擔二分之一。即 1973 至 1979 年農民負擔約 10,000 元，1980 起農民負擔 13,000 元。
6.六年經建計畫（1977－1980）	30,000 39,000	
7.加速辦理農地重劃五年計畫（1981－1985）	108,000	農民負擔三分之一，餘由原省府及農委會各負擔二分之一。即 1981 至 1989 年農民負擔金額為 36,000 元。
8. 改善農業結構提高農民所得方案（1986－1991）	108,000 163,000	
9.農業綜合調整方案（1992－1997）	163,000 353,000	1990 年至 1994 年，農民負擔 36,000 元，餘由原省府及農委會各負擔二分之一。
10.跨世紀農業建設方案（1998－2001）	353,000	1995 年至 1999 年農民負擔 40,000 元，其餘由原省府及農委會各負擔二分之一；1999 年下半年後，農民仍負擔 40,000 元，其餘則由農委會負擔。
11.邁進二十一世紀農業新方案（2002－2004）	353,000	
12 中程施政計畫—農地重劃（2005-2008 年）	452,000	農民仍負擔 52,000 元，其餘則由農委會負擔。
13 農業發展計畫—農地重劃（2009-2012 年）	452,000	農民仍負擔 52,000 元，其餘則由農委會負擔。
14 農業發展計畫—農地重劃（2013-2016 年）	452,000	農民仍負擔 52,000 元，其餘則由農委會負擔。

註：為獲得 1.主要幹線農路鋪設柏油路面；2.農路併行之主給、小給水路及小排水路一律施設混凝土 U 型溝；3.兩坵塊間視農民意願施設田間耕作版橋，因此工程費自八十年度起由每公頃 108,000 元提高為 163,000 元，再於八十四年度起提高為 353,000 元。

資料來源：內政部地政司（2013），土地重劃統計資料

五、農地重劃之土地分配與設計原則

　　因農地重劃前與重劃後的使用不變，因而重劃後的漲價幅度不如市地重劃為高，而且各宗農地的條件類似，因此農地重劃的實際分配耕地面積，雖仍以地價增幅做為調整分配耕地之依據，然其計算式卻較市地重劃簡單許多。

（一）計算公式

　　先以重劃前每公頃耕地負擔農路、水路與抵費地之計算標準，計算土地所有權人參加分配耕地應負擔之農路、水路用地與抵費地之係數後，再確定其實際參加分配耕地面積。（農地重劃土地分配作業注意事項第三點；農地重劃條例施行細則第三二條）其計算式如下：

實際分配耕地面積

＝參加分配耕地面積－{（參加分配耕地面積×重劃前每公頃應負擔農路、水路用地面積）＋（參加分配耕地面積×重劃前每公頃應負擔抵費地面積）}

式中

重劃前每公頃應負擔農路、水路用地面積＝

$$\frac{（重劃後農路、水路用地總面積）－（原供農路、水路使用之公有及農田水利會所有之農路、水路土地總面積）}{重劃前參加分配耕地總面積}$$

重劃前每公頃耕地應負擔抵費地面積＝

$$\frac{每公頃耕地應負擔重劃各項工程費數額}{重劃區每公頃耕地平均地價}$$

其次，依重劃後分配耕地每公頃應負擔農路、水路用地與抵費地之計算標

準,計算土地所有權人實際分配耕地應負擔農路、水路用地與抵費地面積以及扣除負擔後之應分配面積。(臺灣省政府地政處,1992a　);農地重劃條例施行細則第三二條)計算公式如下:

1. 應負擔農路、水路用地面積=

　　實際分配耕地面積 × 重劃後每公頃耕地應負擔農路、水路用地面積

　　　　上式中

　　　　重劃後每公頃耕地應負擔農路、水路用地面積=

　　(重劃後農路、水路用地總面積)－(原供農路、水路使用之公有及農田水利會所有之農路、水路土地總面積)
　　────────────────────────────────────
　　　　　　　　　重劃後可分配耕地總面積

　　式中分母之重劃後可分配耕地總面積為

　　重劃後可分配耕地總面積=耕地坵塊規劃面積

　　而耕地坵塊規劃面積則是

　　重劃前參加分配耕地總面積=

　　耕地坵塊規劃面積 ＋ 重劃後農路、水路用地總面積 － 原供農路、水路使用之公有及農田水利會所有之農路、水路土地總面積。

2. 應負擔抵費地面積=

　　實際分配耕地面積 × 重劃後每公頃耕地應負擔抵費地面積

　　　　　上式中

重劃後每公頃耕地應負擔抵費地面積＝

$$\frac{每公頃耕地應負擔重劃各項工程費數額}{重劃區每公頃耕地平均地價}$$

式中分子之每公頃耕地應負擔重劃各項工程費數額為＝

$$\frac{重劃各項工程費總額　－　政府應分擔之費用}{重劃後可分配耕地總面積}$$

3. 扣除負擔後面積＝

參加分配耕地面積－（應負擔農路、水路用地面積＋應負擔抵費地面積）。

4. 分配地價＝查定地價（每平方公尺）× 扣除負擔後面積

重劃後土地，仍依其重劃前各宗土地之平均申報地價、平均原規定地價或平均前次移轉申報現值，按重劃後分配土地總面積計算總價，並分算各宗土地之單價，其計算公式如下（農地重劃條例施行細則第三一條）：

(1) 重劃前某戶平均申報單位地價＝

$$\frac{某戶參加重劃各宗土地重劃前總申報地價}{某戶參加重劃各宗土地重劃前總面積}$$

(2) 重劃後某戶分配土地申報地價總額＝

(1) 式 × 重劃後某戶分配各宗土地總面積

(3) 重劃後某宗土地申報地價總額＝

$$\frac{(2) \ 式 × 重劃後某宗土地查定地價}{重劃後某戶分配土地總查定地價}$$

(4) 重劃後某宗土地申報單位地價

　　＝(3) 式 ÷ 該宗土地重劃後面積

5. 折合應分配位置面積＝

$$\frac{分配地價}{新分配位置地價（每平方公尺）}$$

（二）分配設計原則

　　農地重劃的主要內容之一是耕地本身型態與位次的調整，土地分配就是耕地型態與位次調整的實施方法。辦理土地分配，一方面須將土地按使用人集中，另方面須儘量遷就原有位次，一方面要配合標準坵形[64]，另方面又須兼顧原有面積，一方面應合於科學技術，使土地達到高度利用，另方面須以民主方式得到異議的協調解決。（臺灣省政府地政處，1997：20）簡言之，重劃後之農地坵塊，以能直接灌溉[65]、排水[66]及臨路[67]為原則，而且坵塊之標準，由直轄

---

[64]　農地重劃後農地坵形規劃原則有以下四點：一、坵塊以長方形為原則，通常長邊均以田埂為界，短邊則臨接農路及水路，使能直接臨路灌溉和排水。二、水田區坵塊短邊最短應在 10 公尺以上，25 至 30 公尺左右為最適當，長邊則為短邊之 3 至 15 倍。三、坵塊標準面積：田為 0.250 公頃，100 公尺 × 25 公尺。旱：0.500 公頃，100 公尺 × 50 公尺。四、最小坵塊面積，以該重劃區規劃坵塊短邊 10 公尺計算之面積為準。五、坵塊方向應配合地形、日照、風向及土地分配設計。（內政部，2013）

[65]　給水路長度應配合重劃土地坵形設計。主給水路長度不得超過 1,500 公尺；小給水路長度不得超過 600 公尺。但是地形特殊，經規劃單位水理分析認其流量能達尖峰用水量者，不在此限。給水路之計畫水位應高出灌溉土地田面 10 公分以上。但地形特殊之個別坵塊不在此限。（農地重劃區農路水路工程設施規劃設計標準第五條）

[66]　排水幹線應設於重劃區內最低處，並應能兼顧地表及地下排水。排水路採用具涵養水資源及維護原有重劃區生態之工法，避免於渠底採混凝土打底等硬

市或縣（市）主管機關定之（農地重劃條例第十五條）。各項分配設計原則說明如下。

1. 同一分配區之原位次分配

　　農地重劃在分配土地時，先劃分數個分配區。重劃區內同一分配區之土地辦理分配時，應按原有位次分配；但是同一所有權人在同一分配區內有數宗土地時，面積小者盡量向面積大者集中；出租土地與承租人所有土地相鄰時，應盡量向承租人所有土地集中分配。（農地重劃條例第二二條）此外，毗連土地之現耕所有權人優先購買土地後，該土地應與其原受分配土地合併成一宗。（農地重劃條例施行細則第三七條第二項）

　　但是，有五類土地並不適用於同分配區之集中分配：(1) 農地重劃書公告之日前已有建築改良物之土地。(2) 原有鄰接公路、鐵路、村莊或特殊建築物改良物之土地。(3) 墳墓地。(4) 原位於公墓、河川或山谷邊緣或其他特殊地形範圍內之土地。(5) 養、溜、池、溝、水、原、林、雜等地目土地，難於改良成田、旱土地使用者。（農地重劃條例第二二條）

　　此外，有三類土地得逾越分配區予以集中分配：(1) 同一所有權人在二個以上分配區內之土地，未達最小坵塊面積無法在各該分配區內分配者。(2) 農路、水路用地面積過多地區，無法於原分配區分配者。(3) 同一所有權人一筆

體鋪面。（農地重劃區農路水路工程設施規劃設計標準第六條）

[67]　農地重劃區之農路系統規劃，應使重劃後之農地坵塊均能直接臨路為原則；其設計等級區分為聯貫村落或區域外縣、鄉（鎮、市）道路之幹線農路、聯接縱向農路與橫向農路之主要農路及臨路各坵塊短邊之田間農路；其規劃設計標準如下：一、幹線農路路寬 7 公尺，其路間最小間隔為 9 百公尺。二、主要農路路寬 6 公尺，其路間最小間隔為 3 百公尺。三、田間農路路寬 4 公尺，其路間最小間隔為 160 公尺。（農地重劃區農路水路工程設施規劃設計標準第二條第一項）

或二筆以上相連之土地，因農路、水路之修築，而分散在不同分配區者。（農地重劃條例施行細則第三三條）

2. 最小面積分配之原則

最小坵塊面積，以該重劃區規劃坵塊土地之短邊十公尺計算之面積為準。（農地重劃條例施行細則第三四條）

同一土地所有權人，在重劃區內所有土地應分配之面積，未達或合併後仍未達最小坵塊面積者，應以重劃前原有面積按原位置查定之單位區段地價計算，發給現金補償。但二人以上之土地所有權人，就其未達最小坵塊面積之土地，協議合併後達最小坵塊面積者，得申請分配於其中一人[68]。（農地重劃條例第二三條）

3. 共有土地分配之原則

重劃區內共有土地有下列情形之一者，得分配為個人所有：(1) 共有人之應有部份折算面積達最小坵塊面積者。(2) 共有人共有二筆以上之土地，部分共有人應有部份達最小坵塊面積者。(3) 共有土地經共有人自行協議，分配為其中一人者。（農地重劃條例第二四條）

特殊分配位置之共有土地，共有人涉及權益爭執，無法達成協議分配為個人所有時，仍為共有分配。此外，重劃區外土地與重劃區內共有土地係由共有人分管使用，為便利重劃區內其他共有土地交換分合，如經全部共有人協議按分管位置分配時，登記機關得比照重劃區內之土地免徵土地增值稅而為登記。

---

[68]　辦理協議合併時，應由縣（市）主管機關通知土地所有權人，在規定期間內提出合併申請書，申請合併分配為一人所有。（農地重劃條例施行細則第三五條）

4. 重劃區村莊內土地之分配

　　重劃區村莊內土地之分配，依下列規定辦理：（農地重劃條例施行細則第三八條）

(1) 村莊之土地應劃定範圍為一分配區，就其現況儘量按原位置分配。

(2) 村莊分配區之土地辦理分配前應先實施地籍調查，據以辦理測量分配。

(3) 村莊分配區各宗土地之界址，以當事人指界為原則，但當事人未能指界時，以現況使用界為準。現有界址曲折，有關土地所有權人得於地籍調查時，自行協議截彎取直。

(4) 村莊分配區共有土地如經全部共有人書面協議分割且指界者，得分配為個人所有。

(5) 村莊分配區土地辦理分配後，所有權人分配之面積減少時，依下列方式處理：A 在重劃區有耕地分配者，將減少之面積折價，以重劃區內之耕地分配補足或以差額地價補償。B 在重劃區無耕地，或經分配耕地面積仍不能分配補足者，以差額地價補償。

(6) 村莊分配區土地辦理分配後，所有權人分配之面積增加時，依下列方式處理：A 在重劃區有耕地分配者，將增加之面積折價，以重劃區內應分配之耕地面積扣減之或由所有權人繳納差額地價。B 在重劃區內無耕地者，由該所有權人繳納差額地價。

5. 抵費地之區位分配

　　抵費地得按區域計劃土地使用分區集中規劃。其適宜作非農地使用者，得由縣（市）主管機關，報請中央主管機關核定，就土地個別情況，依法變更為非農地使用。重劃區設有農地重劃協進會者，縣（市）主管機關依前項辦理集中規劃時，得先交該協進會協商。（農地重劃條例施行細則第八條）

農地重劃區抵費地與零星集中土地劃定位置，應注意下列六點內容：

(1) 請政府辦理農地重劃，各人損益面積互相以現金補償，其補償標準由政府估定。

(2) 重劃區土地應依照農地重劃條例規定按原有位次辦理分配，其有因未達最小坵塊，領取差額地價與協議合併他處或面積較小之土地集中分配予較大面積所騰出之土地，儘量留設為抵費地與零星集中土地。

(3) 應儘量避免在村莊土地、公路或建地旁留設抵費地與零星集中土地。

(4) 抵費地與零星集中土地留設應儘量避免單邊毗連於土地所有權人，造成獨享優先購買權。

(5) 抵費地與零星集中土地應分別劃定在各分配區廓內，避免集中留在一個分配區廓或一處。

(6) 重劃區內原廢棄之農、水路儘量留設為抵費地。

重劃後實際分配之土地面積超過應分配之面積者，縣（市）主管機關於重劃土地交接後應通知土地所有權人，就其超過部分，按查定重劃定價，限期繳納差額定價[69]，逾期未繳納者，依民事訴訟法督促程序規定，聲請法院已督促程序發支付命令；其實際分配之土地小於應分配之面積者，就其不足部分，按查定重劃地價，發給差額地價補償。（農地重劃條例施行細則第五一條）此外，直轄市或縣（市）主管機關應於辦理重劃時重新查定重劃區內之單位區段地價，作為土地分配差額、補償之依據。（農地重劃條例第二一條第一項）

---

[69] 重劃分配之土地，在農地重劃工程費用或差額地價未繳清前不得移轉。但承受人承諾繳納者，不在此限。（農地重劃條例第三六條）

六、農地重劃抵費地之處理

農地重劃中由農民負擔之農、水路工程費用，須自農民負擔之抵費地公開標售後取得[70]。然而，重劃區內耕地出售時，其優先購買權之次序如下：1. 出租耕地之承租人。2. 共有土地現耕之他共有人。3. 毗連耕地之現耕所有權人。（農地重劃條例第五條）

其次，重劃區內發給現金補償之土地，應予以集中公開標售，經兩次標售而未標出者，直轄市或縣（市）主管機關應出售與需要耕地之農民。公開標售後或出售時，其毗連土地之現耕所有權人有依同樣條件優先購買之權[71]，如毗連土地現耕所有權人有二人以上主張優先購買時，以抽籤定之。（農地重劃條例第二三條）

應公開標售之土地，其標售底價以各宗土地查定之單位區段地價計算之總價，及其應負擔農路、水路用地地價與工程費用之總和為準。如因未能標出而出售與需要耕地之農民時，其出售價格以原標售之底價為準或參酌該區農地重劃協進會意見定之，其標售或出售之地價超過補償地價部分，應作為重劃區工程改善費用。抵費地之標售及其超過抵繳工程費之剩餘款之運用準用前項之規定。（農地重劃條例施行細則第三六條）

---

[70] 抵費地於公開標售後，以所得價款歸還保護自耕農基金或銀行貸款之本息（農地重劃條例施行細則第六條）。此外，抵費地或發給現金補償應予集中公開標售之土地，在未標售前，以縣（市）政府為管理機關，於標售後，逕為登記與得標人（農地重劃條例施行細則第七條）。

[71] 毗連土地之現耕所有權人有依同樣條件優先購買之權，以地段相連，且於公開標售時當場主張優先購買者，或接獲出售通知後十日內以書面申請者為限。縣（市）主管機關應於投標須知內訂明，並應於公告標售前十日，通知其到場主張優先購買權或出售前，通知其優先購買。（農地重劃條例施行細則第三七條第一項）

七、農地重劃案例說明

　　如本書第一章所分析，1961 至 1970 的十年間，是農地重劃最盛的時期，該十年完成了 233,135 公頃的重劃面積，佔完成農地重劃總面積之 59.29%。累計至 1980 年，辦理完成的面積為 278,037 公頃，占完成農地重劃總面積之 70.71%。至 1990 年，已完成 93.35%的農地重劃，面積達 367,075 公頃，因此在 1991 年之後，農地重劃轉以更新農水路及農村社區為重點，僅辦理少量的農地重劃。1995 年推動農地釋出方案後，農地重劃的區數及面積快速銳減，每年僅辦理 3 至 4 區，且重劃面積自一千餘公頃下降至二百餘公頃。為了解農地重劃書的內容，選取近十年仍辦理農地重劃的縣市如雲林縣、宜蘭縣、原臺中縣及彰化縣等地之 4 個案例如下。

甲、雲林縣九十二年度水北農地重劃區總報告書

<摘錄內容如下>

一、農地重劃區概述

（一）重劃區所屬鄉鎮、段落及範圍：

本重劃區位於水林鄉水林段、春牛埔段、萬興段，其範圍東臨北港重劃區，西接春牛埔（西）重劃區，南至台糖鐵路及水林都市計畫界，北達春牛埔（東）重劃區為界。

（二）重劃面積及戶數：

原有各類土地總面積為 357.2056 公頃，土地所有權人戶數 1,547 戶，附原有各類土地權屬及筆數、面積統計表（略）。

可分配耕地面積：284.54 公頃，土地所有權人戶數：1,547 戶。

二、農地重劃辦理經過

（一） 確定重劃地區經過

本重劃區為改善農場經營結構，增加土地利用資源，提高農作物收 89 八十九年度實施農地重劃設計之地區，依照農地重劃條例規定呈報內政部以 89 年 2 月 23 日台（八九）內中地字第 89758558 號函核准列入 88 年下半及 89 年度辦理農地重劃。

（二）受理申請重劃情形

本重劃區面積 357.2056 公頃，其中公有土地面積 5.0099 公頃，私有土地面積 352.1957 公頃，私有土地所有權人總戶數 1,547 戶，申請優先辦理農地重劃戶 1,113 戶，佔私有土地所有權人總戶數 72%，申請重劃面積 239 公頃，佔重劃區私有土地總面積 68%。

（三）重劃計畫書核定及公告實施

本重劃區計畫書報經內政部於 89 年 2 月 23 日台（八九）內中地字第 89758558 號函依農地重劃條例第六條規定核定列入 88 年下半年及 89 年度實施農地重劃，本府經依農地重劃條例第七條規定以 89 年 3 月 7 日八九府地劃字第 8900017143 號函將水北農地重劃區計畫書、範圍圖陳列在重劃區所在地之水林鄉公所公開閱覽，自 89 年 3 月 16 日起至 89 年 4 月 10 日止公告 30 日期滿實施。

（四）農水路及構造物工程設計

本項工程由內政部土地重劃工程局辦理自 99 年 12 月 5 日至 89 年 1 月 20 日完成設計主要內如次：

農路	面寬（公尺）	數量（條）	總長（公尺）
幹線農路	8	1	2,528
主要農路	6	15	10,122
田間農路	4~5	65	24,894
補路	4	2	99

灌溉水路	數量（條）	總長（公尺）
分線	1	988
主給	15	8,548
小給	84	21,809

排水路	數量（條）	總長（公尺）
大排	2	3890
中排	11	7,123
小排	127	36,038

構造物（座）			
取水門工程	暗渠工程	版橋工程	·流末工程
6	84	22	41
分水箱工程	箱涵工程	橋樑工程	生態保育設施
26	7	7	58

其它	
耕作版橋	耕作用版橋工程－1,199座
紀念碑綠美化	紀念碑工程－1座
自行車道工程	自行車道工程－1條，全長1,220

（五）編制工程設計預算書、圖提縣農地重劃委員會審議及報內政部核定

本重劃區工程設計預算書、圖經由內政部土地重劃工程局代辦完成，其總工程費新台幣181,904,000元。本年度預算每公頃353,000元計算，核定金額共計112,367,000元，超出679,537,000元，由重劃區留設抵費地標售支應，經提交本縣農地重劃委員會於88年9月30日會議議決「照案通過」並報內政部於89年7月5日台（八九）內中地字第8910651號函核定。

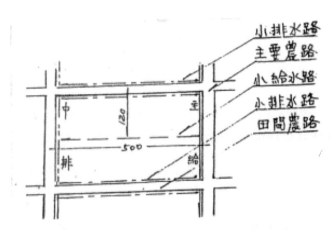

圖 7-7　農地重劃區農水路規劃示意圖

（六）土地分配

1. 計算：附每公頃應負擔農水路用地面積計算表（略）。

2. 編造土地分配卡：（略）。

3. 實施土地交換分配：本重劃區土地分配，農水路用地以及工程費負擔標準依照農地重劃條例第四條及第十一條規定，比例負擔之工程費用及農路、水路用地，依照同條例施行細則第二十一條規定視其受益程度予以減免，並提交該區協進會於89.3.30會議討論議決通過。

(1) 村莊分配區農水路用地負擔及工程費用全免。

(2) 村分配區外其他土地農水路均無法施設者,其農水路用地負擔及工程費全免。

(3) 「田」地目土地以「養」魚池使用,重劃後農水路均有施設者視同一般耕地重劃之負擔。

(4) 重劃後農路、排水、給水三項要件無法全部施設者,用地及工程費用負擔之減免如下(缺一減免三分之一、缺二減免三分之二)。

(5) 「墓」地目土地負地以「墓」使用農水路用地負擔及工程費用全免。

(6) 部份變更使用者,該已變更使用之部份(合法變更)農水路用地及工程費用負擔全免,其餘變更使用部份與一般耕地重劃負擔同。

(7) 「建」地目土地以耕地使用及其他因情況各異之個案土地,其農水路用地及工程費用負擔授權本府統一視實際情形辦理。

(8) 「養」原土地實際以養殖使用者,其農水路用地及工程費用負擔視實際受益程度負擔。

(9) 本區土地分配依照農地重劃條例、同條例施行細則以及參酌前項減免標準,計算負擔等有關圖、冊資購由調查、測量人員會同辦理分死,是項工作於 89.4.20 辦理完成。

（七）零星集中土地及抵費地或工程費貸款處理情形

1. 零星集中土地之筆數、面積及標售情形:

本重劃區零星集中土地計 182 筆,面積 22.033496 公頃,標售底價合計 195,657,457 元,本府首次於 91.2.21 辦理公開標售,共售出 22 筆,面積 2.20060 公頃,地價款總額 21,079,003 元整後,分別於 91.6.11、91.9.20、92.4.24 再標售出計 25 筆,面積 3.585526 公頃,標售價款共

計 25, 779,366 元，尚餘部份抵費地將儘速再辦理標售或出售。

2. 工程費用墊額償還：

本重劃區零星集土地標售後除發還土地所有權人應領差額面積地價款外餘抵充應繳工程費。

三、費用負擔及分配面積地價差額之補償

（一）重劃費用總金額及籌措方式：

1. 工程費用總額新台幣 181,904,000 元政府補助 112,367,000 元，總工程費用超出 69,537,000 元由土地所有權人共同負擔，其負擔部份依農地重劃條例第四條規定，提經該區協進會 88.9.30 會議決議「土地所有權人應分擔之工程費用將以抵費地抵付」。

2. 重劃業務費新台幣 1,561,650 元全由政府負擔支應。

（二）農民負擔總費用及每公頃負擔金額：

1. 農民負擔總費用 69,537,000 元。

2. 每公頃耕地應負擔總金額為新台幣 193,696 元。

四、重劃前後成果比較

1. 土地交換分合比較：見下表。

2. 坵塊整理比較：見下表。

3. 直接生產用地增加比較：見下表。

水北農地重劃區重劃前後成果比較

項目 \ 重劃前後比較			重劃前	重劃後	比較
土地交換分合	集中一處	戶數	421	598	+177
		%	45	66	+21
	集中二處	戶數	189	198	+9
		%	20	22	+2
	分散三處以上	戶數	327	112	-215
		%	35	12	-23
坵塊整理	耕地總坵數		1218	1538	+320
	直接臨路	坵塊	729	1538	+809
		%	59	100	+41
	直接灌溉	坵塊	623	1491	+868
		%	51	96	+45
	直接排水	坵塊	661	1535	+847
		%	54	99	+45
原為非耕地重劃後改良為耕地（公頃）			0	0	0
原為旱田重劃後改良為水田（公頃）			15.3560	15.3560	0

五、重劃後預計效益

（一）工程完成後之益本分析：詳如下列計算表。

1. 成本估計：（每公頃 506,696 元）

農民負擔部份：193,696 元；政府負擔部份：313,000 元。

2. 工程期間利息：

$193,696 \times 0.06 = 11,621$ 元；$313,000 \times 0.06 = 18,780$ 元

3. 合計：$506,696 + 11,621 + 18,780 = 537,097$ 元

（二）年計成本

1. 償還基金：

農民負擔：（193,696＋11,621）x0.237396＝48,741 元（分五年攤還利率 6%）

政府負擔：（313,000＋18,780）x0.078227＝25,954 元（分二十五年攤還利率 6%）

2. 維護費：（48,741＋25,954）x1/12＝6,224 元

3. 合計：48,741＋25,954＋6,224＝80,919 元

乙、宜蘭縣九十四年度阿里史農地重劃區總報告書

<摘錄內容如下>

一、農地重劃區概述

（一）重劃區所屬鄉鎮、段落及範圍：

本重劃區位於三星鄉東方，重劃區段包含三星鄉阿里史段阿里史小段、張公圍小段、大湖小段，其範圍東起玉尊宮舊路、西至安農溪，南臨張公圍排水邊界、北達羅天公路為界，面積 210 公頃。張公圍排水列入相關改善工程配合重劃工程實施。

（二）重劃區總面積及戶數：

本地區私有土地總面積為 178.4474 公頃，土地所有權人總戶數 461 戶，總筆數 853 筆。

重劃後可分配耕地總面積 145.6678 公頃，土地所有權人總戶數 493 戶，地籍整理後宗地筆數 635 筆。

二、農地重劃辦理經過

（一）確定重劃地區經過

為改良農場結構，擴大經營規模，推行機械化，並配合農村社區建設，促進農業經營現代化，依農地重劃條例第六條及第八條規定辦理初勘，報請前台灣省政府地政處複勘，經該處 87.03.24 以 87 地五字第 15097 號函准列入 88 年度實施農地重劃。

（二）受理申請重劃情形

本地區私有土地總面積 178.4474 公頃，土地所有權人戶數 461 人，申請辦理農地重劃人數 256 戶，占土地所有權人總人數 55.53%，申請面積 131.1684

公頃，占重劃區私有土地面積 73.51%。

（三）內政部核定及公告實施

本重劃區農地重劃計畫書經前台灣省地政處以 87.07.24（87）地五字第 40858 號函同意辦理，本府旋於 87.08.06 以 87 府地劃字第 95962 號公告實施。

（四）土地分配

1. 計算（附給水、排水及農路規劃、設計長度與用地面積統計表，耕地坵塊規劃筆數及面積統計表，每公頃土地應負擔農水路用地面積及工程費或抵費地計算表，坵塊規劃面積與應受分配耕地面積比較統計表）：

重劃土地之分配，按各宗土地原來面積，扣除應負擔之農路、水路用地及抵付工程費用之土地，按重新查定之單位區段地價，折算成應分配之總地價，再按新分配區單位區段地價折算面積，分配予原所有權人。但限於實際情形，應分配土地之一部或全部未達最小坵塊面積不能妥為分配者，得以現金補償之。為農地重劃條例第 21 條第 2 項所明定。其應負擔之農路、水路用地及工程費用或抵費地之計算依其施行細則第 32 條第 1 項規定，詳如後附件計算表（略）。

2. 編造土地分配卡：

依據所有權人歸戶結果逐戶填造土地分配卡，以備記載辦理土地分配結果之用。

3. 實施土地交換分配：

本區土地依農地重劃條例第 18 條規定、協進會 88 年 02 月 10 日第 5 次會議決議：重劃區應負擔之農水路用地及抵費地為 0.155 公頃，祠、墓二種地目土地，農水路用地及工程費負擔全免，「建」地目土地毗連位置如有施設排水構者，土地所有權人須負擔三分之一水路用地及工程費、農路用地及工程費負擔全免之原則辦理分配。

（五）零星集中土地及抵費地或工程費貸款處理情形

1. 零星集中土地及抵費地之筆數面積及標售情形：本重劃區零星集中土地計 83 筆，總面積 8.68375 公頃。零星集中土地分佈全區各處，原公告現值劃定地價區段範圍廣闊，除路線價區段分二區，裡地區段亦為二各區段地價，公告現值相同。又公告現值原以查地地價之擬評現值平均值三成為評定標準，協進會決議建議底價，除路線加 1.5 倍與市價相仿外，裡地區段公告現值每平方公尺 510 元（擬評現值每平方公尺為新台幣 1700 元之三成計 510 元），底價統一加一倍不盡公平，為使標底價較能反應市場交易價格，增加籌措改善工程經費來源及免因毗鄰耕地有優先承購權，恐失競價之誘因，經考量各筆零星集中土地與主要道距離，區塊形狀及與嫌惡設施距離，使用效益等因素，並參酌查訪市價及上開決議，重新研訂各坵塊標售底價，其總底價為 108,819,338 元，以 89 年 10 月 12 日 89 府地四字第 111722 號公告標售，公告日期自 89 年 10 月 20 日起至 89 年 11 月 19 日止 30 天，並於 89 年 12 月 5 日辦理公開標售結果，共計標 29 筆，標售 31,051,844 元，尚未標售之 54 筆，總面積 6.423174 公頃，將由需要之農民申請價購。

2. 工程費用貸款數額之計算與通知：無。

3. 工程費用墊款償還：

(1) 本區面積 210 公頃，農水路工程按中央訂定標準每公頃工程費 353,000 元整計算（其中中央補助 313,000 元，土地所有權人負擔 40,000 元整）計核配 74,130,000 元，總工程費新台幣 94,510,000 元整，不足工程款由本縣其他重劃區零星集中土地項下先行借支，目前均已償還竣事。

(2) 相關排水改善工程依中央訂定標準每公頃 30,000 元整計算，核配工程費 6,300,000 元整，水利處配合款 5,000,000 元整，合計 11,300,000 元整。

三、費用負擔及分配面積地價差額之補償方式

（一）重劃費用總金額及籌措方式：

本重劃區農水路工程中央補助 74,130,000 元整，實際支應總工程費新台幣 94,517,000 元整，不足之工程款新台幣 20,387,000 元整由該區零星集中土地標售剩餘款挹注。相關排水改善工程中央補助 6,300,000 元整，水利處配合 5,000,000 元，合計 11,300,000 元整。

（二）農民負擔費用及每公頃負擔金額：

本重劃區依農地重劃條例施行細則第三十二條規定核算負擔情形，參見附件（略）。

（三）分配面積地價差額補償金額及方式：

1.分配後之零星集中土地及分配後之差額面積土地，集中在各分配區公開標售後，依重劃前原有面積，按原位置查定單位區段地價計算發給現金補償，由本府通知領款人向台灣土地銀行羅東分行領取。

2.分配面積差額地價繳納，由本府依分配面積差額，按原位置查定之單位區段地價計算通知應繳納戶向台灣土地銀行東分行繳納。

四、重劃前後成果比較

宜蘭縣阿里史農地重劃成果比較

項目 \ 重劃前後比較			重劃前	重劃後	比較
土地交換分合	集中一處	戶數	165	318	+153
		%	19.34	35.61	+16.67
	集中二處	戶數	278	365	+87
		%	32.53	40.87	+8.34
	分散三處以上	戶數	410	210	-200
		%	48.06	23.52	-24.54
坵塊整理	耕地總坵數		461	583	+122
	直接臨路	坵塊	210	175	+280
		%	45.55	490	+38.49
	直接灌溉	坵塊	130	84.04	+390
		%	28.20	520	+60.99
	直接排水	坵塊	121	532	+411
		%	26.24	91.25	+65.01
原為非耕地重劃後改良為耕地（公頃）			3.7462	3.7462	0
原為旱田重劃後改良為水田（公頃）			2.1508	2.1508	0

直接生產用地增加比較表

項目	直接生產用地		
	水田（公頃）	旱田（公頃）	合計（公頃）
重劃前	183.3630	2.1508	185.5138
重劃後	185.2645	0.4463	185.7108

五、重劃後預計效益

（一）成本估算（每公頃）

(1) 固定工程費 353,000 元（單位面積：每公頃），中央補助 313,000 元，農民負擔 40,000。

(2) 工程期間利息：

　　313,000×0.06×（10/12）＝15,650（元）

　　40,000×0.06×（10/12）＝2,000（元）

　　合計：15,650＋2,000＝17,650（元）

（二）年計效益估算（以三年間收益計算）

1. 重劃前平均每年淨收益：300,000/3＝100,000 元

2. 重劃後平均每年淨收益：400,000/3＝133,333 元

3. 重劃後年增收益：133,333－100,000＝33,333 元

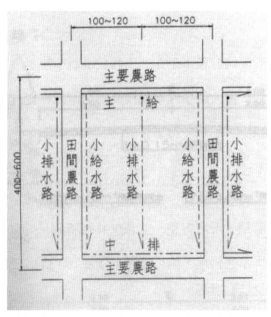

圖 7-8　農地重劃區農水路規劃圖

丙、臺中縣大甲鎮西岐農地重劃計畫書

＜摘錄內容如下＞

一、 重劃區之名稱及範圍：

　　本重劃區名稱為「臺中縣大甲鎮西岐農地重劃區」，重劃面積約 91 公頃，重劃地段為大甲鎮頂後厝子段，東至順帆路 99 巷為界，西至西濱快速道路，南至六股排水，北至四好溪及福安農地重劃區。

二、 法律依據：農地重劃條例第六條、第八條暨其施行條例第十三條。

三、 辦理重劃原因及預期效益：

（一）原因：

1. 本區耕地坵形不適於農事工作、不利於灌溉、排水。

2. 耕地散碎不利於擴大農事經營規模及應用機械耕作。

3. 農路、水路缺少，不利於農事經營。

（二）預期效益：

1. 重劃前畸零不整的地籍線以及複雜的土地共有型態，將因重劃地籍整理，而使得產籍清楚、坵塊方整、並減少共有關係。

2. 凡越坵灌溉排水之耕地，均可達到直接灌溉、排水之目的，使給水路管理方便，輸水量控制容易。

3. 每坵塊均可直接臨路，便利機械耕作，並解決以往農產品搬運需借用鄰地的困擾，可發揮地盡其利之功能。

4. 提高農地利用，促進農業經營現代化，增加產量，提升農民所得，進而推動農村建設，達到富麗農村之目標。

四、重劃區公私有土地面積、筆數及土地所有權人總數：

土地總面積約 91 公頃（公有土地 10.7 公頃、私有土地 79.6 公頃及未登錄地 0.7 公頃）。土地總筆數 517 筆（公有土地 73 筆、私有土地 437 筆及未登錄地 7 筆）。土地所有權人數 409 人（公有 2 人、私有 407 人）。

受理土地所有權人申請農地重劃概況：

已申請重劃戶數 317 戶，面積 56.5 公頃，均已超過私有土地之半數。

五、重劃區內原為公有及農田水利會所有農路、水路土地面積：

計 6.83 公頃。

六、區域性排水或灌溉工程計畫配合實施情形：

（一）區域性排水：無

（二）主要灌溉：本重劃區為 1 年 2 作灌溉區，為改善農田結構及合理調節用水，配合原有四好溪之灌溉系統，規劃灌溉四好第一、二輪區；六股排水規劃灌溉六股第一、二輪區之灌溉系統，規劃後擬依原有灌溉系統劃分為四個輪作區，以利管理。

七、預估重劃後農路、水路用地負擔：

預估重劃後列入農水路用地面積計約 12.4 公頃。預估每公頃土地應負擔農路、水路面積約 0.135 公頃，比例約 14%。實際負擔數，以依農地重劃條例第 11 條暨同條例施行細則第 32 條核實計算者為準。

八、 預估重劃費用及財務計畫、工程費用負擔方式：

（一） 預估重劃總費用：新台幣 68,294,000 元（土地分配與地籍測量作業費新台幣 396,000 元、農、水路工程費新台幣 64,440,000 元及相關改善工程費新台幣 3,458,000 元）。

（二） 地分配與地籍測量作業費約每公頃 4,350 元；全部由中央政府負擔。

（三） 預估農路、水土工程費每公頃 708,131 元；由中央政府負擔每公頃 400,000 元；餘由土地所有權人負擔。

（四） 預估相關改善工程每公頃 38,000 元，全部由中央政府負擔。

（五） 土地所有權人負擔費用部分以抵費地折價抵付，由本府先向毗鄰大甲福安農地重劃區調借，並提經本區農地重劃委員會決議通過。

九、 預定工作進度：自 97 年開始規劃、98、99 年度實施。

丁、彰化縣一百年度草港尾農地重劃區總報告書

<摘錄內容如下>

一、農地重劃區概述

（一）重劃區所屬鄉鎮、段落及範圍：

本重劃區位於鹿港鎮西北方，行政區域有草中里、海埔里及洋厝里等 3 里，另地段則包括鹿港鎮草港尾段及海埔厝段洋子厝小段。東至：台 17 線道。西至：崙尾港。南至：濱海路。北至：番雅溝。

（二）重劃區總面積及戶數：

原有土地土地總面積為 340 公頃（公有土地 17.22 公頃、私有土地 321.8883 公頃），土地所有權人總戶數 2,117 戶。重劃後可分配耕地面積 224.3749 公頃。

二、農地重劃辦理經過

（一）確定重劃地區經過

本重劃區為改善農業經營結構，增加土地利用資源，提高農民作物收入，依據內政部 95 年 1 月 11 日複勘檢討會議決議，列入 95 年度實施農地重劃先期規劃之地區，於 95 年 2 月起開始著手先期規劃作業。

（二）　受理申請重劃情形

本重劃區經徵求意願，申請重劃戶數 1,096 戶，佔 51.92%，申請面積 212,9033 公頃，佔私有土地 66.18%。

（三）內政部核定及公告實施：

本區農地重劃，依據農地重劃條例第 7 條，第 8 條、同條例施行細則第 15 條及內政部 97 年 5 月 19 日內授中辦地字第 0970723259 號函同意辦理，並

經本府 97 年 5 月 28 日府地劃字第 0970109590 號公告實施農地重劃及禁止土地之新建、增建、改建與採取土石或變更地形。

（四）成立重劃機構：

由鹿港鎮公所召集區內土地所有權人召開農民大會，以票選方式產生重劃協進委員 17 人，並於 95 年 7 月 10 日成立重劃區協進會並召開第一次協進會會議。

（五）測量：

本區重劃區地籍測量業務調派本縣鹿港及溪湖地政事務所測量人員支援辦理，包含邊界測量、加密控制點預設、圖根測量、地上物現況測量、村莊土地外圍邊界勘定及測量、農水路中心樁及邊界樁之檢測、繪製土地分配公聽會草圖及公告圖、交耕等內容說明。

（六）調查：

運用多項電腦軟體輔助土地分配及調查使用，諸如農地重劃分配系統、電腦輔助繪圖系統，多項統計資料皆能以電腦產製有效提高資料準確性，且易於保存有效提昇土地分配的效率與精確性，運用於草港尾農地重劃區地籍調查及土地分配工作效果良好，不僅有效減少人力，更能提昇作業時效及便捷民眾服務。

（七）工程規劃設計：

包括蒐集水利交通狀況資料及調查灌溉排水狀況、高程及地形測量、農水路系統規劃、檢討及歸畫圖繪製、規劃圖提請本重劃區協進會協調本縣農地重劃委員會審議及報部核備、農水路中心樁測量及釘樁、農水路縱橫斷面測量、農水路及構造物工程設計等項目，關於農水路及構造物工程設計內容如下：

1. 農路：

（1）村莊聯絡道路，面寬 7 公尺 2 條，長度 1,131 公尺。

（2）主要農路：面寬 6 公尺，9 條，長度 10,285 公尺。

（3）田間農路：面寬 5 公尺，35 條，長度 12,880 公尺。

（4）補路：面寬 4 公尺，4 條，長度 376 公尺。

2. 灌溉水路：

（1）小給線 70 條，長度 15,935 公尺。

（2）主給線 14 條，長度 6,119 公尺。

（3）支線 3 條，長度 2,473 公尺。

3. 排水路：

（1）中央排水路 99 條，長度 35,936 公尺。

（2）小排水路 6 條，長度 1,722 公尺。

（3）大排水路 1 條，長度 540 公尺。

4. 構造物：

水門工程	分水箱工程	暗渠工程	箱涵工程	版橋工程
7 座	22 座	106 座	5 座	6 座
暗渠兼渡槽工程	護欄工程	給排水及建地出入版橋	橋梁工程	紀念碑工程
4 座	3 座	1,490 座	6 座	1 座

5. 內面工及保護工：

（1）混凝土 U 型溝：全長 50,560 公尺。面積計 75,840 平方公尺。

（2）砌石保護工：全長 3,460 公尺。面積計 10,380 平方公尺。

（八）土地分配

1. 計算農水路用地負擔：本重劃區依農地重劃條例第 21 條及同條例施行

細則第 32 條規定，經計算後重劃每公頃耕地應負擔農路、水路用地面積為 0.094247 公頃，每公頃耕地應負擔抵費地面積為 0.074620 公頃，上述兩項負擔合計平均每公頃分擔比率為 16.8867%。

2. 編造土地分配卡：以農地重劃作業系統產製土地分配卡，作土地分配時之依據。

3. 實施土地交換分配：依照農地重劃條例暨施行細則有關規定處理。

4.製圖造冊：土地分配完成後，由分配人員會同測量人員編重劃後之新地號，並編造重劃前後原有土地與新分配土地對照清冊、他項權利及限制登記對照清冊、抵費地清冊、零星集中土地清冊等，並由測量員繪製 1/1000 公告圖。

（九）零星集中土地及抵費地，或工程費貸款處理情形

1. 零星集中土地及抵費地之筆數、面積及標售情形：零星集中土地及抵費地共 292 筆，分別於 99 年 10 月 20 日及 11 月 26 日辦理第 1 次公開標售（鹿洋段 187 筆，鹿崙段 105 筆），面積 28.4010 公頃。辦理第一次公開標售共計售出 84 筆，面積 11.2778 公頃，標售款計新台幣 212,111,834 元。

2. 工程費用貸款數額之計算：本重劃區農水路工程費用每公頃 942,000 元，中央負擔每公頃 400,00，其餘由土地所有權人負擔每公頃 542,000 元，農民以土地折價抵付之。本區並無申辦貸款。

3. 工程費用墊額償還：本重劃區零星集中土地及抵費地標售後，除發還土地所有權人應領差額面積地價款外，餘抵充應繳工程款。

三、費用負擔及分配面積地價差額之補償：

（一）重劃費用總金額及籌措方式：

　　本區主要農水路工程費用每公頃 942,000 元，中央負擔每公頃 400,000 元，其餘由土地所有權人負擔每公頃 542,000 元（工程設計標準每公頃 452,000 元，中央補助 400,000 元），本工程設計補助 136,000,000 元，總工程費計新臺幣 286,728,571 元，不足部分由本縣農地重劃專戶先行借支，於本區抵費地標售後歸墊，截至 99 年 12 月底已清結。

　　另外相關改善工程部分，工程設計中央訂標準每公頃 38,000 元（由中央全額補助），計補助 12,920,000 元；總工程費 15,128,892 元，不足部分由本縣農地重劃專戶先行借支，於本區抵費地標售歸墊，截至 99 年 12 月底已清結。關於重劃後每公頃耕地應負擔重劃後各項工程費之數額及抵費地面積計算方式如下：

　　1. 本重劃區各項重劃費用如下：

包總工程費+地上物補償費+土地界樁費+工程管理費+工程界樁費+社區柏油路面修護費+版橋工程費=309,576,400 元

變更設計工程費=25,000,000 元

補設農水路工程費=100,000,000 元

　　2. 每公頃耕地應負擔重劃各項工程費之數額=

$$\frac{\text{重劃各項工程費總額}-\text{政府應負擔之費用費用}}{\text{重劃後可分配耕地總面積}}$$

$$=\frac{(309,576,400+25,000,000+100,000,000)-(340\times438,200)}{219.3749}$$

$$= 1,301,828.06 \text{ 元}$$

　　每公頃耕地應負擔抵費地面積=

$$= \frac{每公頃耕地應負擔重劃後各項工程費之總額}{重劃後每公頃耕地平均價}$$

$$= \frac{1,301,828.06}{14,500,000.00}$$

$= 0.089781245$

4. 農地重劃區每公頃耕地重劃後總負擔

$=$ 　0.1134　$+$　0.0898　　$=$　0.2032 公頃

重劃前可分配面積　$=$　0.8311 公頃

0.0942　$+$　0.0746　　　$=$　0.1689

（二）分配面積差額補償金額及方式：

重劃後實際分配之土地面積超過應分配面積者就其超過部分按查定重劃地價通知繳納差額地價，重劃後實際分配面積少於應分配面積者，就其不足部分按查定重劃地價以差額地價補償發給。截至 99 年 12 月底，面積差額地價計繳入 22,744,528 元，另抵費地標售收入 212,111,774 元。

　　四、重劃前後成果比較：

重劃前後比較 項目			重劃前	重劃後	比較
土地交換分合	集中一處	戶數	314	418	+104
		%	18.47	24.58	+6.11
	分散二處	戶數	578	678	+100
		%	34	39.88	+5.88
	分散三處以上	戶數	808	604	-204
		%	47.53	35.54	-11.99
坵塊整理	耕地總坵數		719	1347	+628
	直接臨路	坵塊	612	1344	+732
		%	85.11	99.8	+15.71
	直接灌溉	坵塊	503	1266	+763
		%	69.96	93.98	+25.61
	直接排水	坵塊	589	1239	+650
		%	81.92	91.98	+25.98
原為非耕地重劃後改良為耕地（公頃）			-	7.8852	+7.8852
原為旱田重劃鬝改良為水田（公頃）			-	1.2121	+1.2121

五、重劃後預計效益：

（一）改善農業生產環境，增加生產效益。

（二）增設農路，便捷交通，提昇經營管理效益。

（三）水害之消除。

（四）投資報酬或收益：

本重劃區 340 公頃，辦理設計完成後，農水路工程費用 286,728,571 元，分別由政府補助每公頃 400,000 元，計 136,000,000 元，不足部分農民自行負擔 150,728,571 元；相關改善工程費用 15,128,892 元，政府補助每公頃 38,000 元，計 12,920,000 元，不足部分農民負擔 9,690,000 元。施工完成後將促使區內交通、灌溉及排水系統化，改善農民耕作環境，增加農民收益，充分發揮土地利用價值，其永續收益將大於投資成本。

捌、農村社區土地重劃

臺灣地區非都市土地之農業村里有 4,300 多個，由於形成之初缺乏完整妥善之規劃，長久任由自然發展的結果，導致社區道路狹窄彎曲、排水不良、公共設施嚴重不足、居住環境髒亂、生活品質欠佳。政府為縮短城鄉發展差距，改善農漁村生活環境，充分發揮農村社區整體更新功能，促進農村社區土地合理利用，改善生活環境，乃透過土地重劃方式，辦理農村社區土地重劃。（內政部，2006，3）

其次，臺灣政府於 1990 年代開始推動經濟自由化、加入世界貿易組織，農業部門在經濟結構轉型下亦需配合開放市場。為加速農業經營結構之改善，解決農民賣農地之困擾及為因應加入世界貿易組織，建立新的貿易體制以減少自由化衝擊，行政院農業委員會於 1996 年將農地管理政策透過「農業發展條例」之全面修正[72]，修正重點包括放寬耕地移轉管理、改善農業經營結構；活潑耕地租賃制度，促進農地有效利用；放寬耕地分割限制，以解決民困；其他有關農地繼承規定之修正等，將「農地農有」改為「農地農用」。（林茂雄，2000）為避免農地農用後農舍大量散村興建之弊，並達成集村興建農舍之政策目標，故透過農村社區土地重劃之方式推動。

---

[72] 農地農用的農業發展條例於 2000 年 1 月 26 日公布實施。

另一方面，行政院農業委員會（前稱中國農村復興聯合委員會及省政府農林廳）自 1975 年後，透過各階段不同年期的計畫，改善農村社區的實際環境（參見表 8-1）；其中，1982 年後的計畫實則包含農地重劃於 1981 年後的各期計畫（參見表 1-1）。2008 年之後，則以農村再生政策與計畫為主導。

行政院農業委員會曾於 1997 年推動「農村計畫法」、2003 年推動「農村建設法」之立法工作，卻因與內政部、衛生署權責競合與衝突關係而告失敗（王俊豪，2004：237）。之後，行政院經濟建設委員會又於 2007 年 6 月提出「農村改建條例」（草案），並依此於同年 10 月核定「農村改建方案」，試圖先行試辦推動農村改建工作，似有成為鄉村發展引導之契機，然因政黨輪替而告終止（林岩，2010：24-25）。「農村再生條例」（草案）於 2008 年 3 月提出第一版法案內容，然在立法過程中為取得各方的共識（林岩，2010：3-6），將原草案中擬規範的農村規劃與整合型農地整備刪除，使得 2010 年 8 月公布施行之「農村再生條例」[73]，實質內容為一缺乏計畫規範與整理地籍工具的農村建設計畫（謝靜琪，2014）。

農村再生之由下而上、計畫導向、社區自治及軟硬兼施的四項推動策略中，由上而下及社區自治的觀念與做法，實承襲社區總體營造之成果（謝靜琪，2014），然策略中設計了農村再生計畫[74]以呈現農村居民對其社區的發展願

---

[73] 農村再生條例第 1 條規定，為促進農村永續發展及農村活化再生，改善基礎生產條件，維護農村生態及文化，提升生活品質，建設富麗新農村，特制定本條例。

[74] 農村再生計畫是由農村社區內之在地組織及團體，依據社區居民需要所研提之農村永續發展及活化再生計畫。農村社區之活化再生必須以現有農村社區為計畫範圍，提供現有農村聚落之更新與扶助，經由「培根計畫」之訓練擬訂農村再生計畫，其內容不僅是硬體建設改善，更需兼顧農村特質之維護，如實施結合農業生產、產業文化、自然生態及閒置空間再利用，配合整體規劃建設，建設兼具現代生活品質及傳統特質之農村，以達建設富麗新農村之目標。（謝靜琪，2011）。

景，以引導年度農村再生計畫之實質建設投資。

表 8-1　臺灣農村規劃及建設相關計畫綜理表

計畫名稱	實施期間	計畫內容	主辦機關
農村綜合發展示範村計畫	1975-1979	• 擴大農場經營規模 • 農事、四健、家政三部門聯合輔導 • 生產、生活環境改善	農復會、農林廳
現代化農村發展計畫	1979-1984	• 農村領導人才培育 • 農民心理建設 • 農村生活環境改善 • 農業生產設施改善	農發會、農林廳
	1980-1983	• 基層小型工程建設	民政廳
	1989-1991	• 農宅及農村環境改善計畫 • 社區發展計畫 • 農漁村社區更新 • 鄉土旅遊計畫 • 偏遠地區居民生活改善 • 均衡地方發展方案	臺灣省政府
農村住宅改善五年計畫方案	1982-1985	• 農村住宅新建貸款 • 農村住宅整建貸款 • 補助低收入農戶整修 • 農村住宅改善示範	農委會、農林廳、住都處
農村住宅及農村社區環境改善計畫	1985-1991	• 農村住宅改善（含新建、整建、補助低收入戶整建） • 農村住宅周邊環境改善（巷道、排水溝、環境美化、綠化等小型工程）	農委會、住都局
農村社區更新計畫	1987-1991	• 農村社區地籍重整交換分合 • 公共設施規劃建設 • 住宅整建	農委會、地政處
改善農村社區環境實施計畫	1991-1997	• 農村綜合發展規劃及建設 • 農村社區更新規劃及建設 • 農民住宅輔建 • 農村社區實質環境改善	農委會、農林廳、水土保持局、漁業局、農業改良場、地政處、原民會
建設富麗農村計畫	1998-2000	• 農村綜合發展規劃及建設 • 農村社區更新規劃及建設 • 農民住宅輔建 • 農村社區實質環境改善 • 原住民地區農村綜合發展建設 • 發展農漁業文化 • 發展休閒及都市農業	一、精省前 農委會、農林廳、水土保持局、漁業局、農業改良場、地政處、原民會 二、精省後 農委會、漁業署、農委會中部辦公室、水土保持局、內政部中

計畫名稱	實施期間	計畫內容	主辦機關
			部辦公室、農業改良場
農村新風貌計畫	2001-2004	• 農村聚落重建 • 改善農村生活環境 • 協助建構農村新生活圈 • 塑造農村聚落綠色建築特色	農委會、農委會中部辦公室、水土保持局、內政部中部辦公室
鄉村新風貌計畫	2005-2008	• 營造農漁村新風貌 • 發展休閒農業 • 促進重建區振興 • 深化鄉村培力	農委會、水土保持局、漁業署

資料來源：湯曉虞，2008：20-21

　　然農村再生計畫的願景與年度農村再生計畫間，仍缺乏土地使用計畫與管制的引導，恐仍無法改善或解決農村土地利用失序之問題。因此，雖然國家發展委員會建議農村社區土地重劃計畫與農村再生計畫結合辦理，內政部土地重劃工程處亦在 2012 年 7 月 3 日與行政院農業委員會研商將二計畫結合辦理的作業配合方式（內政部，2012；行政院農業委員會，2012），然實際推動的成效仍有待觀察。

一、農村社區土地重劃之實施時機與規劃原則

（一）實施時機

　　直轄市或縣（市）主管機關因下列情形之一者，得報請中央主管機關核定辦理農村社區土地重劃：（農村社區土地重劃條例第五條第一項）

1. 促進農村社區土地合理利用需要。

2. 實施農村社區更新需要。

3. 配合區域整體發展需要。

4. 配合遭受地震、水災、風災、火災或其他重大事變損壞之災區重建需

要[75]。

　　然而，農村社區除依第一章農村社區定義認定外，在實務上，如臺中縣蔗廍自辦農村社區不被核准的原因，是社區範圍內之土地，大都為農牧用地，現場又大都為閒置空間，並無聚落建物之型態，並且查無以農耕為主要生產功能或生計方式的社區，與農村社區聚落之意義相去甚遠。再如大里市夏田自辦農村社區土地重劃案被核准之原因，是其建物型態及聚落型式符合農村社區之定義，即社區內建物主要以斜屋頂式紅磚一樓式建物為主，或呈現三合院建物聚落型態。第三例之臺中縣潭子鄉新興自辦農村社區土地重劃案，核准後又被撤銷之原因，是農村社區內甲種建築用地距離現有聚落已逾二十公尺以上。

（二）規劃原則

　　再者，因農村社區多位於非都市土地範圍，若擬從事農村社區土地重劃，必須先提先期規劃，以經過區域計畫的土地使用變更程序，即開發許可制下的土地使用變更程序，讓農村社區的土地使用計畫合於計畫管制規範。農村社區土地重劃先期規劃之作業流程，請參見圖8-1。

　　除此之外，辦理農村社區土地重劃先期規劃，應結合社區參與，深入瞭解社區居民之需求，充分利用當地人文資源，整合生態、景觀、生活、產業發展與社區文化等元素，參酌社區居民意願及尊重專家學者之意見，建構社區發展願景，建設兼有產業、人文、自然生態及地方特色之農村社區。（農村社區土地重劃規劃原則第二點）

　　又為了保存農村風貌、建構農村優質生活、生產、生態及生命四生共榮之

---

[75]　此項重劃，得由直轄市或縣（市）主管機關於災區內、外擇適當土地併同報核。必要時，亦得由中央主管機關逕行決定辦理。（農村社區土地重劃條例第五條第二項）

居住環境,規劃時應提出下列願景:1. 建構優質生活環境。2. 發展當地農特產業。3. 發揚民俗文化活動。4. 重視原有聚落紋理、景觀及生態保育。5. 營造永續社區發展環境。(農村社區土地重劃規劃原則第三點)其次,須於社區內適當地點,結合社區總體營造,形塑彰顯當地農村特色及精神之識別意象,對內凝聚社區意識,使社區居民有認同與尊榮感,對外以特色意象,彰顯社區風貌及精神。(農村社區土地重劃規劃原則第五點)

　　在農村社區建築用地的配置上,亦規範了下列三項原則:1. 評估原有農村風貌、聚落主軸,考量其原有紋理(如三角窗、穿堂、三合院及曬穀埕)、既成步道等因素,配置建築用地。2. 重劃前之建築物,規劃時儘量配合維持現狀不予拆除。3. 重劃規劃後其各宗土地均應面臨道路或可指定建築線,並符合建築法令相關規定,屬山坡地者,應依山坡地建築管理辦法等規定辦理。(農村社區土地重劃規劃原則第十一點)

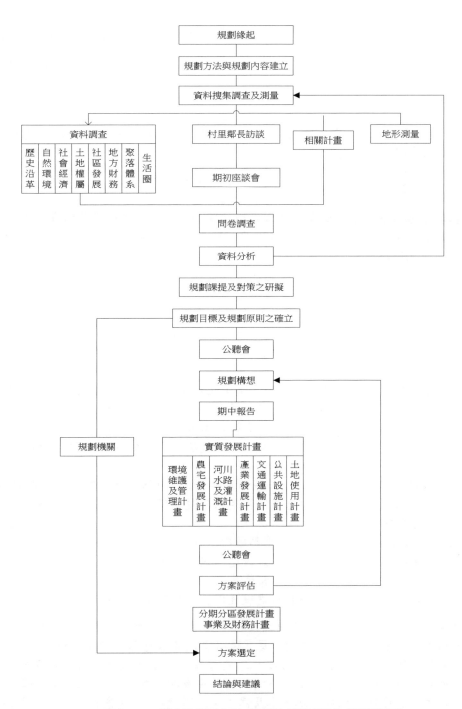

圖 8-1　農村社區土地重劃先期規劃作業流程圖

在農村社區公共設施用地之規劃上，規範了公共設施、公用設備用地比例[76]，道路交通系統[77]，溝渠[78]，電信、電力[79]，照明設備[80]，下水道[81]，公園、廣

---

[76] 公共設施、公用設備用地比例不得低於開發總面積百分之二十五。（農村社區土地重劃規劃原則第十二點）

[77] 道路交通系統之規劃原則：（農村社區土地重劃規劃原則第十二點）
1. 基地開發不得阻絕相鄰地區原有通行之功能。
2. 基地聯絡道路，應至少有獨立二條通往聯外道路，其中一條其路寬至少八公尺以上，另一條可為緊急通路且寬度應能容納消防車之通行。
3. 基地內之道路應順沿自然地形地貌。
4. 應考量利用既有道路，並儘量避開既有建物、特殊地景或老樹等。
5. 社區主要及聯外道路路側儘量規劃綠（美）化植栽及設置停車空間，如規劃僅供自行車或行人行走者，於入口處儘量設置植栽路障，以策安全。
6. 社區主要、聯外道路及區內道路綠（美）化與綠色廊道之植栽，其現有植栽應儘量保留並採用當地樹種、植物資源，以塑造當地農村景觀風貌，維護社區自然生態。
7. 為改善農村社區之生活環境及綠（美）化道路，社區內道路儘量配合社區景觀、建築及地形地貌規劃，對舊聚落房屋密集區，得在符合建築、安全、防災之前提下，維持舊有農村風貌，不宜採棋盤式規劃，並於必要時規劃人行步道；道路應儘量施設綠色廊道並植栽，其植栽位置得不對稱，且不設置植栽槽或花台等。
8. 為維護社區居民安寧與安全，社區內主要、聯外道路儘量規劃於社區外圍，並不得規劃為貫穿性道路；原有貫穿性道路於規劃時，儘量調整於社區外圍或降低其貫穿功能。
9. 儘量避免因道路之規劃，致使重劃區內、外建築用地產生路沖現象。
10. 社區內非供車輛通行之道路應鋪設透水鋪面（如碎石級配、植草磚、石版），以增加地下水滲透量，涵養水資源。
11. 應考量生物生存空間，必要時應設置供生物移動穿越之廊道。

[78] 溝渠之規劃原則：1. 為方便重劃後之基地建築使用及住戶出入，以採用U型溝加蓋為原則。但如配合農村社區、道路景觀及水資源利用或具親水性者，應採兼具生態保護之適宜工法為之。2. 為維護農業生產環境，對於過境或改道之灌溉水路，仍應配合其上、下游斷面及原有功能加以規劃。3. 排水路應採近自然工法規劃，以補注地下水及保護生態環境功能。（農村社區土地重劃規劃原則第十二點）

場、綠地（帶）[82]，社區中心[83]及停車場[84]等設施、設備的規劃、設置原則，期

---

[79]　電信電力之規劃原則：地面上之管線、電力控制箱等應儘量規劃於公共設施用地或人行步道上並予綠（美）化。（農村社區土地重劃規劃原則第十二點）

[80]　照明設備之規劃原則：1. 照明設備之造型，應儘量配合當地農村景觀風貌。2. 照明設備之配置，考量交通安全以設置於道路交叉路口為原則。3. 照明設備儘量架設於道路側溝上，以減少使用實際道路用地。（農村社區土地重劃規劃原則第十二點）

[81]　下水道之規劃原則：1. 應依下水道法相關規定規劃。2. 雨水下水道：應具備社區匯排雨水功能及安全性；另為兼顧雨水資源再利用，其流末出口在不影響人工濕地淨化功能下，得與其相結合。3. 污水下水道：生活污廢水如可納入鄰近地區污水處理系統且可接管處理者，得免規劃設置污水處理設施及用地。其開發或建築案，人口達下水道法施行細則第四條規定之新開發社區規模時，依規定設置專用下水道，地方政府並應確定其營運期間之操作、維護管理權責與經費來源；另為兼顧生態環境，儘量採用人工濕地自然淨化生態工程技術，並得結合公園、綠地等設施用地併同規劃。（農村社區土地重劃規劃原則第十二點）

[82]　公園、廣場、綠地之規劃原則：（農村社區土地重劃規劃原則第十二點）
1. 於基地季節風迎風面規劃設置防風林帶者，其寬度比照緩衝綠帶標準，並得配合緩衝綠帶設置。
2. 規劃內容應配合地方景觀特色及需求，並兼顧經濟、實用及安全性，以利後續管理維護。
3. 為增加地下水滲透量，涵養水資源，鋪面應採透水鋪面並具安全性。
4. 應儘量採用與農村環境維持自然和諧之環保材質、材料，並具備安全性。
5. 公園之位置儘量與社區中心、廟宇、教堂等結合，並少用混凝土及人工構造物。
6. 為提升綠覆率，增加綠地面積，公園、廣場、綠地、綠（美）化空間規劃宜形成連結設施，其高程儘量低於四週建築基地，以具貯留滲透水池功能，降低四週建築物淹水機率。並儘量規劃具防災、救災、緊急指揮中心等功能之設施。

[83]　社區中心之規劃原則：1. 為利社區意識之形成，應設置於基地內主要道路上且距離各住宅單元或鄰里單元五百公尺之步行半徑範圍內，作為社區商業、圖書、集會、交誼、康樂、醫療保健及其他公共設施或必要性服務設施之使用。
2. 為保存舊有建物或古蹟，規劃時應儘量與社區歷史紋理、信仰結合，將其

望形塑農村社區的特色風貌。

二、農村社區土地重劃之實施方式

（一）政府主動辦理

　　直轄市或縣（市）主管機關依規定選定重劃區後，先徵詢農村社區更新協進會之意見，辦理規劃，依規劃結果擬訂重劃計畫書、圖，並邀集土地所有權人及有關人士等舉辦聽證會，修正重劃計畫書、圖，經徵得區內私有土地所有權人過半數，而其所有土地面積超過區內私有土地總面積半數之同意，報經中央主管機關核定後，於重劃區所在地鄉（鎮、市、區）公所之適當處所公告三十日；公告期滿實施之。（農村社區土地重劃條例第六條）

（二）政府優先辦理

　　農村社區內私有土地符合實施時機之四項情形之一者，經土地所有權人過半數，而其所有土地面積超過區內私有土地總面積半數之同意，得由土地所有權人申請該管直轄市或縣（市）主管機關核准後，優先辦理農村社區土地重劃。（農村社區土地重劃條例第七條）

（三）地主自行辦理

　　為促進土地利用，擴大辦理農村社區土地重劃，得由土地所有權人自行組

規劃作為相關社區活動中心之再利用。（農村社區土地重劃規劃原則第十二點）

[84]　停車場之規劃原則：1. 為落實人車分道，維持農村社區寧靜生活環境，提高生活品質理念，應儘量設置於社區入口或周圍。2. 儘量規劃為滲水式鋪面，並予植栽綠（美）化。（農村社區土地重劃規劃原則第十二點）

成重劃會辦理農村社區土地重劃；有關之籌備作業、重劃會組織、重劃申辦程序、重劃業務、准駁條件、監督管理、獎勵、違反法令之處分及其他應遵行事項之辦理，由中央主管機關定之。前項獎勵事項如下：

1. 給予低利之重劃貸款。

2. 免收或減收地籍整理規費及換發權利書狀費用。

3. 優先興建重劃區及其相關地區之公共設施。

4. 免徵或減徵地價稅與田賦。

5. 其他有助於農村社區土地重劃之推行事項。

　　重劃會辦理農村社區土地重劃時，應經重劃區內私有土地所有權人合計超過二分之一，且其所有面積合計超過私有土地面積二分之一者之同意，就重劃區全部土地辦理重劃，並經該管直轄市或縣（市）主管機關核准後實施。（農村社區土地重劃條例第九條）

三、農村社區土地重劃之實施程序

　　農村社區土地重劃在經由法定的勘選程序，依重劃範圍的勘選原則、評估事項，擬定重劃計畫書內容，並且在報請主管機關核定並公告後，即進行農村社區土地重劃的開發作業。

（一）、重劃範圍之勘選程序：

1. 主管單位

　　直轄市或縣（市）主管機關依規定勘選後，應檢附擬辦重劃區範圍圖及勘選報告表，報經中央主管機關核定之。（農村社區土地重劃條例第四條）

　　其次，主管機關在中央為內政部，在直轄市為直轄市政府，在縣（市）為縣（市）政府。（農村社區土地重劃條例第二條）

2. 公告禁止事項

　　直轄市或縣（市）主管機關於農村社區土地重劃計畫書、圖公告時，得同時公告於一定期限內禁止該重劃區內建築改良物之新建、增建、改建及採取土石或變更地形。但禁止期間，不得超過一年六個月；並且公告禁止事項，無須徵詢土地及建築改良物所有權人之意見。（農村社區土地重劃條例第八條）

（二）重劃範圍之勘選原則

　　直轄市或縣（市）主管機關依規定勘選重劃區時，應就下列原則評估選定：（農村社區土地重劃條例施行細則第三條）

1. 明顯之地形、地物界線。

2. 社區人口及建地需求量。

3. 土地使用狀況。

4. 因區域整體發展或增加公共設施之需要。

5. 土地所有權人意願。

6. 財務計畫。

7. 其他特殊需要。

（三）重劃計畫書之內容

　　農村社區土地重劃計畫書、圖，其內容應包括下列事項：（農村社區土地重劃條例施行細則第五條）

1. 重劃區名稱及其範圍。

2. 法律依據。

3. 辦理重劃原因及預期效益。

4. 重劃區內公、私有土地筆數、面積、土地所有權人總數與非都市土地使用分區及使用地編定類別明細表。

5. 同意辦理重劃之土地所有權人總數及其所有土地總面積。

6. 重劃區內原公有道路、溝渠、河川及未登記土地筆數、面積。

7. 重劃區內古蹟保存、生態保育及國土保安用地等筆數、面積。

8. 重劃區擬調整鄉村區、農村聚落與原住民聚落界線，變更為建地使用之面積及其理由。

9. 預估行政業務費、規劃設計費及工程費之金額。

10. 預估重劃公共設施用地負擔：包括土地所有權人共同負擔之公共設施用地項目、面積及平均負擔比率。其計算式如下：

重劃公共設施用地平均負擔比率=

$$\frac{\text{公共設施用地負擔總面積－重劃前原公有道路、溝渠、河川及未登記地面積}}{\text{重劃區總面積－重劃前原公有道路、溝渠、河川及未登記地面積}}$$

11. 預估重劃費用負擔：包括土地所有權人共同負擔工程費、拆遷補償費總額、貸款利息總額及平均負擔比率。其計算式如下：

重劃費用平均負擔比率=

$$\frac{\text{土地所有權人共同負擔工程費用總額＋拆遷補償費用總額＋貸款利息總額}}{\text{重劃後平均地價x（重劃區總面積－重劃前原公有道路、溝渠、河川及未登記地面積）}}$$

12. 預估重劃土地所有權人平均負擔比率。其計算式如下：

重劃土地所有權人平均負擔比率＝

重劃公共設施用地平均負擔比率＋重劃費用平均負擔比率

13. 重劃區內原有建築用地重劃負擔減輕之原則。

14. 財務計畫：包括資金需求總額、貸款及償還計畫。

15. 預定重劃工作進度。

16. 重劃區範圍圖：於地籍圖上以圖例標明重劃區界址及其四至。

17. 重劃區規劃圖及地籍套繪圖。

18. 其他經直轄市或縣（市）主管機關指定之事項。

　　重劃區土地依水土保持法、山坡地保育利用條例或環境影響評估法及其相關規定，應實施水土保持或環境影響評估者，並應檢附水土保持或環境影響評估等相關書件。

四、農村社區土地重劃之負擔

　　農村社區土地重劃之負擔類似市地重劃，然而公共設施的類型則為滿足農村社區所需，不同於都市的公共設施；至於重劃費用中之行政業務費、規劃設計費及部分工程費用則由政府負擔，即重劃費用並非全部由土地所有權人共同負擔。農村社區土地重劃仍須考量財務平衡，以及各宗土地在重劃前後作等價交換的原則，並且在土地所有權人以折價抵付共同負擔之土地，合計面積不超過各該重劃區總面積 35%的限制條件下，計算全區之重劃總平均負擔比率，及各宗土地重劃後應分配之面積。

（一）農村社區土地重劃負擔之方式與比例

重劃區內規劃之道路、溝渠、電信電力地下化、下水道、廣場、活動中心、綠地及重劃區內土地所有權人認為為達現代化生活機能必要之其他公共設施用地，除以原公有道路、溝渠、河川及未登記土地等四項土地抵充外，其不足土地及拆遷補償費與貸款利息，由參加重劃土地所有權人按其土地受益比例共同負擔。土地所有權人之負擔，以重劃區內未建築土地按評定重劃後地價折價抵付。如無未建築土地者，改以現金繳納。（農村社區土地重劃條例第十一條第二及三項）

此折價抵付共同負擔之土地，其合計面積以不超過各該重劃區總面積百分之三十五為限。但經過重劃區內私有土地所有權人過半數，而其所有土地面積超過區內私有土地總面積半數之同意者，不在此限。重劃區內重劃前經編定為建築用地以外之土地，應提供負擔至少百分之四十土地，其超過百分之三十五的部分，可訂定底價公開標售，並得按底價讓售為國民住宅用地、公共事業用地或行政院專案核准所需用地（農村社區土地重劃條例第十一條第四及五項）

辦理農村社區土地重劃時，其行政業務費及規劃設計費由政府負擔；工程費用由政府與土地所有權人分擔，其分擔之比例由行政院定之。（農村社區土地重劃條例第十一條第一項）

簡言之，參與農村社區土地重劃的土地所有權人是以抵費地或現金支付重劃之共同負擔，並且受 35% 之上限規範。

（二）農村社區土地重劃負擔之項目

農村社區土地重劃的共同負擔項目分為公共設施用地負擔及重劃費用負擔二項，分述如下。

1. 公共設施用地負擔

重劃區內之道路、溝渠、電信電力地下化、下水道、廣場、活動中心、綠地等七項用地及重劃區內土地所有權人認為為達現代化生活機能必要之其他公共設施用地,扣除重劃區內原公有道路、溝渠、河川及未登記土地等四項土地後,由參加重劃土地所有權人按其土地受益比例所算之負擔。(農村社區土地重劃條例施行細則第十一條第一項第一款)

2. 重劃費用負擔

指工程費扣除由政府分擔之部分、拆遷補償費與貸款利息,由參加重劃土地所有權人按其土地受益比例,依評定重劃後地價折價抵付之負擔。(農村社區土地重劃條例施行細則第十一條第一項第二款)

由政府與土地所有權人分擔之工程費用,項目包括施工費、材料費、區域性整地費、界標設置費、工程管理費用及應徵之空氣污染防制費。(農村社區土地重劃施行細則第十一條第三項)

以農村社區土地重劃示範計畫為例,政府負擔所需經費由內政部中長程施政計畫經費項下支應。各年度辦理先期規劃、非都市土地開發許可(含地質鑽探、環境影響評估及水土保持計畫書圖)及重劃建設地區的經費,2001 年至 2004 年實際支用經費為 114,576,000 元,2005 年至 2013 年編列的預算經費為 2,722,826,000 元。(參見表 8-2)

2005-2008 年的預算編列原則是,以每一社區面積平均 7.5 公頃計算。先期規劃費每區 120 萬元,非都市土地開發許可之開發計畫書圖每區 400 萬元,所需辦理經費—獎補助費,包括辦理先期規劃、非都市土地開發許可(含地質鑽探、環境影響評估及水土保持計畫書圖)、重劃建設工程費、測量及地籍整理作業費等。補助費依各縣市政府業務情況,酌予調配補助。(內政部,2004)

農村社區土地重劃基本設施工程費，由政府負擔90%，土地所有權人負擔10%。其中由政府負擔90%部分，再依中央對直轄市及縣（市）政府補助辦法規定，財力級次屬第一級者，由中央政府負擔76.5%，地方政府負擔13.5%。財力級次屬第二級者，由中央政府負擔81%，地方政府負擔9%。財力級次屬第三級者，由中央政府負擔85.5%，地方政府負擔4.5%辦理。

表8-2　農村社區土地重劃2001至2004年執行經費與2005至2013年預算經費表

單位：千元

		業務費	獎勵補助	先期規劃	工程設計	非都市土地開發許可	重劃建設工程	測量及地籍整理作業	小計
執行經費	2001	0	0	—	—	—	—	—	0
	2002	972	99,000	—	—	—	—	—	99,972
	2003	804	4,800	—	—	—	—	—	5,604
	2004	0	9,000	—	—	—	—	—	9,000
	2001-2004 小計	1,776	112,800	0	0	0	0	0	114,576
預算經費	2005	—	116,100	9,600	—	28,300	77,000	1,200	232,200
	2006	—	375,024	6,000	—	20,000	346,024	3,000	750,048
	2007	—	235,300	6,000	—	16,000	211,500	1,800	470,600
	2008	—	159,000	4,800	—	12,000	141,000	1,200	318,000
	2009	—	67,000	—	4,700	23,100	39,200		134,000
	2010	—	149,150		11,500		136,150	1,500	298,300
	2011	—	127,264	6,672	1,200		117,592	1,800	254,528
	2012	—	92,000	4,817		5,940	80,743	500	184,000
	2013	—	40,575	8,575	2,468	8,600	20,532	400	81,150
	2005-2013 小計	0	1,361,413	46,464	19,868	113,940	1,169,741	11,400	2,722,826

資料來源：內政部地政司（2013），土地重劃統計資料

五、農村社區土地重劃之土地分配與設計原則

　　各宗土地參與農村社區土地重劃後可分配之面積，亦是由 G 式計算而得，然而此 G 式不同於市地重劃之 G 式。計算出各宗土地之重劃後面積，即依土地分配之設計原則將各宗土地配置於地籍圖上。分述如下。

（一）各宗土地分配面積之計算

　　依現行法規之規定，各宗土地分配面積之總計算式如下（農村社區土地重劃施行細則第十九條附件二）。

$$G = a \times (1 - A \times B) \times (1 - C)$$

符號說明：

G：各宗土地重劃後應分配之面積

a：參加重劃前原有之宗地面積，如重劃後非以原有街廓分配時，應先計算預計分配街廓之重劃前宗地面積（a´）＝

$$\frac{a \times 原位置之重劃前宗地單價}{預計分配街廓之重劃前宗地平均單價}$$

A：重劃前後宗地地價之上漲率

重劃前後宗地地價上漲率（A 值）＝

$$\frac{重劃後宗地地價}{重劃前宗地地價}$$

B：重劃區公共設施用地負擔係數

重劃區公共設施用地負擔係數（B 值）＝

$$\frac{（公共設施用地負擔總面積－重劃前原公有道路、溝渠、河川及未登記地總面積）×重劃前平均地價}{（重劃區總面積－重劃前原公有道路、溝渠、河川及未登記土地總面積）×重劃後平均地價}$$

C：重劃費用負擔係數

重劃費用負擔係數（C 值）＝

$$\frac{土地所有權人共同負擔工程費總額＋拆遷補償費總額＋貸款利息總額}{（重劃區總面積－公共設施用地負擔總面積）×重劃後平均地價}$$

　　如同市地重劃，雖然法規規範了重劃前與重劃後地價之查估方法[85]，而且重劃前、後查估之地價，須提請地價評議委員會評定，然而在實務作業上，首先依土地所有權人須抵付之抵費地比率，反推地價能否調漲 1.6 倍以上，作為評估特定重劃區能否得以推動之判斷基礎。至於重劃後查估之地價與市價水準差距愈大，則愈有利於未來抵費地之標售。簡言之，重劃前、後平均地價[86]主要的作用僅是做為調整分配各宗土地應負擔之公共設施面積比率及重劃費用比率。至於重劃完成後的土地公告現值與公告地價，將依相關規定重新查估，與重劃後之平均地價並無關係。

（二）分配設計原則

---

[85]　直轄市或縣（市）主管機關應於辦理重劃時調查各宗土地之位置、交通及利用情形，並斟酌重劃後各宗土地利用價值，相互比較估計重劃前後地價，提經地價評議委員會評定後，作為計算公共設施用地負擔、費用負擔、土地交換分配及變通補償之標準。（農村社區土重劃條例第十條）

[86]　重劃後平均地價尚有作為訂定抵費地標售底價的定價作用。

重劃後土地分配之位置，以按重劃前原有土地相關位次分配為準，其調整分配方法如下：（農村社區土地重劃條例第十八條）

1. 土地原位次分配之原則

重劃前土地已有建築物，且不妨礙重劃計畫及土地分配者，按其原有位置分配。然而，重劃前土地位於重劃計畫之公共設施用地者，其分配位置由主管機關視土地分配情形調整之。

2. 最小分配面積標準之原則

最小分配面積標準，由直轄市或縣（市）主管機關視土地使用情況及分配需要，於規劃設計時定之。但不得小於畸零地使用規則規定之寬度、深度及面積。

同一土地所有權人在重劃區內有數宗土地，其每宗土地應分配之面積均已達最小分配面積標準者，應逐宗個別分配；其未達最小分配面積標準者，得以應分配之面積較大者集中合併分配。

同一土地所有權人在重劃區內所有土地應分配之面積，未達或合併後仍未達最小分配面積標準二分之一者，除通知土地所有權人申請與其他土地所有權人合併分配者外，應以現金補償之[87]；其已達最小分配面積標準二分之一者[88]，

---

[87] 土地所有權人重劃後應分配之土地面積，未達重劃區最小分配面積標準二分之一而不能分配土地時，直轄市或縣（市）主管機關應於重劃分配結果確定之次日起六十日內，以其重劃前原有面積，按原位置評定重劃後地價，發給現金補償。但重劃範圍勘定後，土地所有權人非因繼承或強制執行而申請分割土地，致應分配土地面積未達重劃區最小分配面積標準二分之一者，以其重劃前原有面積，按原位置評定重劃前地價，發給現金補償。（農地重劃條例施行細則第二二條第一項）

[88] 土地所有權人重劃後應分配土地面積，已達重劃區最小分配面積標準二分

得於重劃後深度較淺或地價較低之土地按最小分配面積標準分配之。

3. 共有土地分配原則

分別共有土地,經共有人過半數及其應有部分合計過半數之同意,且其應有部分計算之應分配面積已達最小分配面積標準者,得分配為單獨所有。但應有部分合計逾三分之二者,其人數不予計算。

重劃後實際分配之土地面積多於應分配之面積者,直轄市或縣(市)主管機關應於重劃土地接管後三十日內通知土地所有權人,就其超過部分按評定重劃後地價,限期繳納差額地價;屆期未繳納者,依法移送強制執行。重劃後實際分配之土地面積少於應分配之面積者,直轄市或縣(市)主管機關應於重劃土地接管後三十日內通知土地所有權人,就不足部分,按評定重劃後地價,發給差額地價補償;屆期未領取者,依法提存。(農村社區土地重劃條例施行細則第二四條)

六、農村社區土地重劃抵費地之處理

抵費地扣除共同負擔公共設施用地後之土地,應訂定底價[89]公開標售[90],

之一而未達最小分配面積標準者,經直轄市或縣(市)主管機關按最小分配面積標準分配後,如申請放棄分配土地而改領現金補償時,應以其應分配權利面積,按重劃後分配位置之評定重劃後地價,予以計算補償。(農地重劃條例施行細則第二二條第二項)

[89]　所定底價不得低於各宗土地評定重劃後地價。(農村社區土地重劃條例第二十九條第四項)

[90]　標售及讓售不受土地法第二十五條之限制。(農村社區土地重劃條例第二十九條第三項)

並得按底價讓售為國民住宅用地、公共事業用地或行政院專案核准所需用地。抵費地公開標售時，經農村社區更新協進會決定，得賦予重劃區內土地所有權人或該重劃核定時已設籍者，有依同樣條件優先購買之權。(農村社區土地重劃條例第二十九條第一及二項)

七、農村社區土地重劃案例說明

　　農村社區土地重劃自 1980 年代推展自今，計有 146 地區提出先期規劃(參見表 8-3)，並已完成 56 區的土地重劃建設工作（參見表 8-4）。為進一步了解農村社區土地重劃之實際操作內容，以花蓮縣富里鄉羅山農村社區、屬於災後重建計畫的南投縣草屯鎮番子田農村社區為重劃成果較佳的社區及苗栗縣竹南鎮竹圍自辦農村社區土地重劃區。分述三則案例如後。

表 8-3　農村社區土地重劃先期規劃地區一覽表

年度	縣市別	鄉鎮別	社區名稱	面積(ha)	累計面積
76	桃園縣	觀音鄉	塔腳	3.2083	15.5535
	臺中縣	大安鄉	松雅	5.5161	
	雲林縣	土庫鎮	溪埔寮	6.8291	
小計	3 區			15.5535	
77	新竹市	香山區	富山	3.2484	32.3098
	臺南縣	新化鎮	礁坑	2.1277	
	臺東縣	成功鎮	三仙	11.3802	
小計	3 區			16.7563	
80	宜蘭縣	壯圍鄉	大福	15.5596	120.3813
	苗栗縣	苑裡鎮	山柑	7.8790	
	苗栗縣	三灣鄉	內灣	10.3051	
	雲林縣	虎尾鎮	竹圍子	9.6916	
	臺南縣	柳營鄉	新厝	6.5121	
	屏東縣	獅子鄉	南世	7.3984	
	花蓮縣	壽豐鄉	月眉	7.4496	
	臺東縣	鹿野鄉	瑞源	12.5461	
	澎湖縣	湖西鄉	龍門	10.7300	
小計	9 區			88.0715	
81	花蓮縣	新城鄉	康樂	8.3000	215.3813
	臺中縣	霧峰鄉	南柳	1.3000	
	南投縣	草屯鎮	北勢湳	2.6000	
	雲林縣	四湖鄉	廣溝	21.2000	
	雲林縣	土庫鎮	興新	9.0000	
	雲林縣	崙背鄉	舊庄	9.1000	
	嘉義縣	水上鄉	頂塗溝	3.2000	
	嘉義縣	義竹鄉	五厝	24.0000	
	臺南縣	白河鎮	河東	4.0000	
	臺南縣	安定鄉	中榮	8.0000	
	高雄縣	岡山鎮	白米	4.3000	
小計	11 區			95.0000	

資料來源：內政部地政司（2013），土地重劃統計資料

表 8-3　農村社區土地重劃先期規劃地區一覽表—續 1

年度	縣市別	鄉鎮別	社區名稱	面積(ha)	累計面積
82	臺東縣	東河鄉	隆昌	8.5385	291.3255
	臺東縣	關山鎮	德高	11.0378	
	南投縣	草屯鎮	溝仔墘	3.7669	
	雲林縣	臺西鄉	五榔	14.1070	
	嘉義縣	民雄鄉	福興	13.6613	
	臺南縣	六甲鄉	龜港	6.4164	
	高雄縣	旗山鎮	北勢	5.5000	
	臺中縣	外埔鄉	大東	6.3363	
	新竹市	香山區	港南	6.5800	
小計	9 區			75.9442	
82	臺南縣	七股鄉	篤加	26.0000	415.6185
	嘉義縣	布袋鎮	好美	6.2930	
	嘉義縣	義竹鄉	官和	30.0000	
	雲林縣	四湖鄉	三條崙	46.5000	
	雲林縣	麥寮鄉	後安	15.5000	
小計	5 區			124.2930	
83	臺南縣	白河鎮	昇安	6.0000	598.7377
	南投縣	草屯鎮	下埔	5.2987	
	雲林縣	褒忠鄉	馬鳴	22.2500	
	雲林縣	東勢鄉	月眉	33.9890	
	雲林縣	口湖鄉	蘇水尾	5.8505	
	花蓮縣	瑞穗鄉	掃叭頂	10.5790	
	桃園縣	觀音鄉	武威	14.6642	
	桃園縣	龍潭鄉	橫岡下	15.3138	
	嘉義縣	水上鄉	頂過溝	10.5000	
	嘉義縣	溪口鄉	下崙	11.7000	
	新竹市	香山區	浸水	10.4340	
	高雄縣	燕巢鄉	千秋寮	7.0000	
	高雄縣	內門鄉	中埔	10.0600	
	臺中縣	和平鄉	武陵	19.4800	
小計	14 區			183.1192	

資料來源：內政部地政司（2013），土地重劃統計資料

表 8-3　農村社區土地重劃先期規劃地區一覽表—續 2

年度	縣市別	鄉鎮別	社區名稱	面積(ha)	累計面積
84	臺南縣	玉井鄉	口宵里	14.4551	668.8603
	雲林縣	林內鄉	烏塗	8.0000	
	嘉義縣	阿里山鄉	樂野	6.8000	
	宜蘭縣	三星鄉	大隱	7.8037	
	花蓮縣	富里鄉	學田	8.0638	
	苗栗縣	後龍鎮	水尾	15.0000	
	新竹縣	新豐鄉	紅毛	10.0000	
小計		7 區		70.1226	
85	嘉義縣	民雄鄉	寮頂	22.0000	756.0134
	嘉義縣	東石鄉	港墘厝	15.0000	
	嘉義縣	太保市	瓦厝	8.0000	
	雲林縣	口湖鄉	拔拉腳	6.3000	
	雲林縣	大埤鄉	嘉興	19.0000	
	雲林縣	北港鎮	西湖	5.0000	
	新竹市	香山區	茄冬	5.5631	
	臺中縣	新社鄉	復盛	6.2900	
小計		8 區		87.1531	
86	宜蘭縣	冬山鄉	梅花	7.0060	803.5532
	苗栗縣	頭屋鄉	象山	13.8375	
	苗栗縣	西湖鄉	湖東	5.8963	
	嘉義縣	阿里山鄉	來吉	5.6100	
	嘉義縣	溪口鄉	潭肚寮	15.1900	
小計		5 區		47.5398	
87	臺南縣	白河鎮	莿桐崎	5.6510	809.2042
小計		1 區		5.6510	
88	雲林縣	四湖鄉	下鹿場	12.0000	879.1045
	雲林縣	元長鄉	溪底	13.6930	
	雲林縣	四湖鄉	下寮	15.0000	
	苗栗縣	竹南鎮	溫內	8.8780	
	南投縣	信義鄉	青雲	13.5656	
	花蓮縣	富里鄉	羅山	6.7637	
小計		6 區		69.9003	

資料來源：內政部地政司（2013），土地重劃統計資料

表 8-3　農村社區土地重劃先期規劃地區一覽表—續 3

年度	縣市別	鄉鎮別	社區名稱	面積(ha)	累計面積
89	新竹縣	橫山鄉	沙坑	14.0000	984.2338
	臺南縣	下營鄉	西寮	10.8293	
	南投縣	南投市	軍功寮	1.5000	
	南投縣	草屯鎮	過坑	1.9000	
	南投縣	草屯鎮	紅瑤	2.6000	
	南投縣	草屯鎮	番子田	9.6000	
	南投縣	埔里鎮	珠子山	6.3000	
	南投縣	國姓鄉	水長流	2.1000	
	南投縣	國姓鄉	柑子林	5.7000	
	南投縣	魚池鄉	新城	6.0000	
	南投縣	魚池鄉	長寮尾	2.9000	
	南投縣	鹿谷鄉	清水	5.0000	
	南投縣	鹿谷鄉	坪頂	9.6000	
	南投縣	中寮鄉	大丘園	2.1000	
	苗栗縣	卓蘭鎮	內灣	25.0000	
小計	15 區			105.1293	
90	新竹市	香山區	茄苳	5.1239	1047.6162
	苗栗縣	西湖鄉	埔頂	3.2556	
	臺中縣	大安鄉	西安	7.9255	
	嘉義縣	竹崎鄉	松脚	4.5774	
	南投縣	集集鎮	共和	4.7000	
	南投縣	集集鎮	樂園	5.6000	
	南投縣	埔里鎮	虎山	10.4000	
	南投縣	草屯鎮	三層巷	2.2000	
	南投縣	草屯鎮	中原	4.5000	
	南投縣	草屯鎮	雙冬	1.7000	
	南投縣	南投市	營南	1.9000	
	臺中縣	東勢鎮	大茅埔	11.5000	
小計	12區			63.3824	
91	臺中縣	和平鄉	和平	9.0000	1082.7353
	屏東縣	里港鄉	北安	9.8000	
	桃園縣	平鎮市	華隆	8.1778	
	新竹市	香山區	浸水	4.1390	
	苗栗縣	三義鄉	雙潭	4.0023	
小計	5區			35.1191	

資料來源：內政部地政司（2013），土地重劃統計資料

表 8-3　農村社區土地重劃先期規劃地區一覽表—續 4

年度	縣市別	鄉鎮別	社區名稱	面積(ha)	累計面積
92	新竹市	北區	南勢	9.0000	
	臺中縣	霧峰鄉	北勢	1.6755	
	臺中縣	和平鄉	松鶴	9.0000	1111.0108
	彰化縣	福興鄉	福寶	8.6000	
小計	4 區			28.2755	
93	新竹市	香山區	港南	9.8771	
	新竹縣	橫山鄉	內灣	6.9790	
	新竹縣	新豐鄉	埔和	9.7743	
	臺中縣	大安鄉	北汕	8.7000	
	南投縣	草屯鎮	下埔仔	1.3000	1175.2445
	南投縣	埔里鎮	恒吉	9.0000	
	雲林縣	水林鄉	土厝北	9.2033	
	屏東縣	恆春鎮	山海	9.4000	
小計	8 區			64.2337	
94	宜蘭縣	三星鄉	大隱	9.9000	
	新竹縣	芎林鄉	竹林	9.5000	
	苗栗縣	竹南鎮	大埔	6.7400	
	苗栗縣	造橋鄉	大西	9.9500	
	苗栗縣	泰安鄉	天狗	5.1100	1247.7788
	彰化縣	員林鎮	大饒	5.5200	
	臺南縣	七股鄉	十分塭	7.3955	
	高雄縣	路竹鄉	竹滬	9.6688	
	高雄縣	茂林鄉	多納	8.7500	
小計	9 區			72.5343	
95	彰化縣	大村鄉	過溝	7.8687	
	南投縣	草屯鎮	北投埔	5.2587	
	高雄縣	岡山鎮	大莊	9.5706	
	屏東縣	南州鄉	壽元	9.8689	1293.6910
	屏東縣	獅子鄉	楓林	6.6040	
	屏東縣	三地門鄉	三地	6.7413	
小計	6 區			45.9122	

資料來源：內政部地政司（2013），土地重劃統計資料

表 8-3　農村社區土地重劃先期規劃地區一覽表─續完

年度	縣市別	鄉鎮別	社區名稱	面積(ha)	累計面積
96	桃園縣	龍潭鄉	桂花香	8.3000	1347.7910
	苗栗縣	南庄鄉	南富	9.4000	
	苗栗縣	苑裡鎮	山腳	9.9000	
	南投縣	埔里鎮	大湳	9.2000	
	南投縣	草屯鎮	北勢湳	2.7000	
	彰化縣	永靖鄉	敦厚	8.9000	
	臺南市	官田區	瓦磘	5.7000	
小計	7 區			54.1000	
100	新竹市	香山區	中隘	8.14	1391.8610
	新竹縣	寶山鄉	糖香	5.46	
	臺中市	大安區	西安	7.57	
	彰化縣	埔心鄉	經口	5.79	
	南投縣	草屯鎮	碧峰	4.78	
	雲林縣	古坑鄉	水碓	2.77	
	臺南市	柳營區	太康	9.56	
小計	7 區			44.07	
101	新竹縣	橫山鄉	內灣	9.95	1433.4110
	臺中市	霧峰區	光正	5.31	
	雲林縣	古坑鄉	棋盤	8.40	
	宜蘭縣	冬山鄉	武淵	8.22	
	宜蘭縣	員山鄉	阿蘭城	9.67	
	5 區			41.55	
102	雲林縣	古坑鄉	麻園	9.61	1483.051
	臺南市	官田區	西庄	7.67	
	宜蘭縣	員山鄉	枕山	7.87	
		冬山鄉	丸山	9.89	
		礁溪鄉	林美	6.80	
		壯圍鄉	廍後	7.80	
	6 區			49.64	
合計	146 區			1483.051	

資料來源：內政部地政司（2013），土地重劃統計資料

表 8-4　農村社區土地重劃建設地區一覽表

年度	縣市別	鄉鎮別	社區名稱	面積(ha)	累計面積
78	臺中縣	大安鄉	松雅	5.5161	
	雲林縣	土庫鎮	溪埔寮	6.8291	12.3452
小計	2 區			12.3452	
79	新竹市	香山區	富山	3.2484	
小計	1 區			3.2484	15.5936
81	雲林縣	虎尾鎮	竹圍子	9.6916	
	屏東縣	獅子鄉	南世	7.3984	
	花蓮縣	壽豐鄉	月眉	7.4496	52.6793
	臺東縣	鹿野鄉	瑞源	12.5461	
小計	4 區			37.0857	
82	臺中縣	霧峰鄉	南柳	3.6044	
	雲林縣	四湖鄉	廣溝	14.9767	
	臺南縣	白河鎮	河東	4.5102	100.7794
	臺南縣	安定鄉	中榮	17.5096	
	高雄縣	岡山鎮	鹽埔	7.4992	
小計	5 區			48.1001	
83	臺東縣	東河鄉	隆昌	11.1710	
	南投縣	草屯鎮	溝子墩	3.7669	122.1303
	臺南縣	六甲鄉	龜港	6.4130	
小計	3 區			21.3509	
84	嘉義縣	布袋鎮	好美	22.7662	
	臺南縣	七股鄉	篤加	29.7700	
	花蓮縣	瑞穗鄉	掃叭頂	8.5467	191.9632
	桃園縣	觀音鄉	武威	8.7500	
小計	4 區			69.8329	
85	嘉義縣	阿里山鄉	樂野	6.8000	
	花蓮縣	富里鄉	學田	8.6640	207.4272
小計	2 區			15.4640	
86	雲林縣	口湖鄉	拔拉腳	6.8840	
	臺南縣	柳營鄉	新厝	8.6244	222.9356
小計	2 區			15.5084	

資料來源：內政部地政司（2013），土地重劃統計資料

表 8-4 農村社區土地重劃建設地區一覽表—續 1

年度	縣市別	鄉鎮別	社區名稱	面積(ha)	累計面積
87	苗栗縣	西湖鄉	湖東	5.8963	234.4419
	嘉義縣	阿里山鄉	來吉	5.6100	
小計		2 區		11.5063	
88	臺南縣	白河鎮	莿桐崎	5.6510	240.0929
小計		1 區		5.6510	
90	南投縣	草屯鎮	過坑	1.6443	251.6226
	南投縣	南投市	軍功寮	1.7786	
	南投縣	國姓鄉	水長流	3.1739	
	南投縣	草屯鎮	紅瑤	2.5369	
	南投縣	中寮鄉	大丘園	2.3960	
小計		5 區		11.5297	
91	花蓮縣	富里鄉	羅山	9.6162	261.2388
小計		1 區		9.6162	
92	南投縣	草屯鎮	番子田	7.5744	282.2158
	南投縣	草屯鎮	三層巷	2.0594	
	南投縣	埔里鎮	虎山	9.7205	
	南投縣	南投市	營南	1.6227	
小計		4 區		20.9770	
93	新竹市	香山區	浸水	4.1390	286.3548
小計		1 區		4.1390	
94	臺中縣	和平鄉	和平	9.9226	329.3191
	南投縣	草屯鎮	下埔仔	1.3000	
	新竹市	北區	南勢	7.4008	
	雲林縣	四湖鄉	下寮	14.5409	
	屏東縣	里港鄉	北安	9.8000	
小計		5 區		42.9643	
95	新竹縣	橫山鄉	內灣	9.7500	374.8721
	新竹縣	新豐鄉	埔和	9.6604	
	新竹市	香山區	港南	9.4376	
	臺中縣	霧峰鄉	北勢	1.5840	
	彰化縣	員林鎮	大饒	5.5200	
	雲林縣	水林鄉	土厝北	9.6010	
小計		6 區		45.5530	

資料來源：內政部地政司（2013），土地重劃統計資料

表 8-4　農村社區土地重劃建設地區一覽表一續完

年度	縣市別	鄉鎮別	社區名稱	面積(ha)	累計面積
96	新竹縣	新豐鄉	埔和	9.6808	362.6641
	苗栗縣	泰安鄉	天狗	5.4900	
	雲林縣	水林鄉	土厝北	9.6010	
	臺南市	七股區	十分塭	7.3955	
	宜蘭縣	三星鄉	大隱	9.9000	
小計	5 區			42.0673	
98	彰化縣	大村鄉	過溝	6.3600	373.1641
	南投縣	草屯鎮	北投埔	4.1400	
小計	2 區			10.5000	
99	南投縣	草屯鎮	水汴頭	3.0900	390.0641
	南投縣	魚池鄉	內四仔	7.7800	
	臺南市	官田區	瓦磘	6.0300	
小計	3 區			16.9000	
100	南投縣	埔里鎮	大湳	9.0500	399.1141
小計	1 區			9.0500	
102	雲林縣	古坑鄉	水碓	2.7200	406.5541
	新竹市	香山區	中隘	4.7200	
小計	2 區			7.4400	
合計	56 區				

資料來源：內政部地政司（2013），土地重劃統計資料

甲、九十年度計畫實施花蓮縣富里鄉羅山農村社區

土地重劃先期規劃報告書<摘錄內容如下>

一、重劃區概況：

（一）地理位置：本社區位於花蓮縣富里鄉羅山村。

（二）重劃範圍：東起家里段地號 476、477、478 土地東側界址，西至石牌段，南至螺仔溪北側東西四路，北至羅山國小及花 79 線北側緣著山邊界。

（三）重劃面積：約 9.6162 公頃。

二、工程內容及費用預估：

（一）

工程（一）

道路工程	面寬十二公尺	1 條	長	425 公尺
	面寬八公尺	7 條	長	1,101 公尺
	面寬六公尺	7 條	長	828 公尺
	面寬四公尺	1 條	長	65 公尺
排水及雨水下水道工程	道路側溝工程	32 條	長	4,838 公尺
	排水箱涵工程	2 條	長	478 公尺
	下水道人孔	10 座	長	
	下水道集水井	30 座	長	
	邊界排水路工程	1 條	長	80 公尺
	連接區外排水路工程	1 條	長	36 公尺
	羅山排水工程	1 條	長	225 公尺
污水下水道工程	污水支管工程	18 條	長	7,515 公尺
	污水幹管工程	1 條	長	37,876 公尺
	污水道人孔	32 座	長	
	污水道集水槽	18 處	長	

工程（二）

照明工程	燈炮（高壓納 250W）	50 盞	面積
	燈桿（造型路燈）	50 支	面積

	附屬零件（安定器、電纜）	50 處	面積	
其他	廟宇保留區	1 處	面積	0.035 公頃
	活動中心	1 處	面積	0.189 公頃
	農產品集貨場	1 處	面積	0.187 公頃
	綠地	2 處	面積	0.172 公頃
	連接區外舊溝排水路及邊界排水路用地		面積	0.016 公頃
	羅山排水保留地		面積	0.3048 公頃
	合計		面積	0.9038 公頃

註：污水處理廠預定地面積 0.10 公頃由富里鄉公所於區外另覓公有地設置。

（二）綠美化工程

項目	說明	單位	數量	金額
道路綠美化工程	綠籬植花卉	處	420	504,000
道路綠美化工程	含植栽及設置休閒步道桌椅	處	2	1,500,000
				2,004,000

（三）雜項工程

項目	說明	單位	數量	金額
地籍整理		公頃	9.61	48,050
中心樁埋設	含鑄鐵蓋	支	43	86,000
管線配合工程	電力、電信、自來水	式	1.00	6,000,000
住戶管線接設費		式	1.00	100,000
計				6,234,050

（四）總工程費

項目	金額
道路工程	9,825,562
排水及雨水下水道工程	14,111,590
污水下水道工程	8,238,000

項目	金額
照明工程	2,815,000
綠美化工程	2,004,000
羅山排水及整地工程	2,318,000
雜項工程（包含地籍整理、中心樁埋設、電信，自來水管線配合工程、住戶管線接護費）	6,234,050
勞工安全衛生設備費、環保清潔費、工程保險費、包商利雜費、營業稅、包商工程管理作業費	5,956,495
施工品質管理作業費	196,560
工程管理費	627,227
技術服務費	1,545,296
空氣污染防制	215,220
計	54,087,000

（五）土地重劃拆遷補償費負擔之推估總計表

項目	說明	數量	金額
計畫道路拆遷補償費		1	6,219,000
土地分配拆遷補償費		1	3,000,000
補償費用貸款利息	以年利率 8%計息 2 年	1	1,586,000
計			11,498,000

三、土地所有權人申請重劃情形

私有土地所有權人人數					私有土地面積（公頃）				
總戶數	同意戶數		不同意戶數		總面積（公頃）	申請面積（公頃）		未申請面積（公頃	
	戶數	%	戶數	%		面積（公頃）	%	面積（公頃）	%
51	41	80%	10	20%	3.7717	3.3430	89%	0.4287	11%

四、用地負擔

（一）共同負擔之公共設施用地：包括道路用地 1.9543 公頃、綠地用地 0.172 公頃、活動中心用地 0.189 公頃、農產品集貨場用地 0.187 公頃、廟宇保留區用地 0.035 公頃、邊界排水路及連接區外舊溝排水路用地 0.016 公頃、羅

山排水用地 0.3047 公頃，合計 2.8581 公頃。

（二）可抵充土地面積：1.3971 公頃。

（三）公共設施用地負擔面積：2.8581-1.3971＝1.4610 公頃。

（四）公共設施用地負擔：依農村社區土地重劃條例第十一條規定，除以原公有道路、溝渠、河川及未登記土地等四項土地抵充外，其不足土地及拆遷補償費與貸款利息，由參加土地重劃所有權人按其土地受益比例共同負擔，其公共設施用地平均負擔比率＝

（公共設施用地負擔總面積-原有公共設施用地及未登記土地面積）÷（重劃區總面積-重劃前原有公共設施用地及未登記土地總面積）＝

（2.8581-1.3971）÷（9.6162-1.3971）＝17.77%

五、拆遷補償費用負擔預估：

（一）道路拆遷補償費共 6,912,000 元，每公頃約為 677,647 元，約拆除 20 處磚房及圍牆等。

（二）土地分配地上物拆遷補償費：約 15 棟，每棟 20 萬元計 3,000,000 元。

（三）補償費貸款利息：（以貸款 2 年，年息 8%概估）

（3,000.000+6,912,000）x0.08x2=1,586,000 元。

（四）費用負擔：

＝（9,912,000+1,586,000）÷（（96162-13971）x1,600）＝8.74%

六、區內全區總負擔之評估與計算

土地所有權人平均重劃負擔比率＝公共設施用地平均負擔比率 + 費用負擔平均比率＝17.77% + 8.74%＝26.51%

七、建地與非建地之分配比例評估

　　區內建地分配比例依受益程度來負擔約在 18%；非建地之負擔平均約在 40%，符合農寺社區土地重劃條例第十一條第五項規定「重劃前經編定為建築用地以外之土地，應提供負擔至少 40%之土地。」土地所有權人平均重劃負擔比率，符合農村社區社區土地重劃條例第十一條第四項不得超過 35%之規定。

乙、災後重建計畫－農村社區土地重劃先期規劃書

南投縣草屯鎮番子田農村社區土地重劃先期規劃及土地模擬分配

<摘錄內容如下>

一、重劃目的：

（一）整體規劃改善農村生活環境，謀求農業生產、農民生活與生態環境的調合與成長。

（二）加強農村社區建設改善實質生活環境，改善農業產業經濟環境，提高農民所得，抑制人口外流

（三）提供農村整體發展藍圖，健全農村發展。

（四）均衡農村與都市之發展，促進農村與都市之互補與交流，並縮短城鄉生活差距。

（五）經界不明，畸零不整，權屬複雜之土地，完成地籍整理。

（六）提供本區及區外地農受災居民建築用地，以為家園重建。

二、重劃區概況：

（一）地理位置：南投縣草屯鎮新豐里。

（二）重劃範圍：部分新豐里，東迄新豐路西側、其餘三方皆至稻香路。

（三）重劃面積 9.6199 公頃。

三、工程內容

（一）道路

1. 路寬八公尺三條、十公尺二條。

2. 路寬十六公尺一條，此為東西向穿越基地之道路，連接稻香路及新豐路，並於其道路中間劃設寬四公尺一條、高三十公分的自行車道，並於其兩旁種植行道樹。故兩旁皆為寬六公尺的車道。

3. 路寬二十二公尺一條，此為南北向穿越基地之道路，連接兩側的稻香路，並於其道路中間劃設寬四公尺、高三十公分的自行車道，並於其兩旁種植行道樹，以及寬六公尺的灌溉溝渠。故兩旁皆為寬六公尺的車道。

4. 道路共計七條，總面積 21,448 平方公尺，佔計畫面積 22.30%。

（二）、公共設施

目前計畫區內無公共設施，但鄰近基地稻香路旁有一活動中心，唯受限於場地，無法提供足量的空間，故於計畫區內劃設廣場及活動中心各一處，以為提供居民聯絡情感、舉辦活動及休閒遊憩的公共場所。

1. 廣場位於活動中心北側，劃設面積為 2,524 平方公尺，佔基地面積的 2.62%。

2. 活動中心位於廣場南側，劃設面積為 2,500 平方公尺，佔基地面積的 2.60%。

3. 鄰里公園兼兒童遊樂場：劃設二處，面積 4,991 平方公尺，佔計劃面積之 5.19%，其中公兒（一）面積為 2,777 平方公尺；公兒（二）面積為 2,214 平方公尺。

4. 停車場劃設一處，面積為 943 平方公尺，佔基地面積的 0.98%。

（三）排水設施

1. 溝渠：於本設區內規劃一南北走向的灌溉溝渠，計畫寬度為 6 公尺寬以作為區外農田排水灌溉之用。

2. 道路側溝：本社區未來計畫道路興闢時，將於道路設置側溝，做為排水系統。

（四）農村住宅改善

有關輔建示範農宅其計畫目標如下：

1. 以農宅標準圖或依農民意願委託建築師設計之圖樣為輔建基礎。

2. 農宅街廓模式採統一標準化，以避免格局外觀過於紊亂複雜。

3. 提供每一農宅皆能面臨道路，便利行人交通外，並便於農產物之運輸。

4. 農宅輔建，改建應考量居民經濟能力提供低利貸款以落實農宅改善計畫。

四、重劃經費概估

項目		金額	備註
工程費用	土木工程	25,386,800	1、本項費用以重劃費將本區工程規劃設計書圖及工程預算送請各該工程主管機關核定金額為準。
	照明工程	1,045,000	
	管線工程	13,982,500	
	綠美化工程	3,100,000	
	小計	43,514,300	2、經費不列入共同負擔。
公共設施興闢拆遷補償費		33,754,706	1、貸款利息以年息 7% ，期限三年計。
土地分配拆遷補償費		13,500,000	
貸款利息		10,634,341	2、經費列入共同負擔
重劃作業費用		3,000,000	以一公頃 30 萬計，經費由政府負擔
合計		104,403,347	

註：依農村社區土地重劃條例第十一條規定：辦理農村社區重劃時，行政業務費、規劃設計費及工程費由政府負擔。本規劃區之地上物拆遷補償費與貸款利息，由參加重劃土地所有權人按其土地受益比例共同負擔。

五、重劃負擔概估

（一）補償費用

項目	金額	備註
公共設施興闢拆遷補償費	33,754,706	1、貸款利息以年息 7%，期限
土地分配拆遷補償費	13,500,000	三年計。
貸款利息	10,634,341	2、經費列入共同負擔。
總計	57,889,047	

（二）費用負擔

費用負擔之計算公式如下＝

$$\frac{地上物拆遷補償費 + 貸款利息}{（規劃總面積 - 原公有公共設施用地及未登記土地之抵充面積）\times 重劃後平均地價}$$

＝4.01%

本區費用負擔概估為 4.01%

（三）全區平均總負擔

1. 公共設施負擔：35.00%。

2. 費用負擔：4.01%

3. 全區平均總負擔：35.00%+4.01%=39.01%

丙、九十六年度苗栗縣竹南鎮竹圍自辦農村社區土地重劃區開發計畫書

<摘錄內容如下>

一、開發內容分析

（一）申請開發目的：

行政院 94 年初推動臺灣健康社區六星計畫方案（包括以產業發展、社區治安、社福醫療、人文教育、環保生態及環境景觀等六大面相為主軸），依其「環境景觀」面向之推動策略（社區風貌營造與社區設施及空間活化）進行打造農村之新風貌為概念出發，以及為解決現有竹興農村社區之建築物密集、零亂及改善生活居住環境，並預期社區更新重劃建設後社區道路、排水、閭鄰公園等公共設施闢建完成與環境綠美化完善，人口將回流與成長。

（二）法律依據：

農村社區土地重劃條例第三條、第九條暨農村社區土地重劃條例施行細則第二之一條、第三條與土地所有權人辦理農村社區土地重劃辦法。

（三）計畫位置及範圍：

本基地位於竹南鎮竹興里，土地坐落於竹圍段及營盤邊山寮小段，係竹南頭份都市計畫區範圍外之非都市土地。東起：竹圍街 268 巷右側，西至：營盤邊段山寮小段 287-423 地號西側，南迄：竹圍街 308 巷北側，北鄰：二十公尺博愛街南側。

（四）土地使用、權屬及使用編定情形

本基地係屬編定為一般農業區農牧、水利、交通及甲種建築用地之非都市土地。目前大部分做為空地、簡易倉庫及臨時建築設施使用，東側及南陲為既有之竹興社區，西南方則做為種植景觀之樹種與花卉。，基地面積為 1.8345 公頃，土地權屬部分，公有土地面積為 473 平方公尺，佔 2.58%，私有土地面

積則分為苗栗農田水利會所有的 264 平方公尺，佔 1.44%，及私人所有的 17,115 平方公尺，佔 93.29%，未登錄地則為 493.54 平方公尺，佔 2.69%。

二、基地環境資料分析

（一）地形

本基地地勢大致由東北側向西南側漸低，最高處約為海拔 7.28 公尺，最低處為海拔 5.32 公尺，高低差約在 2.0 公尺之內，地勢堪稱平坦。基地內之東側（竹圍街 268 巷左側）與南側（竹圍街 312 巷、308 巷）現況為 2 層-3 層樓之既有建戶。

（二）水文

本基地所屬水系為龍鳳大排排水水系。本基地地下水位在觀測期間內，約在地表面下 2.80-3.00 公尺處。建議於進行基礎分析設計時，採用地下水位位於地表面處。地下水壓力採靜水壓力分佈。

（三）地質

本基地地質為全新世沖積層之礫石層，根據鑽孔柱狀圖及土壤試驗結果分析研判，由地表至鑽探最大深度內可歸納為：回填土、棕色粉土質細砂、棕黃色卵礫石含細砂、灰色粉土質黏土、灰色粉土質細砂。

（四）人文景觀

歷史沿革、社區文化資源，如：竹興社區發展協會屬竹南鎮「幸福長壽會」，其為苗栗縣最大老人文康示範點。

（五）土地適宜性分析

利用環境之分析與研判，對各種土地使用之發展潛力與限制條件，以確保開發行為與環境自然保育目標相容，有效使用資源以作最好之空間資訊分配。經套繪竹南鎮竹興里以及基地位置後，可得本基地所處區位尚屬可供發展使

用。

三、實質發展計畫

（一）土地使用計畫：規劃構想說明表

土地使用編定	土地使用項目	規範規定	計畫值	百分比
乙種建築用地	建築用地	-	13,121,15	71.52
	社區中心	<13121.15*8%=1049.69 平方公尺	453.71	2.47%
	小計(A)=		13,574.86	73.99%
交通用地	人行步道	-	70.00	0.38%
	道路	-	3,960.73	21.59%
	小計(B)=		4,030.73	21.97%
遊憩用地	閭鄰公園	-	739.95	4.04%
	小計(C)=		739.95	4.04%
總計(A+B+C)			18,345.54	100.00%

土地使用強度：依據「非都市土地開發審議作業規範」第二十三點第二款之規定，住宅社區居住淨密度每公頃不得小於 150 人；另外依據「非都市土地使用管制規則」之鄉村區，乙種建築用地其建蔽率不得超過百分之六十，容積率不得超過百分之二百四十。申請開發基地之公共設施或必要性服務設施比例不得低於開發總面積的百分之二十五；其餘土地得為建築用地。土地使用強度表如下：

使用地類別	面積(m^2)	百分比(%)	總樓地板面積(m^2)	建蔽率(%)	容積率(%)
建築用地	13,121.15	71.52	31,490.76	60	240
社區中心	453.71	2.47	1,088.90	60	240
人行步道	70.00	0.38	-	-	-
道路	3,960.73	21.59	-	-	-
閭鄰公園	739.95	4.04	-	-	-
合計 ＝	18,345.54	100.00	-	-	-

土地使用計畫計算表：

項目	計算過程	規劃數量
基地面積	基地面積 1.8345 公頃	240
不可開發面積	-	-
保育區	-	-
計畫人口數	既有 43 戶×4 人=172 人，新建 72 戶×4 人=288 人	450 人
學校代用地	-	-
閭鄰公園	-	739.95 m²
社區中心	小於住宅用地面積百分之八<13121.25×8%=1049.69 m²	453.71 m²
停車位	新建 72 戶×1 位=72 位	72 位

（二）交通系統計畫：基地內道路、停車空間、聯外道路現況、交通影響說明。（略）

（三）公用設備計畫：

1. 自來水供應系統：總用水量推估、計畫用水量、供水方式。（略）

2. 電力供應系統：電力容量、公共設施供電選定、電源引進及配電場所之提供。（略）

3. 電信供應系統：（略）。

4. 天然氣供應系統：（略）。

5. 垃圾清運系統：垃圾處理檢討、垃圾收集位置及清運。（略）

（四）景觀計畫

1. 綠美化之處理原則：（略）。

2. 植栽選取與配置原則：（略）。

3. 閭鄰公園計畫：（略）。

（五）分期分區發展計畫

　　本計畫依據土地使用計畫將開發時程分為二期，第一期自民國 96 年

至民國 97 年主要以完成計畫區內之公共設施為主。第二期於前期興建完成之各項公共設施經主管單位驗收合格後，轉移登記為苗栗縣及計畫區地籍整理完畢始得建築用地之開發。

（六）防災計畫

1. 防災規劃原則：包含避難據點、避難道路、消防據點（開發計畫範圍外）、警察據點（開發計畫範圍外）、醫療據點（開發計畫範圍外）、物資支援據點（開發計畫範圍外）、火災延燒防止地帶等內容。

2. 防災對策：（略）。

四、整地與排水系統工程

（一）排水系統計畫：包含排水系統構想、排水設施及其配置計畫、水理計畫等內容。

（二）整地計畫：：整地原則、整地計畫構想、整地計畫規劃、土石方計算、剩餘土石方之處理方法。

（三）水土保持措施：護坡設施、沉砂池設施、施工中水土保持措施、施工中之安全排水。

五、可行性分析

（一）土地所有權人意願分析：依據『農村社區土地重劃條例』第九條規定：「擴大辦理農村社區土地重劃，得由土地所有權人自行成重劃會辦理農村社區土地重劃，重劃會辦理農村社區土地重劃時，應經重劃區內私有土地所有權人合計超過二分之一，且其所有面積合計超過私有土地面積二分之一者之同意，…」關於私有土地人數、面積申請統計如下。

開發計畫範圍內私有土地申請人數及面積統計表					
私有土地所權人人數（人）	總人數	申請人數		未申請人數	
		人數	比例(%)	人數	比例(%)
	114	62	54.39%	52	45.61%
私有土地所有權人面積（公頃）	總面積(公頃)	申請面積		未申請面積	
		面積	比例(%)	面積	比例(%)
	1.7379	1.2746	73.34	0.4633	26.66%

（二）事業財務計畫：

1. 工程成本概估：

項次	工作項目	金額
壹	發包工作費	
一	整體土方工程	675,514
二	道路 AC 路面工程	2,247,326
三	排水工程	3,461,619
五	假設工程	1,330,200
六	照明工程	533,732
七	景觀工程	2,018,375
八	施工中交通維持設施及管理費	365,000
	小計 =	10,631,766
貳	施工中勞工安全衛生費(約壹之 1%)	106,318
參	營造綜合保險費(約壹之 1%)	106,318
肆	包商利潤及管理費(約壹之 7%)	744,224
伍	工程品質管理費(約壹之 2%)	212,635
陸	加值型營業稅(壹至伍之 5%)	590,063
柒	空氣汙染防制費(約壹至陸之 0.3%)	37,174
捌	委外設計監造費(壹一~壹七之 7%)	711,817
總計=		13,147,172

2. 地上物補償費：

項次	工作項目	單位	數量	單價	複價	備註
1	烤漆板棚類(1)	元/m²	1,240.96	1,500	1,861,440	
2	鋼骨架	元/m²	1,235.81	3,375	4,170,859	
3	烤漆板棚類(2)	元/m²	952.63	1,500	1,428,945	
4	貨櫃屋	座	1.00	100,000	100,000	
5	鋁門窗裝置(普通)	元/m²	76.80	950	72,960	160*160

項次	工作項目	單位	數量	單價	複價	備註
6	電動鐵捲門(鐵照)	元/m^2	70.00	3,000	210,000	
7	水塔(鐵架)	座	1.00	5,600	5,600	
合計					7,849,804	

3. 公用管現概估：

(1) 電力工程：每公頃 85 萬計算，85x1.8=153 萬。取 155 萬

(2) 電信工程：每公頃 30 萬計算，30x1.8=54 萬。取 60 萬

(3) 自來水工程：每公頃 45 萬計算，45x1.8=81 萬。取 90 萬

(4) 瓦斯工程：每公頃 30 萬計算，65x1.8=117 萬。取 120 萬

4. 開發影響費：

依據「非都市土地開發影響費徵收辦法」（90.08.29 修正）所公布之住宅使用必須徵收聯外道路影響費相關條文計算本地之聯外道路影響費用，經計算本基地所衍生之平日晨峰小時交通量為 59(PCU/HR)，以此可得到本基地聯外道路影響費為 3,579 千元。

5. 變更回饋金：（略）。

依據「農業用地變更回饋金撥款及分配利用辦法」第二條第七項：『……，以變更編定面積與獲准變更編定當期公告土地現值乘積百分之十二為計算基準。』及第五條規定：回饋金之繳納金額，以新臺幣計算至元為單位。

(1) 變更前總面積：18,345.54 平方公尺

(2) 變更前甲種建築用地：4,535.00 平方公尺

(3) 以 96 年度公告現值：2,500 元／平方公尺

(4) 回饋金計算：

18,345.54 平方公尺－4,535 平方公尺=13,810.54 平方公尺

18,810.54 平方公尺x2,500 元/平方公尺x12%=4,143,162 元

註：當期公告現值所有異動，須再行計算之。

6. 共同負擔比率：

(1) 預估重劃公共設施負擔面積

設施項目	面積（平方公尺）	備註
社區中心用地	453.71	
閭鄰公園	739.95	
道路用地	3,960.73	
人行步道	70.00	
合計	5,225.39	

a. 土地所有權人負擔公共設施用地面積

共同負擔之公共設施用地面積－抵充之原公有道路、溝渠、河川及未
登記地等土地面積=土地所有權人負擔之公共設施用地面積

0.5224-0.0829=0.4395 (公頃)

b. 公共設施用地平均負擔比率：25.09%

$$\frac{公共設施用地負擔總面積－重劃前原公有道路、溝渠、河川及未登記地總面積}{重劃區總面積－重劃前原公有道路、溝渠、河川及未登記土地總面積}$$

= (0.5224-0.0829) 公頃 / (1.8346-0.0933) 公頃

=25.09%

(2) 預估重劃費用負擔

重劃費用平均負擔比率 =

$$\frac{工程費用總額+拆遷補償費用總額+重劃作業費用+貸款利息總額}{重劃後平均地價x(重劃區總面積－重劃前原公有道路、溝渠、河川及未登記地面積)}$$

= (17,397,172+7,850,000+2,250,182)/8,500x(1.8346-0.0829)

= 20.07%

(3) 土地所有權人平均負擔比率

土地所有權人平均負擔比率=公共設施用地平均負擔比率+費用負擔平均
負擔比率

= 25.09%+20.07%

= 45.16%

7. 資金籌措：

本開發計畫之各項經費由開發業者（重劃會）負責擬向金融機構貸款或向
民間機構借款籌措，本案總開發經費改算約為新台幣參仟柒佰陸拾貳萬伍仟柒
佰陸拾捌元整。

本案經主管機關核准開發後，以上資金籌措及開發經費在調度運作正常原
則下，本開發案預定於開發時程內順利準時完工。

8. 償還計畫：

前項之開發費用包含工程費用、作業費用、貸款及利息等經費，俟完成農
村社區土地重劃後由參加重劃土地所有權人按其土地受益比例共同負擔，即由
區內土地所有權人以未建築土地折價抵付（抵費地）或繳納差額地價方式作為
抵付。

抵費地出售所得價款並應優先償還工程費用、作業費用、貸款及利息。清
償後如有盈餘則以增加重劃區內建設或按比率發還原土地所有權人之方式處
理。

學術論文篇

壹、臺灣土地重劃與農村發展[*]

謝靜琪[**]

一、臺灣農地重劃與農村社區土地重劃的發展演變

　　臺灣土地重劃實施的地域及方式，是依臺灣的土地使用管制及土地性質區分成在都市土地[91]辦理之市地重劃[92]及非都市土地[93]實施之農地重劃，2000 年又從農地重劃中獨立出農村社區土地重劃，簡言之，現行與臺灣農村發展相關的重劃工具為「農地重劃」[94]與「農村社區土地重劃」[95]兩種。

---

[*]　本文即將發表於中國國土資源部土地整治中心與德國 Hanns Seidel Stiftung 主辦的「土地整治與農村發展——未來的挑戰與展望」國際研討會。

[**]　逢甲大學土地管理學系（所）副教授、政治大學法學博士，E-mail:jchsieh@fcu.edu.tw

[91]　都市土地，指依法發布都市計畫範圍內之土地，其主要法律為都市計畫法。該法於 1939 年即已公布，然國民政府於 1964 年 9 月 1 日依臺灣的情況修正原法後公布實施。

[92]　市地重劃實施辦法於 1979 年 6 月 22 日發布實施，其母法為平均地權條例（始訂於 1954 年 8 月 26 日之實施都市平均地權條例，後於 1977 年 2 月 2 日修正公布法律名稱，並擴大實施範圍）。

[93]　非都市土地，指都市土地以外之土地，其土地使用計畫與管制之主要法規為區域計畫法(於 1974 年 1 月 31 日發布實施)及非都市土地使用管制規則(於 1976 年 3 月 30 日發布實施)。

[94]　農地重劃條例於 1980 年 12 月 19 日發布實施。

臺灣農地重劃的目的主要在於促進土地有效利用，提高單位面積產量，減低經營成本，達到增加農家收入，加速農村發展；就農地改革之角度而言，分為農地分配（地權）與農地利用（地用）之改革。臺灣於 1945 年光復初期為農業經濟時代，為求農業經濟之繁榮，農村社會之安定，國民政府採取和平漸進方式——於 1949 年實施三七五減租、1951 年進行公地放領及 1953 年實施耕者有其田條例等一連串措施，將農地的土地所有權與收益都歸屬於耕者所有。（謝靜琪，2007：13）然而，因農民取得的農地多為畸零不整、無直接臨農水路，國民政府遂再採取農地重劃措施調整地界，以達提高單位面積產量之目的。自 1956 年政府派員至臺南勘查、1958 年核定於臺南縣仁德鄉實施首宗的農地重劃後，農地重劃工作已持續進動超過五十年。

臺灣土地總面積 36,000 平方公里中，可用於農牧生產之可耕地最大開發限度為 11,714 平方公里，其中山坡地梯田，濱海養殖區及都市計劃內水田外，適宜辦理農地重劃之水田約 4,000 平方公里。（蕭輔導，1997：10）至 2013 年為止，臺灣辦理完成的農地重劃總面積已超過 3,900 平方公里。本文依重劃性質將臺灣推動農地重劃之過程概分為六個階段，即（一）1961 年之前實驗、試辦及示範時期，共辦理 4,567 公頃的農地重劃。（二）1962 至 1971 年的十年計畫時期，以雲林縣辦理面積 40,743 公頃最多，此時期辦理重劃的面積是歷年代最高，累計民國六十年代以前的辦理面積為 255,697 公頃，占臺灣已辦理完成面積的 59.29%，此結果亦呼應臺灣當時的經濟發展以第一級產業為主。（三）1972 至 1980 年的農地重劃，在「加速農村建設與東部災區復耕農地重劃」及「六年經建計畫」下，完成 22,340 公頃農地重劃。（四）1981 至 1991 年的農地重劃，在「農地重劃五年計畫」及「改善農業結構提高農民所得方案之繼續辦理農地重劃計畫」的執行下，累計完成農地重劃的面積已達 370,413 公頃。（五）1992 至 2001 年的土地重劃，轉以更新農水路及農村社區為重點，

---

[95] 農村社區土地重劃條例於 2000 年 1 月 26 日發布實施。

在「臺灣省早期農地重劃區農水路更新改善計畫」及後續計畫的分期推動下，至2001年累計完成436區58,460公頃的農水路改善成果，農漁村社區更新[96]面積達251.6226公頃；僅在「農業綜合調整方案」及「跨世紀農業建設方案」下，完成17,096公頃的農地重劃。（六）2002至2013年的土地重劃，改善345區27,729公頃的農水路，農村社區更新在「農村社區土地重劃條例」的規範下，十餘年期間完成154.8958公頃；至於農地重劃，因容易實施農地重劃之地區已辦理完竣，目前實施重劃之對象，多為環境條件較差，地形複雜，灌溉水源不足，區域排水困難，地上物複雜地區，導致重劃工程費相對提高。政府因限於經費預算，礙難提高農水路工程補助比例，因而影響農民辦理農地重劃之意願（蕭輔導，2001）。此時期農地重劃僅完成5,718公頃，重劃區多位於雲林縣。（參見表一-1及表一-2）

農地重劃後，一般皆以具生產、交通、消除水害及產權整理等效果討論（內政部地政司，1984，3-4；臺灣省地政處，1997，5）。然而，1950年代臺灣發展勞力密集型進口替代產業後，1960年代將發展重點轉為勞動密集之出口導向產業（國家發展委員會，2014），1964年國民生產總值中工業產值第一次超越農業產值的比例（吳功顯，2008），顯示臺灣的經濟結構已轉向第二級產業發展。在1966年及1969年分別設立高雄及臺中的加工出口區後，農村家庭的許多剩餘勞動力投入工業生產中。1972年臺灣省政府為了帶動農村經濟，

---

[96] 農漁村社區更新計畫之目的主要是於農漁村加強公共投資，提昇農漁民生活品質（李朝賢、林妍儀，1998），此計畫是依前臺灣省政府於1987年12月頒訂之「臺灣省農村社區試辦土地重劃要點」，行政院農業委員會委託省政府地政處規劃，以農漁村社區更新計畫工作為試辦，並嘗試推廣農村社區土地重劃為實施工具。後再於1998年訂定「臺灣省農村社區更新土地重劃實施辦法」，嘗試以土地重劃方式試辦農村社區土地重劃，並做為辦理農村社區土地重劃之依據。但因法令位階過低屬行政命令，尚乏強制力，於農村社區土地重劃作業過程中，凡涉及土地所有權人權益而有所爭議時，均須透過協調、溝通方式獲得土地所有權人諒解後始能進行，而協調、溝通困難費時，影響業務之推動至鉅，執行成效有限。（內政部，2003：5）

倡導「客廳即工廠」運動，鼓勵家庭代工（蕭宗裕，2012），並在「加速農村建設重要措施」中鼓勵農村地區設立工廠（中國農村復興聯合委員會，1973：6），使得農地重劃後的農地，因具有土地平坦、農水路設施及土地取得成本相對較低等優點（丁秀吟等人，2009），反而成了設置工廠的最佳選擇（蕭宗裕，2012），造成今日特定農業區中未登記工廠問題的濫觴。

表一-1 臺灣各時期農地重劃之成果　　　　　單位：公頃

辦理年期	地區數	面積	臺糖重劃區	
			地區數	面積
試辦農地重劃（1958）	2	525	0	0
八七水災災區農地重劃（1960）	9	817	0	0
示範農地重劃（1961）	11	3,225	0	0
十年農地重劃計畫（1962-1971）	445	251,131	180	53,723
加速農村重劃計畫－農地重劃（1973-1976）	26	3,694	1	139
六年經建計畫－農地重劃（1977-1980）	42	18,648	1	1,228
農地重劃五年計畫（1981-1985）	99	61,310	0	0
改善農業結構提高農民所得方案－農地重劃（1986-1991）	87	31,006	0	0
農業綜合調整方案－農地重劃（1992-1997）	43	13,172	0	0
跨世紀農業建設方案－農地重劃（1998-2000）	13	3,312	0	0
邁向二十世紀農業新方案－農地重劃（2001-2004）	16	3,974	0	0
中程施政計畫—農地重劃（2005-2008）	9	1,727	0	0
農業發展計畫—農地重劃（2009-2012）	11	1,292	0	0
農業發展計畫—農地重劃（2013-2016）	2	170	0	0
總計	811	393,545	183	55,180

資料來源：內政部地政司（2013），土地重劃統計資料

表一-2　臺灣農村社區土地重劃之區位及規模分析

地區別	重劃區數	重劃面積（公頃）	平均面積（公頃/區）
總計	56	406.5184	7.26
臺中市	4	20.5771	5.14
臺南市	8	85.9037	10.74
高雄市	1	7.4992	7.50
臺灣省	43	292.5384	6.80
宜蘭縣	1	9.9	9.90
桃園縣	1	8.75	8.75
新竹縣	1	12.9292	12.93
苗栗縣	2	11.3863	5.69
彰化縣	2	12.1178	6.06
南投縣	15	60.5226	4.03
雲林縣	6	50.7024	8.45
嘉義縣	3	35.1762	11.73
屏東縣	1	7.3984	7.40
臺東縣	2	23.7171	11.86
花蓮縣	4	34.2765	8.57
新竹市	5	25.6619	5.13

註：臺北市、新北市、澎湖縣、基隆市及嘉義市五
　　市縣並未辦理農村社區土地重劃
資料來源：內政部地政司（2013），土地重劃統計資料

二、臺灣農村社區土地重劃導引農地進一步流失

　　自 1988 年開始推動的「臺灣省早期農地重劃區農水路更新改善計畫」，僅更新改善農地重劃區內的農水路設施，雖然效益良多，然卻未能改善農村居住地區的環境與設施。為利業務之推動及奠定農村社區土地重劃之法律基礎，內政部於 1991 年開始著手研擬法規。最初採修訂「農地重劃條例」成為「農村土地重劃條例」的方向，研擬增訂「農村土地重劃，包括農地重劃及農村社區土地重劃」之規定與強化農村社區土地重劃相關條文著手。但修正草案經各單位研商後認為農地重劃與農村社區土地重劃之性質尚屬有別，農地重劃之部分條文實難以援用在農村社區土地重劃，故內政部將相關條文重新整理後，另

以「農村社區土地重劃條例」定之,然一直被擱置在立法院。後因 1996 年修正「農業發展條例」,放寬農地移轉管理及分割限制,並允許在一定條件下在農地上興建農舍。為避免農地農用後農舍大量散村興建之弊,並期引導集村興建農舍,終於在 2000 年 1 月發布「農村社區土地重劃條例」。(內政部,2003:5)

然該條例建置的農村社區土地重劃的重劃負擔計算方式,實修改自市地重劃的重劃負擔計算方式。姑且不論市地重劃之實施地區主要在新設都市地區或是新社區[97],農村社區土地重劃之實施主要在促進農村社區土地合理利用需要及實施農村社區更新需要[98],此法實施後卻已導致 2001 年至 2010 年在新竹縣等地區因集村興建農舍,造成農地大比例流失的情況,因而引起監察院(2011)提出「農村社區申請條件疑義」[99]、「擴大社區範圍疑義」[100]、「傾蝕優良農地疑義」[101]與「同意重劃人數比例」[102]等問題,請內政部完備相關法令規範之糾

---

[97] 平均地權條例第 56 條規定,各級主管機關得就下列地區,報經上級主管機關核准後,辦理市地重劃:一、新設都市地區之全部或一部,實施開發建設者。二、舊都市地區為公共安全、公共衛生、公共交通或促進土地合理使用之需要者。三、都市土地開發新社區者。四、經中央主管機關指定限期辦理者。

[98] 農村社區土地重劃條例第 5 條之規定。

[99] 申請人僅需以數棟公寓或集合住宅,即可符合辦理重劃之條件(亦即門檻標準過低),對於改善既有農村社區生活環境之整體效益不彰,亦造成部分自辦農村社區土地重劃案,藉土地重劃之名,實際卻將毗鄰農業用地併入重劃範圍進而變更建築用地,以獲取開發利益為目的,悖離立法意旨。

[100] 自辦農村社區土地重劃範圍相較於公辦農村社區土地重劃,顯有被任意擴大之情事,內政部明知其已造成大片農業用地遭變更為建築用地之問題,惟在地方政府因現行法令缺乏明確規範多次函請釋示之際,卻猶未研定具體審核標準,供各地方政府據以遵循。

[101] 自辦農村社區土地重劃申請案件數有大幅增加之趨勢,惟其多係為都市住宅需求及吸引外來人口居住,儼然為變相之住宅社區開發方式,形成農村都市化之實景,並有嚴重侵蝕優良農業用地之情事,顯見現行法令規範及審議機制

正（謝靜琪、白娟華，2011：105-106）。內政部雖覆文認為造成上述問題的主要原因，在於該等農村社區土地重劃是由土地所有權人自行辦理所導致，因而運用審議非都市土地使用分區與使用地變更的權責[103]，將自辦農村社區土地重劃案排除在各直轄市及縣市政府可自行審議之範圍外，而且內政部採嚴格審議的態度後，的確緩和了各地辦理農村社區土地重劃的熱潮，然而有關農村社區條件、擴大社區範圍、傾蝕優良農地疑義及同意重劃人數比例等實質事項，仍受「農村社區土地重劃條例」的規範（謝靜琪、白娟華，2011：106），也被「非都市土地開發審議作業規範」之住宅專編第 23 點第 6 款規定，即訂出公共設施、公用設備用地比例不得低於開發總面積 25% 之標準（內政部，2011：6）限制。

三、臺灣農村社區土地重劃結合農村再生計畫辦理之可行性

另一方面，行政院農業委員會（前稱中國農村復興聯合委員會及省政府農林廳）自 1975 年後，透過各階段不同年期的計畫，改善農村社區的實際環境（參見表一-3）；其中，1982 年後的計畫實則包含農地重劃於 1981 年後的各期計畫（參見表一-1）。2008 年之後，則以農村再生政策與計畫為主導。

行政院農業委員會曾於 1997 年推動「農村計畫法」，2003 年推動「農村建設法」之立法工作，卻因與內政部、衛生署權責競合與衝突關係而告失敗（王俊豪，2004：237）。之後，行政院經濟建設委員會又於 2007 年 6 月提出「農

未臻周延完備。

[102] 自辦農村社區土地重劃之所有權人同意比例為二分之一，如有近半私有土地之所有權人不願參與，易致業務推行時產生爭議與溝通協調之問題，因此有地方政府建議提高現行自辦農村土地重劃之同意比例，以利業務推動時爭議較少。

[103] 即於 2011 年 3 月 4 日修改「非都市土地使用分區及使用地變更申請案件委辦直轄市縣（市）政府審查作業要點」第二點之規定，將自辦農村社區土地重劃案增加在（七）中，以排除直轄市縣市政府代為許可審議核定。

村改建條例」（草案），並依此於同年 10 月核定「農村改建方案」，試圖先行試辦推動農村改建工作，似有成為鄉村發展引導之契機，然因政黨輪替而告終止（林岩，2010：24-25）。「農村再生條例」（草案）於 2008 年 3 月提出第一版法案內容，然在立法過程中為取得各方的共識（林岩，2010：3-6），將原草案中擬規範的農村規劃與整合型農地整備刪除，使得 2010 年 8 月公布施行之「農村再生條例」[104]，實質內容為一缺乏計畫規範與整理地籍工具的農村建設計畫（謝靜琪，2014）。

農村再生之由下而上、計畫導向、社區自治及軟硬兼施的四項推動策略中，由上而下及社區自治的觀念與做法，實承襲社區總體營造之成果（謝靜琪，2014），然策略中設計了農村再生計畫[105]以呈現農村居民對其社區的發展願景，以引導年度農村再生計畫之實質建設投資。

表一-3　臺灣農村規劃及建設相關計畫綜理表

計畫名稱	實施期間	計畫內容	主辦機關
農村綜合發展示範村計畫	1975-1979	• 擴大農場經營規模 • 農事、四健、家政三部門聯合輔導 • 生產、生活環境改善	農復會、農林廳
現代化農村發展計畫	1979-1984	• 農村領導人才培育 • 農民心理建設 • 農村生活環境改善	農發會、農林廳

---

[104] 農村再生條例第 1 條規定，為促進農村永續發展及農村活化再生，改善基礎生產條件，維護農村生態及文化，提升生活品質，建設富麗新農村，特制定本條例。

[105] 農村再生計畫是由農村社區內之在地組織及團體，依據社區居民需要所研提之農村永續發展及活化再生計畫。農村社區之活化再生必須以現有農村社區為計畫範圍，提供現有農村聚落之更新與扶助，經由「培根計畫」之訓練擬訂農村再生計畫，其內容不僅是硬體建設改善，更需兼顧農村特質之維護，如實施結合農業生產、產業文化、自然生態及閒置空間再利用，配合整體規劃建設，建設兼具現代生活品質及傳統特質之農村，以達建設富麗新農村之目標。（謝靜琪，2011）。

計畫名稱	實施期間	計畫內容	主辦機關
		• 農業生產設施改善	
	1980-1983	• 基層小型工程建設	民政廳
	1989-1991	• 農宅及農村環境改善計畫 • 社區發展計畫 • 農漁村社區更新 • 鄉土旅遊計畫 • 偏遠地區居民生活改善 • 均衡地方發展方案	臺灣省政府
農村住宅改善五年計畫方案	1982-1985	• 農村住宅新建貸款 • 農村住宅整建貸款 • 補助低收入農戶整修 • 農村住宅改善示範	農委會、農林廳、住都處
農村住宅及農村社區環境改善計畫	1985-1991	• 農村住宅改善（含新建、整建、補助低收入戶整建） • 農村住宅周邊環境改善（巷道、排水溝、環境美化、綠化等小型工程）	農委會、住都局
農村社區更新計畫	1987-1991	• 農村社區地籍重整交換分合 • 公共設施規劃建設 • 住宅整建	農委會、地政處
改善農村社區環境實施計畫	1991-1997	• 農村綜合發展規劃及建設 • 農村社區更新規劃及建設 • 農民住宅輔建 • 農村社區實質環境改善	農委會、農林廳、水土保持局、漁業局、農業改良場、地政處、原民會
建設富麗農村計畫	1998-2000	• 農村綜合發展規劃及建設 • 農村社區更新規劃及建設 • 農民住宅輔建 • 農村社區實質環境改善 • 原住民地區農村綜合發展建設 • 發展農漁業文化 • 發展休閒及都市農業	三、　精省前 農委會、農林廳、水土保持局、漁業局、農業改良場、地政處、原民會 四、　精省後 農委會、漁業署、農委會中部辦公室、水土保持局、內政部中部辦公室、農業改良場
農村新風貌計畫	2001-2004	• 農村聚落重建 • 改善農村生活環境 • 協助建構農村新生活圈 • 塑造農村聚落綠色建築特色	農委會、農委會中部辦公室、水土保持局、內政部中部辦公室
鄉村新風貌計畫	2005-2008	• 營造農漁村新風貌 • 發展休閒農業 • 促進重建區振興 • 深化鄉村培力	農委會、水土保持局、漁業署

資料來源：湯曉虞，2008：20-21

　　然農村再生計畫的願景與年度農村再生計畫間，仍缺乏土地使用計畫與管制的引導，恐仍無法改善或解決農村土地利用失序之問題。因此，雖然國家發展委員會建議農村社區土地重劃計畫與農村再生計畫結合辦理，內政部土地重劃工程處亦在 2012 年 7 月 3 日與行政院農業委員會研商將二計畫結合辦理的作業配合方式（內政部，2012；行政院農業委員會，2012），然實際推動的成效仍有待觀察。

四、結語

　　臺灣已辦理完成的農地重劃總面積已接近可辦理農地的極限，因此其重要性日低；農村社區土地重劃雖肩負農村社區更新之任務，卻因須滿足重劃負擔的成本，造成農地的大比例流失。因此，臺灣政府目前期望藉由農村再生計畫的框架，令農村社區土地重劃之實施，達成改善農村生活環境之目的。然而，土地的核心問題在如何適當地分配土地價值（參見圖一-1），若改善之道不能妥適反應農村社區土地重劃的重劃效益與重劃負擔時，則此重劃手段之重要性也將日漸降低。

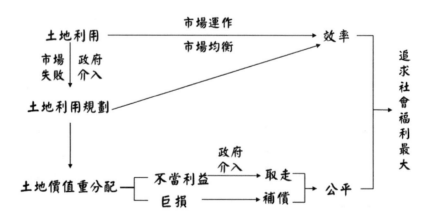

圖一-1 不當利益產生之因及政府介入土地利用之時機
資療來源：謝靜琪，1991

五、參考文獻

丁秀吟、吳彩珠、林森田（2009），農地重劃制度調整方案之評選，*臺灣土地研究* 12(2)：109-133。

中國農村復興聯合委員會（1973），*加速農村建設重要措施第一期補助計劃摘要*，取自：http://www.coa.gov.tw/view.php?catid=7271&print=1，瀏覽日期：2014/08/20。

內政部（1984），*實施農地重劃*，臺北：內政部。

內政部（2003），*農村社區土地重劃條例制定實錄（增訂一版）*，臺北：內政部。

內政部（2011），*「農村社區土地重劃條例修正草案」期末報告書*，臺北：內政部。

內政部（2012），*農村社區土地重劃結合農村再生計畫，改善農村社區生活環境、促進土地合理利用*，取自：
http://www.moi.gov.tw/chi/chi_moi_note/moi_note_detail.aspx?sn=369，瀏覽日期：2014/08/22。

王俊豪（2004），*臺灣農村振興與鄉村發展之研究*，92 年度農民輔導之研究計畫成果摘要報告，237-246，臺北：臺灣農業推廣學會。

行政院農業委員會（2012），*農村再生整體發展計畫暨第一期（101 至 104 年度）實施計畫*，臺北：行政院農業委員會。

吳功顯（2008），*我國農地改革的回顧與前瞻*，農村住宅及農地利用學術研討會與談資料，取自：
http://ccsun.nchu.edu.tw/~hwcheng/html/download-1.html，瀏覽日期：2014/08/20。

李朝賢、林妍儀（1998），農漁村社區更新計畫之績效評估－條件評價法之應用，*農業經濟半年刊* 64：33-60。

林岩（2010），*農村再生條例草案與農村改建條例之比較研究*，臺北：國立臺

灣大學社會科學政治學系碩士論文。

國家發展委員會（2014），*臺灣經濟發展歷程與策略*，取自：
　　http://www.ndc.gov.tw/m1.aspx?sNo=0059032#.U_3Zc8WSzDA，瀏覽日
　　期：2014/08/20。

監察院（2011），*字號 1000001061000530 農村社區糾正案——核定版*，臺北：
　　監察院。

臺灣省政府地政處（1997），農地新風貌—臺灣省農地重劃簡介，臺中：臺灣
　　省政府地政處。

蕭宗裕（2012），*政府補辦臨時工廠登記的管理措施與廠商因應之態度*，取自：
　　http://mymkc.com/articles/contents.aspx?ArticleID=21350，瀏覽日期：
　　2014/08/22。

蕭輔導（1997），*農地重劃上課講義*，未出版。

蕭輔導，2001，我國「農地重劃」與「市地重劃」現況與展望，*人與地* 216：
　　14-19。

謝靜琪（1991），當前土地問題之檢討與建議，*人與地* 86：14-21

謝靜琪（2007），*土地重劃*，臺北：五南出版社。

謝靜琪（2011），*從計畫導向研析農村再生條例各計畫類型之功能與政策關
　　係*，行政院農業委員會水土保持局委託之專題研究報告（編號：
　　SWCB-100-216），南投縣：行政院農委會。

謝靜琪（2014），臺灣以政策及計畫的策略推動農村再生的經驗與成效，*東北
　　亞法研究* 7(3)：269-288。

謝靜琪、白娟華（2011），農村社區土地重劃條例之修法構想芻議，*現代地政*
　　340：105-114。

貳、農村社區土地重劃條例之修法構想芻議[*]

謝靜琪[**]、白娟華[***]

一、緣起

「農村社區土地重劃條例」（以下簡稱農社重條例）的立法目的是促進農村社區土地合理利用及改善生活環境（農社重條例第1條），並且於促進農村社區土地合理利用需要、實施農村社區更新需要、配合區域整體發展需要、配合遭受地震水災風災火災或其他重大事變損壞之災區重建需要等四個時機辦理（農社重條例第5條）。

農社重條例自民國89年1月26日公布施行以來，曾於民國91年12月11日配合行政序法第一百零二條之規定與司法院釋字第313號、第367號、第380號、第390號、第394號等有關授權之目的、內容及範圍應具體明確之解釋，修正公布第8、9、12、15條條文。之後，為配合地方制度法之實施，內政部地政司曾

[*]　本文已刊載在 2011 年出版的現代地政第 340 期，頁 105-114。

[**]　逢甲大學土地管理學系（所）副教授、政治大學法學博士，
E-mail:jchsieh@fcu.edu.tw

[***]　彰化縣彰化地政事務所地價課課長，逢甲大學土地管理學系管理科學碩士

於民國98年期間（4月7日、4月29日及9月25日）共舉行三次會議討論修正農社重條例第4、6、11、13、15、20、22、26、27、29及31條等十一條之部分條文，並於99年3月31日舉行公聽會，再於99年6月7日送內政部法規會審查。然內政部法規委員會之審查後決議全案退回，請地政司就農社重條例全部條文逐條檢討，並重新與充分檢視下列重點：1. 為處理實務上執行農村社區土地重劃所致農地、建地比例失衡問題，請研究條例第3條第2項「適度擴大其範圍」之意義、是否應明確規定以及農社重條例施行細則第2條規定是否提升至法律位階。2. 地政司擬修改農社重條例第4條現行農村社區土地重劃委員會與更新協進會兩者之組織，但是組設目的、時期、任務、作業程序、權責劃分、連繫機制均未明確規定，亦不能與現有相關規定連結，請重新設計、整理條文架構。3. 農社重條例第6條係農村社區土地重劃自計畫至實施之程序規定，請地政司配合第4條條文，並整合非都市土地開發許可審議程序進行相關修正。並請一併釐清、考量土地所有權人自辦時是否亦應適用本條或以類似條文規範。4. 再研議農社重條例第11條第5項提供負擔之比例，並考量土地所有權人自辦農村社區土地重劃之情形是否納入本條或另定條文規範。5. 請釐清與考量農社重條例第13條拆除土地改良物或遷葬墳墓之補償數額查定之依據。6. 請考量農社重條例第15條第1項規定之「開始辦理分配之日」如何認定，以及是否宜於條例及施行細則中明定。

民國99年期間，監察院著手調查行政部門在集村興建農舍或住宅的問題上，是否善盡職責？因而導致監察院於今年（民國100年）調查與興建農舍或住宅有關的農村社區土地重劃之規定與作業問題。監察院提出的調查報告中，以1. 申請人僅須以數棟公寓或集合住宅，即可符合辦理農村社區土地重劃之條件；2. 因現行法令缺乏明確規範，自辦農村社區土地重劃範圍顯有被任意擴大之情事，3. 自辦農村社區土地重劃儼然為變相之住宅社區開發方式，並有嚴重侵蝕優良農業用地之情事；以及4. 自辦農村社區土地重劃之所有權人同意比例不高，易致業務推行時產生爭議與溝通協調等問題，請內政部完備農

社重條例之相關規定。然而，揆諸土地所有權人辦理農村社區土地重劃辦法可知，該辦法乃僅係規範自辦重劃之作業程序，及理監事會之權責等等。所以，有關自辦重劃之農村社區條件、擴大社區範圍、同意重劃人數比例、重劃負擔比例等實質事項，皆以農社重條例為辦理依據。因此，上揭監察院質疑之問題，非僅自辦重劃才會發生。為杜絕將來不斷侵蝕優良農地資源，並真正發揮農村社區整體更新功能與提供農村優質之生活環境，「農村社區土地重劃條例」有再加以檢討修正之必要。

二、問題分析

現今農村產生窳陋破敗的環境，最普遍的原因是共有土地產權問題無法解決，導致土地所有權人無法合理利用土地。其次，臺灣的農村社區因距離都市的遠近、位於平地或坡地、種植主食或雜作或養殖、閩籍或客籍或原住民族群文化等因素，導致多元化的農村社區聚集類型；然而，在此等地區卻又缺乏積極面的土地使用計畫導引，進一步加深農村土地不合理利用的問題。簡要分析此等問題如後。

（一）農村之共有土地產權問題

農村之共有土地可分為分別共有及祭祀公業二種類型。分別共有土地的問題，是因我國的繼承制度導致土地之共有人眾多，而且承續自日據時期與土地總登記之土地登記簿所記載之部分共有人，有些姓名、住址、統一編號難以查證，成為行蹤不明地主；至於祭祀公業土地係以祭祀祖先為目的所設立之財產，由於設立年代久遠，除派下員大會運作正常之公業以外，因為派下員系統不明或公業權利主體認定困難等原因，祭祀公業無法清理，使得農村地區的一些祭祀公業土地缺乏管理，形成建築物老舊、出入不便、缺乏排水設施的環境，而且常由經濟弱勢之部分派下員或非派下員占住。

依現行建築法[106]之規定，土地權利證明文件為申請建築執照必備文件之一；然而建築基地是共有土地時[107]，任一共有人皆須依土地法第34-1條之規定，取得共有人過半數及其應有部分合計過半數之同意，或應有部分合計逾三分之二之共有人同意，始達申請建築門檻。除了現存共有人未必容易取得建築使用之共識以外，行蹤不明的共有人則完全無法徵求其同意使用，使得祭祀公業處理之難度更高。此外，即使部分共有人企圖終止共有關係而擬處分共有土地亦難，因此，如擬促進土地合理利用與改善農村生活環境，共有產權必須以較為強制的方法解決。

然而，現行農社重條例[108]對於共有產權之處理，只將共有產權交由共有人之間自行協議解決，重劃作業再依其協議配合拆分。雖則縣（市）政府可於土地分配之前，測繪共有土地上現有建物位置，且按共有人應有部分模擬分配，提供共有人之間協議參考，以行政作為儘量協助共有產權單有化，然而除了各縣（市）政府願意協助之程度不一以外，共有人自行協議難度高，通常須有積極型共有人出面聯絡與扮演溝通橋樑，才能順利完成單有化與分配位置的協議，使得土地所有權人感受不到重劃手段有何積極方法處理共有產權。對於無法取得共有人過半數及其應有部分合計過半數，或應有部分合計逾三分之二者

---

[106] 建築法第30條之規定，起造人申請建造執照或雜項執照時，應備具申請書、土地權利證明文件、工程圖樣及說明書。

[107] 內政部七十二年十月二十日台（七二）內營字第一八五三四九號函之要旨為共有土地與鄰接土地協議合併建築使用，應有土地法第34條之1之適用，即共有土地依建築法第44條與鄰接土地協議合併建築使用，足以構成共有土地處分或設定負擔行為，應有土地法第34條之1之適用。

[108] 農村社區土地重劃條例第18條第1項第4款之規定，分別共有土地，經共有人過半數及其應有部分合計過半數之同意，且其應有部分計算之應分配面積已達最小分配面積標準者，得分配為單獨所有；但應有部分合計逾三分之二者，其人數不予計算。

同意的共有土地，更無實質幫助。由此可見，農社重條例雖標榜以重劃手段辦理農村社區更新，但是並無法大力解決農村地區普遍的共有產權問題。

（二）農村社區更新方式與配合區域整體發展問題

若將農村社區更新之類型，分為現有公共設施的維護、現有公共設施與老舊房屋的整建、公共設施與建築用地重新配置之整體社區重建等三種類型，則因更新的方式不同，對於公共設施用地之需求亦不相同。簡言之，若採維護及整建方式，則無需增加公共設施用地，然若採重劃方式，則因增設公共設施用地之需要，方有擴大原有社區面積之需要。

重劃時，農村社區擴大倍數之經驗為何？分析78年至100年政府辦理農村社區土地重劃地區之農村社區擴大情形，78年至88年試辦時期共辦理26區重劃區，其農村社區擴大倍數1倍以下者高達69%，顯示此時期重劃是以維護及整建方式進行農村社區之更新；90年至100年農社重條例公布實施後共辦理28區重劃區，然其農村社區擴大倍數有提高的趨勢，即社區擴大1-2倍者占46%，擴大2-3.9倍者占25%，二者合計則有高達71%的社區擴大面積超過一倍以上，顯示立法後的重劃，其更新方式以重建方式進行農村更新。（參見表二-1）

表二-1　78 至 100 年政府辦理農村社區土地重劃地區社區擴大倍數分析

社區擴大倍數	78~88 年試辦		90~100 年立法後		合計	
	重劃區數	%	重劃區數	%	重劃區數	%
1 倍以下	18	69	8	29	26	48
1~2 倍	7	27	13	46	20	37
2~3.9 倍	1	4	7	25	8	15
合計	26	100	28	100	54	100

註：社區擴大倍數＝社區增加面積／原社區面積
資料來源：內政部地政司答覆監察院之公函（100 年 7 月 18 日內授中辦地字第 1000725033 號函）附件資料

　　其次，再分析 90 年至 100 年農社重條例公布實施後土地所有權人自行辦理之土地重劃雖僅 12 區，然而農村社區擴大 2 倍以下者僅占 8%，其餘重劃區皆擴大 4 倍以上，甚至擴大 7-10 倍者達 59%，顯示自辦農村社區土地重劃之更新方式，不但多以重建為主，而且將大量農地變更為建地，此結果是屬農村更新或是配合區域整體發展需要？（參見表二-2）

表二-2　90 至 100 年自辦農村社區土地重劃地區社區擴大倍數分析

社區擴大倍數	重劃區數	%
1 倍以下	0	0
1~2 倍	1	8
4~5 倍	4	33
7~8 倍	3	25
8~9 倍	2	17
9~10.2 倍	2	17
合計	12	100

註：社區擴大倍數＝社區增加面積／原社區面積
資料來源：如表二-1

　　重劃時，原有之農村社區面積究竟有多大？分析 78 年至 100 年政府辦理農村社區土地重劃地區之原有農村社區面積，78 年至 88 年試辦時期的 26 區重劃區，其納入重劃範圍的原有社區面積在 2 公頃以下者僅占 14%，2-5 公頃面積之區數達 67%，7-10 公頃面積之區數則亦有 19%，顯示此時期之重劃已將大部分或整個農村社區納入更新範圍；然而，90 年至 100 年農社重條例公布實施後辦理的 28 區重劃區，納入重劃範圍的原有社區面積在 2 公頃以下者高達 69%，2-3 公頃者亦占 25%，餘僅 1 區面積為 5-6 公頃，此顯示納入重劃範圍的原有社區面積有縮小之趨勢。其次，再分析 90 年至 100 年農社重條例公布實施後土地所有權人自行辦理之 12 區重劃區，納入重劃範圍之原有社區

面積 1 公頃以下者則高達 92%，顯示藉由自辦重劃行擴大建地之實。（參見表二-3）

表二-3　78 至 100 年農村社區土地重劃範圍內原有社區面積之分析

辦理方式	政府辦理						所有權人辦理	
年期	78~88 年試辦		90~100 年立法後		合計		90~100 年立法後	
原有社區	區數	%	區數	%	區數	%	區數	%
1 公頃以	2	7	5	19	7	13	11	92
1~2 公頃	2	7	14	50	16	30	1	8
2~3 公頃	8	32	7	25	15	28	--	--
3~4 公頃	5	20	1	3	6	11	--	--
4~5 公頃	4	15	--	--	4	7	--	--
5~6 公頃	2	7	1	3	3	5	--	--
6~7 公頃	1	4	--	--	1	2	--	--
7~8 公頃	1	4	--	--	1	2	--	--
10 公頃	1	4	--	--	1	2	--	--
合計	26	100	28	100	54	100	12	100

註：原有社區面積係指納入重劃範圍之原有社區面積。
資料來源：如表二-1

　　上述辦理經驗顯示，自農社重條例公布實施後，不論政府辦理或土地所有權人自行辦理重劃，皆以非全部或僅小部分原有社區面積納入重劃範圍，導致此實況之原因乃是農社重條例定義的農村社區，僅以農村社區之土地使用分區與用地編定類別（即非都市地區之鄉村區乙種建築用地、鄉村區以外甲丙種建築用地）規範，此等規範因缺乏類似都市計畫之具目標導向的土地利用計畫引導，使得認定農村社區之條件過於粗略，導致僅單純為住宅用地而開發的問題。

　　再綜合農村社區擴大倍數與原有社區面積之分析顯示，自農社重條例實施以後，農村生活環境的改善方式已朝向只選擇農村社區部分土地並且較大規模

擴大社區範圍的型式。然而,此方向與農村人口數乃至全國人口數逐年下降的事實是矛盾的,更對改善原有社區環境的破敗窳陋沒有幫助。由此顯示,農社重條例中規定的農村社區更新及配合區域整體發展的辦理時機,應更進一步釐清。

　　(三)農村增加公共設施之需要問題

　　農村地區究竟需要何類項目以及何種規模之公共設施,並沒有如都市地區的規劃標準。分析 78 年至 100 年政府辦理農村社區土地重劃地區之公共設施用地比例,78 年至 88 年試辦時期的 26 區重劃區,公共設施用地面積占全部重劃區面積比例 15%以下及 15-25%者計占 65%,較之 25%以上者 35%為多;然 90 年至 100 年立法後的 28 個重劃區,公共設施用地面積占全區面積比例 25%以下者僅占 21%,25-45%者則高達 79%,顯示農社重條例立法後辦理的重劃區公共設施用地較試辦時期之用地面積增加,然此乃因立法後時期多以重建方式更新部分農村社區。(參見表二-4)

表二-4　78 至 100 年農村社區土地重劃區之公共設施用地比例分析

辦理方式	政府辦理						所有權人辦理	
年期	78~88 年試辦		90~100 年立法後		合計		90~100 年立法後	
公共設施	區數	%	區數	%	區數	%	區數	%
15%以下	5	19	--	--	5	9	1	8
15~25%	12	46	6	21	18	33	2	17
25~35%	7	27	19	68	26	49	9	75
35~45%	1	4	3	11	4	7	--	--
45%以上	1	4	--	--	1	2	--	--
合計	26	100	28	100	54	100	12	100

註:公共設施用地比係指重劃區公共設施用地面積占全區面積之比例。
資料來源:表二-1

　　其次,再分析 90 年至 100 年農社重條例公布實施後土地所有權人自行辦

理之 12 區重劃，公共設施用地面積占全區面積比例 25％以下者區數甚少，25-35％者高達 75％，且未有高於 35％以上的比例，顯示自辦重劃亦以重建方式增加公共設施用地，然而更必須在受託專業團隊的成本考量下進行。（參見表二-4）

90 年至 100 年政府辦理與土地所有權人自辦之重劃區公共設施用地比例多在 25％以上，乃因農社重條例規定農村社區土地重劃之全區平均負擔比例為 35％以下（農社重條例第 11 條），且「非都市土地開發審議作業規範」配合農村社區土地重劃區之規定，訂出公共設施、公用設備用地比例不得低於開發總面積 25％（住宅專編第 23 點第 6 款）之標準。然而，為何不同類型、不同區位的農村社區必須規劃設置至少是開發總面積 25％之單一標準，並沒有學理上之依據。而且，因土地所有權人須以土地面積負擔重劃成本，若重劃土地的增值幅度不足，則土地所有權人絕無意願參與，此導致重劃須以農地變更建地之方式提高土地所有權人參與意願。然而，若變更成建地後的土地價格缺乏住宅市場需求時，則仍亦無法誘發土地所有權人投入，因此導致變更建地需求較大的地區是與都市有近便性的農村社區。

為探究以改善農村社區環境為主的重劃，其公共設施用地比例須低於現行規定，本文進一步分析 78 年至 88 年試辦時期之重劃區經驗。26 區重劃區中，有 17 區（65％）重劃區之公共設施用地比例低於 25％，僅 9 區（35％）之公共設施用地比例高於 25％。再依公共設施用地配置比例與所須擴大社區倍數觀之，在公共設施用地比例低於 25％之重劃區中，有 12 區（46％）擴大社區倍數低於 1 倍，另有 5 區（19％）擴大社區 1-2 倍；至於用地比例高於 25％之重劃區中，有 6 區（23％）擴大社區倍數低於 1 倍，僅有 2 區（8％）擴大社區 1-2 倍、1 區（8％）擴大社區 2-3.9 倍。（參見表二-5）此等經驗顯示，現行規範公共設施用地比例之規定，實與前述立法後，不論政府或者土地所有權人自行辦理之重劃皆有增加社區擴大倍數，以及降低原有社區納入重劃範圍之趨勢並存。如真正進行農村社區之環境更新，實不需要配置過高之公共設施用地

比例，此即不會導致過度擴大農村社區範圍，更不會侵蝕農地及為住宅社區之開發。

表二-5　78至88年政府辦理農村社區土地重劃地區公共設施用地比例與社區擴大倍數交叉分析

社區擴大倍數	1倍以下		1~2倍		2~3.9倍		合計	
公共設施用地比例	區數	%	區數	%	區數	%	區數	%
15%以下	2	11	3	42	0	0	5	19
15~25%	10	55	2	29	0	0	12	46
25~35%	4	22	2	29	1	100	7	27
35~45%	1	6	0	0	0	0	1	4
45%以上	1	6	0	0	0	0	1	4
合計	18	100	7	100	1	100	26	100

資料來源：如表二-1

此外，農社重條例規定公共設用地的項目，包含道路、溝渠、廣場、活動中心、綠地及重劃區內土地所有權人認為為達現代化生活機能必要之其他公共設施用地等（農社重劃例第11條），此等設施用地均偏重於生活面，在缺乏土地利用計畫指導之情況下，以開發許可方式劃設形同無限制之農村社區範圍，使得農村社區土地重劃實與市地重劃無異。

簡言之，不論是政府或是土地所有權人辦理之重劃，皆因土地所有權人須負擔公共設施用地之重劃成本，使得期藉由農村社區土地重劃改善農村環境之農村社區，被約制在須有毗鄰農地得以變更為建地，以及與現有都市具近便性之地區。現行之農村社區土地重劃因此並非是改善原有農村社區居住環境之工具，而成為類似市地重劃的住宅用地開發工具。

三、解決問題之構想

（一）解決農村共有產權問題之構想

　　土地重劃之本質，原在藉由地籍之交換分合，令不規則之地界經由地籍之重新整理，乃至拆分共有產權，使土地達合理利用之目的。在我國現行承繼制度未改變之情況下，農村土地的共有產權問題無法得到根本之解決。短期內，本文對於解決共有產權之做法，僅提出突破土地法第 34-1 條共有土地處分應經共有人一定比例人數與土地面積之同意的限制，改以優先考量土地利用為前提，降低目前干擾因素之困擾。因此，本文建議參考土地徵收條例第 25 條未辦繼承土地，得由部分繼承人按其應繼分領取補償費之做法，以避免部分繼承人不願會同、行蹤不明或其他情形未能會同具領補償費，使得全部繼承人均不能領取補償費之立法精神，以滿足現存共有人希求透過重劃使產權單有化之需要，並且分分別共有與祭祀公業土地二類情況分別處理。

　　分別共有土地方面，只要共有人的應有部分經計算應分配面積已達最小分配面積標準者，不論現存共有人或行蹤不明共有人皆逕予分配為單獨所有，以求土地產權單有化；若共有人應有部分經計算應分配面積未達最小分配面積標準者，採取現存共有人與行蹤不明之共有人分別合併分配的做法，以減少共有人數；再者，在原共有土地分配位次方面，現有建物之現存共有人優先原位置分配，其次由現存共有人抽籤決定之位置或經現存共有人過半數之申請由其自行協議分配位置，最後再分配行蹤不明共有人應配土地位次。

　　祭祀公業土地方面，基於設立祭祀公業之目的係為祭祀祖先，宜透過派下現員決定與依祭祀公業條例由政府標售土地等方式，終止公同共有關係。因此，祭祀公業土地採取自行協議與有利於優先購買權人實際使用等兩種做法。然而，若祭祀公業已清理者，除現有祠堂以原位置分配以外，祭祀公業召開派下員大會決定之公業土地繼續公同共有關係時，則依公業土地原位次分配，若派下員大會決定解散公同共有關係時，則依派下現員協議之結果分配土地。若祭祀公業未清理者，則依祭祀公業條例之規定，標售時有具優先購買權人（地上權人、典權人、永佃權人、基地或耕地承租人、共有土地之他共有人、占有達十年以上之占有人）申請時，須參考祭祀公業土地上現有房屋位置與戶數，

逕予拆分為數宗土地,以利優先購買權人聲請購買該祭祀公業土地,以促進土地合理使用(第52條)。

(二)解決農村更新方式不明確與社區擴大標準等問題之構想

在現行土地稅制度無法適時課取土地漲價之社會增值,以滿足公共建設乃至社會福利之施政需要之情況下,土地重劃之負擔乃成為一種使用者付費之類租稅做法。因此,在重劃負擔之要求下,反而設定了地價上漲之底限。然而,地價水準又有整體區位之客觀水準,因此,重劃後地價又被約制在此客觀水準之條件內,否則,即無法推動土地重劃。

然而,臺灣的農村分布在不同的區位上,即農村社區或是位於都市邊緣、或是農業生產地區、甚至更偏遠地區,區位條件之巨大差異使得重劃後地價更被約制在客觀的地價水準中。再者,更新方式可分維護、整建及重建。農村社區的公共設施,並非全部皆需以重建方式辦理,更多的現有公共設施僅須以維護或整建的方式處理即可,而不須取得公共設施用地。簡言之,不同的更新方式實又影響土地增值之幅度。

基此,本文建議以不同的更新方式,區隔重劃負擔項目與比例,並因此設定農村社區擴大範圍之倍數限制,以解決現行重劃被視為住宅開發手段之問題。本文即建議以農村社區公共設施維護、農村社區公共設施整建及農村社區公共設施重建(併同配合區域整體發展需要)之三類型,提出解決問題之構想如後。

農村社區公共設施維護之重劃,其為取得現有部分公共設施用地之土地所有權,以及道路及溝渠整修工程費、老屋整修維護費、景觀綠美化費、生態池整修工程費、自來水電信電力整修工程費、建築物拆遷補償費、重劃作業費及貸款利息重劃費用之需求,因此,設定此類之重劃總負擔比例不超 20%,並且擴大農村社區範圍須在 0.5 倍以下。

農村社區公共設施整建之重劃,其為取得部分公共設施用地之土地所有

權，以及道路及溝渠整建工程費、老屋整建維護費、景觀綠美化費、污水淨化設施整建工程費、集貨場或農機維修場整建工程費、自來水電信電力整建工程費、建築物拆遷補償費、重劃作業費及貸款利息重劃費用之需求，因此，設定此類之重劃總負擔比例為 20%~35%，並且擴大農村社區範圍須在 1 倍以下。

農村社區公共設施重建之重劃，其為取得公共設施用地之土地所有權，以及道路及溝渠工程費、老屋整建維護費、景觀綠美化費、污水淨化設施工程費、集貨場或農機維修場搭建工程費、必要設施之施工費及材料費、自來水電信電力工程費（或含地下化工程費）、下水道管線工程費、建築物拆遷補償費、重劃作業費及貸款利息重劃費用之需求，因此，設定此類之重劃總負擔比例為 35%~45%，並且擴大農村社區範圍須在 2 倍以下。

至於各類型重劃之擴大農村社區範圍實際倍數，則須依原有農村社區之人口數與建築量體之基礎，以平均人口密度與平均建地容積率兩種標準，實際計算社區可擴大的面積。

四、建議修正之法條條文

（一）主要法條條文

依據解決問題之構想，建議修正「農村社區土地重劃條例」之主要條文如下：

修正項目	「農村社區土地重劃條例」之主要條文
1. 農村社區定義	第 3 條，並結合條例細則第 2-1 條
2. 重劃區範圍與勘選標準	第 3 條，並結合條例細則第 3 條
3. 修正辦理時機中之促進農村社區土地合理利用	第 5 條
4. 重劃負擔、負擔項目	第 10 條、第 11 條
5. 重劃辦理方式與經費補助	第 11 條、第 7 條
6. 解決共有產權問題	第 18 條

（二）其他配合修正之法規條文

1. 農村社區土地重劃條例施行細則

修正項目	「農村社區土地重劃條例施行細則
1. 配合修正提送開發許可事宜	第 2 條
2. 農村社區定義	第 2-1 條
3. 配合修正重劃區勘選標準	第 3 條
4. 重劃計畫書應含內容	第 5 條
5. 配合修正重劃共同負擔項目	第 11 條

2. 非都市土地開發審議作業規範

修正項目	「非都市土地開發審議作業規範」專編第一編住宅社區條文
農村社區土地重劃區之公共設施用地面積比例，配合農社重條例第 11 條修正	第 23 點之（六）

參、整合型農地整備之構想[*]

第一節　整合型農地整備法制

　　農村再生政策是擬透過農村再生計畫之擬定及推動，有計畫地實施農村活化。農村再生計畫除了改善農村社區之現代化生活需要之外，尚須創造有效的各類生產與服務環境以及永續性的生態發展之整體規劃及建設。為滿足此活化農村社區與農業用地之需求，必須與農村再生發展區計畫，同時建立整合型農地整備實施計畫，積極地改善農村社區生活環境，提供農村社區產業發展用地，消極地防止農舍零散興建，以促進農村社區整體發展、維護優良生產環境、農村景觀及文化，並解決農村發展需要之土地產權問題，達到永續發展之最終目的。

　　本法以「農村再生條例（草案）」為立法依據，在現行「農業發展條例」及配套（新訂）的「農村再生發展區土地使用管理辦法」規範下，創設同時積

[*] 本文為作者辦理行政院農業委員會水土保持局 2009 年之「農村社區與農業用地永續發展之整合型管理機制之研析」研究案部分成果。

極保護優良農田、生態環境與改善農村社區生活環境之換地機制,並且參照現行適用之農地重劃與農村社區土地重劃之配地機制,以形成有別於現行之農地重劃及農村社區土地重劃之開發方法。重要內容包括總則、整備區範圍之選定、整合型農地整備實施計畫之擬定與核定、整備負擔及工程、土地分配及異議處理、權利清理及地籍整理、監督與管理、附則等共計八章之內容,簡要說明如下:

一、「總則」依循農村再生政策指導與整備之目標,規範立法意旨、主管機關、名詞定義、相關協調會與協進會之設置、與農村再生計畫之關係及完成農地整備之土地管理等內容。

二、「整備區範圍之選定」將規範辦理整備之時機、評估原則、勘選範圍、成立條件等內容。

三、「整合型農地整備實施計畫之擬定與核定」將規範整備實施計畫之計畫書內容、擬定及核定機關之權責與程序等內容。

四、「整備負擔及工程」將規範整備之負擔項目、負擔之計算方式、拆遷補償項目及工程施工程序等內容。

五、「土地分配及異議處理」將規範土地之交換分合與分配之方法、分配面積之計算、土地分配之程序及異議處理等內容。

六、「權利清理及地籍整理」將規範整備後之地籍整理相關工作,包括權利狀態、登記、補償、興建農舍之註記、移轉限制、抵費地之處理及優先購買權之賦予等內容。

七、「監督與管理」將規範公共服務設施之管理維護、財務結算等內容。

八、「附則」將規範特別情況之整備、地價計算、稅賦減免及本法之施行日期等內容。

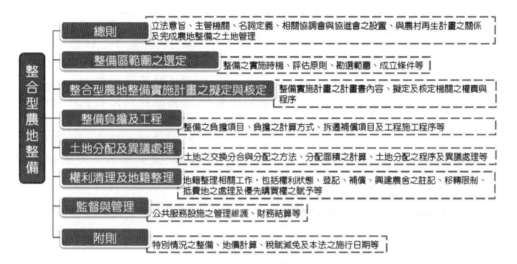

整合型農地整備

總則　立法意旨、主管機關、名詞定義、相關協調會與協進會之設置、與農村再生計畫之關係及完成農地整備之土地管理

整備區範圍之選定　整備之實施時機、評估原則、勘選範圍、成立條件等

整合型農地整備實施計畫之擬定與核定　整備實施計畫之計畫書內容、擬定及核定機關之權責與程序

整備負擔及工程　整備之負擔項目、負擔之計算方式、拆遷補償項目及工程施工程序等

土地分配及異議處理　土地之交換分合與分配之方法、分配面積之計算、土地分配之程序及異議處理等

權利清理及地籍整理　地籍整理相關工作，包括權利狀態、登記、補償、興建農舍之註記、移轉限制、抵費地之處理及優先購買權之賦予等

監督與管理　公共服務設施之管理維護、財務結算等

附則　特別情況之整備、地價計算、稅賦減免及本法之施行日期等

圖三-1　整合型農地整備法（規）架構圖

表三-1　整合型農地整備法（規）架構概述

章目	章名	條目	內容
第一章	總則	第1條至第6條	依循農村再生政策指導與整備之目標，規範立法意旨、主管機關、名詞定義、相關協調會與協進會之設置、與農村再生計畫之關係及完成農地整備之土地管理等內容。
第二章	整備區範圍之選定	第7條至第11條	辦理整備之時機、評估原則、勘選範圍、成立條件等內容。
第三章	整合型農地整備實施計畫之擬定與核定	第12條至第19條	整備實施計畫之計畫書內容、擬定及核定機關之權責與程序等內容。
第四章	整備負擔及工程	第20條至第31條	整備之負擔項目、負擔之計算方式、拆遷補償項目及工程施工程序等內容。
第五章	土地分配及異議處理	第32條至第47條	土地之交換分合與分配之方法、分配面積之計算、土地分配之程序及異議處理等內容。
第六章	權利清理及地籍整理	第48條至第62條	整備後之地籍整理相關工作，包括權利狀態、登記、補

章目	章名	條目	內容
			償、興建農舍之註記、移轉限制、抵費地之處理及優先購買權之賦予等內容。
第七章	監督與管理	第63條至第67條	公共服務設施之管理維護、財務結算等內容。
第八章	附則	第68條至第74條	特別情況之整備、地價計算、稅賦減免及本法之施行日期等。

　　本文藉由第二階段之專家學者座談會之討論與第四章之案例模擬後,經本研究開會討論應採納座談會上專家學者之意見,進行修改、增加與刪除部分條文後,再透過案例模擬執行操作調整整備負擔之公式,其完整之整合型農地整備法(規)條文內容(參見表三-2、圖三-2及圖三-3)及採納專家學者之意見而刪除之條文內容(參見表三-3)整理如下。

表三-2　整合型農地整備法(規)條文內容

整合型農地整備法(規)(990527)	討論過程
第一章　總則	
第一條(立法意旨)　　為促進農村社區及鄰近生產環境,作有計畫之建設、管理及保育,由主管機關調整農村生產、生活及生態空間,研擬整合性機能使用之整體實施計畫,並對土地作交換分合之處理,特制定本法;本法未規定者,適用其他法律之規定。	參考「農村再生條例(草案)」第3條。 　　採納第4場座談會議題一第三點意見,「本辦法宜強調其目的,如生活環境整備係針對聚落中窳陋、產權不清用地之調整及補充相關公共設施;而生產環境整備則是為抑制農舍興建、既有農舍拆移、既有建地拆遷、設施調整。」
第二條(主管機關)　　本法所稱主管機關:在中央為行政院農業委員會;在直轄市為直轄市政府;在縣	參考「農村再生條例(草案)」第2條。

整合型農地整備法（規）（990527）	討論過程
（市）為縣（市）政府。	
第三條（名詞定義） 　　本法用辭定義如后： 一、整合型農地整備：依農村再生發展區計畫，以本法所規定之實施時機進行土地交換分合，並配合公共服務設施之設置，以達到保護耕地、提升農村生產、生活及生態空間品質之目的。 二、整合型農地整備區（以下簡稱整備區）：指依本法訂定之程序，所劃定之實施整合型農地整備範圍。 三、毗連：指同一地段及相連地界者。	採納第 3 場座談會議題三之第十點意見，「第四條第一項第三款中的「毗連」亦應予以定義說明。」
第四條（整合型農地整備審議協調會與協進會之設置） 　　中央主管機關、直轄市或縣（市）主管機關為辦理整合型農地整備，應遴聘（派）機關人員、整備區之鄉（鎮、市、區）長、學者專家及整備區內土地所有權人代表，組設整合型農地整備審議協調會；並應於實施整備地區之鄉（鎮、市、區），遴聘（派）該鄉（鎮、市、區）長及其公所人員、農會代表、農田水利會代表、相關村里長、地方公正人士、學者專家及整備區內土地所有權人代表，組設整合型農地整備協進會，協助辦理整合型農地整備之協調推動事宜。	採納第 3 場座談會議題一之第二點意見，「建議第三條參考現行重劃組織協調會與協進會之規定。」。 　　採納第 3 場座談會議題一之第四點意見，即將原委員會分為整合型農地整備審議協調會及整合型農地整備協進會二層級。 　　採納第 4 場座談會議題一之第四點意見，「第三條之整備委員會，宜有更精確的委員人數及組成比例之規定；建議增加由中央主管機關或地方機關規定成員或其他之相關內容。
第五條（與農村再生計畫之關係） 　　直轄市或縣（市）主管機關就實施農村再生計畫之地區，為促進農村社區整體發	參考「農村再生條例（草案）」第22、23 條（第三章：農村土地活化）。

整合型農地整備法（規）（990527）	討論過程
展、維護優良生產環境、農村景觀及文化，依本法所定勘選原則，選定既有農村社區與鄰近農地，擬訂農村再生發展區計畫及整合型農地整備實施計畫。	
第六條（完成農地整備後之土地管理）　　整合型農地整備實施完成之地區，由主管機關依農村再生發展區計畫管理全區之使用。	
第二章　整備區範圍之選定	
第七條（辦理整合型農地整備之時機）　　符合農村再生之政策方針，在農村再生計畫之指導下，有下列情形之一者，直轄市或縣（市）主管機關得報請中央主管機關核定辦理整合型農地整備： 一、依據農業發展需要，須辦理農村生產及生活空間建設者。 二、依據農村整體發展需要，須辦理社區建設及增加公共服務設施者。 三、配合農村之古蹟民俗文物維護、自然生態保育需要。 四、農業區或農村社區內有妨礙整體景觀、公共安全、衛生或土地利用之窳陋破敗地區。	採納第 4 場座談會議題一之第一點意見，「整備區選定之條文內容，尚未與農村再生計畫掛鉤，應釐清整備機制與農村再生計畫間有何關聯，以附加於農村再生計畫中，始具其意義，否則將造成行政上之不便」。 　　採納第 4 場座談會議題一之第十點意見，「整合型農地整備為農村再生之開發工具之一，並非是唯一之工具，因此實施整備必須在農村再生計畫及農村再生發展區計畫等上位計畫規劃原則下，視計畫之需求才進行辦理，達到規劃之目的。」
第七條（辦理整合型農地整備之時機）　　有下列情形之一者，直轄市或縣（市）主管機關得報請中央主管機關核定辦理整合型農地整備： 一、既有農村社區與鄰近已實施農地重劃之農地。 二、既有農村社區與鄰近具有農業生產價值之農地。 三、既有農村社區與鄰近具有觀光休閒產業	採納第 3 場座談會議題一之第六點意見，「第五條二個參考條文，以第一個為佳；第一個參考條文之第一項第三款（配合農村整體發展增加

整合型農地整備法（規）（990527）	討論過程
價值之農地。 四、既有農村社區與鄰近具有生態價值之農地。 五、經行政院指定既有農村社區與具有發展生產價值或生態價值之農地。	公共設施需要）及第四款（農業區或農村社區內有妨礙整體景觀、公共安全、衛生或土地利用之窳陋破敗地區），較不符合整合型農地整備辦理之要件，建議再修正，並建議於母法規定之。」 　　採納第 3 場座談會議題一之第八點意見，「第一項第一款之農村發展需要與第三款之公共設施需要，其規定時機可能有重覆之處，應予釐清。」 　　採納第 3 場座談會議題一之第九點意見，「農村社區中常見問題為公共設施用地不足，不論是取得用地的經費或是用地變更均困難重重，是否也為辦理時機之要。」 　　採納第 3 場座談會議題一之第十一點意見，「整合型農地整備區缺乏生產與生態面向著墨，可能產生僅對建築土地強調的疑義。」 　　採納第 3 場座談會議題二之第四點意見，「建議將農村社區土地重劃條例中有關古蹟民俗文物維護之內容，於整合型農地整備實施計畫中呈現，以取得古蹟文物保存與

整合型農地整備法（規）（990527）	討論過程
	開發行為之平衡。」
第八條（勘選整備區之評估原則） 　　直轄市或縣（市）主管機關勘選整備區時，應就下列原則評估選定： 一、農村整體發展之需要。 二、土地使用狀況。 三、農村建地與增加公共服務設施之需要。 四、土地所有權人意願。 五、明顯之地形、地物界線。 六、財務計畫。 七、其他特殊需要。 　　整備區之勘選，應兼顧農業發展規劃與農村社區建設，得不受行政區域之限制。	採納第 3 場座談會議題一之第十四點意見，「第八條所列七款評估原則，較偏農村生活面向，尚欠缺有關農業生產面向之內容，建議再修正。」 　　採納第 3 場座談會議題一之第十五點意見，「第八條第一款第三項建議修正為農村建地與增加公共服務設施之需要」。
第九條（選定整備區） 　　直轄市或縣（市）主管機關依第八條（勘選整備區之評估原則）規定勘選整備區時，應先取得農村基本資料，以實地測量與現況調查、訪談、問卷調查或其他方式詳細調查當地生產、生活與生態環境，並舉行村里座談會以切實了解當地居民需求及意見後，檢附擬辦整備區範圍圖及勘選報告表，報請中央主管機關複勘並核定。 　　前項擬辦整備區範圍圖，應於地籍圖上以圖例標明整備區界址與其四至、整備區內農地分布情形、整備區內外主要交通、排水狀況及整備區內聚落或明顯特殊建築物位置。	採納第 3 場座談會議題一之第十六點意見，「建議修正為「中央主管機關得會同有關機關複勘並核定之」」。 　　未採納第 3 場座談會議題一之第一點意見，建議「應先徵詢整備區內土地相關權利人之意見」移至第三章，邏輯上較為妥適。 　　未採納第 3 場座談會議題一之第三點意見，「第六條中規定直轄市或縣（市）主管機關辦理整合型農地整備實施計畫應先取得當地基本資料，其中包括實地測量部分，是否應於整備工作初始就要進行繁複的測量工作，提供研究單位再斟酌。」

整合型農地整備法（規）（990527）	討論過程
第十條（辦理整備區之成立條件） 　　整備區之選定，應取得整備區內私有土地所有權人超過五分之三，且其所有土地面積超過整備區內私有土地總面積三分之二之同意。但私有土地所有權面積均超過五分之四同意者，其所有權人數不予計算。整備區內之公有土地，一律參加。 　　共有土地應得共有人過半數及其應有部分合計過半數之同意，但其應有部分合計逾三分之二者，其人數不予計算。 　　私有土地所有權人數與土地面積比例之計算，不包括下列各款： 一、依法應予保存之古蹟及聚落。 二、經協議保留，並經直轄市或縣（市）主管機關核准且登記有案之宗祠、寺廟、教堂。 三、經政府代管或依土地法第七十三條之一規定由地政機關列冊管理者。 四、經法院囑託查封、假扣押、假處分或破產登記者。 五、祭祀公業土地。但超過三分之一派下員反對整備區之選定時，應予計算。 　　直轄市或縣（市）主管機關應將同意比例統計，列入農村再生發展區計畫中。 　　土地所有權人同意參加者，應於書面簽名或蓋章，其未表示意見者，視為不同意。	採納第 3 場座談會議題一第十九點及第 3 場座談會議題一第十八點意見，「第十條第一項但書超過五分之四，人數不予計算，可茲同意，建議宜於母法規範」，本研究納入本條文中。 　　未採納第 3 場座談會議題一第十七點及第 3 場座談會議題一第二十點意見，「辦理整備區之門檻規定，實際執行難度相當高，建議降低門檻規定」。
第十一條（土地及合法建築物之權利認定） 　　本法第十條（辦理整備區之成立條件）所稱同意人數、面積之計算，應以整合型農地整備計畫、圖公開展覽完成之日土地登記簿所記載者為準。但因繼承、強制執行或法院判決已取得所有權，並能提出證明文件	採納第 4 場座談會議題一之第八點意見，「其土地所有權人參與意願簽名蓋章之部分，實務上多是灌人頭、做假帳，建議這部分應按照市地重劃或農村社區土地重劃作

整合型農地整備法（規）（990527）	討論過程
者，不在此限。 　　土地所有權人之同意，應檢附下列證明文件： 一、土地及合法建築物之權利證明文件：地籍圖謄本、土地登記簿謄本、建物登記簿謄本或合法建物證明。該地籍圖謄本、土地登記簿謄本及建物登記簿謄本之有效期限，以登記機關核發之日起三個月為限。 二、私有土地及合法建築物所有權人出具之同意書。 　　整備區之意願調查，直轄市或縣（市）主管機對同意人數比例之確認，除有民法第八十八條、第八十九條、第九十二條規定情事或雙方合意撤銷者外，應以中央主管機關複勘時為準。	一限制，以防堵投機之行為。」 　　採納第 4 場座談會議題一之第九點意見意見，「第十一條與土地法第三十四條有點類似，若本法為法律位階時則無問題，但為命令位階時，則可能會違反法律保留原則，建議放在法律的位階較為適當。 　　**未**採納第 3 場座談會議題一之第二十一點，農地整備應僅有政府主辦而無自辦空間，建議刪除第十一條同意書與撤銷同意條文內容。

第三章　整合型農地整備實施計畫之擬定與核定

整合型農地整備法（規）（990527）	討論過程
第十二條（實施計畫之書、圖內容） 　　整合型農地整備實施計畫書、圖之內容，應至少就下列事項分別表明，並檢具整備區範圍圖： 一、整備目的。 二、法令依據。 三、整備區之四至及面積。 四、土地權屬及其面積。 五、土地所有權人同意比例。 六、土地使用現況。 七、歷次聽證會結論及處理情形。 八、土地使用與公共服務設施計畫。 九、工程規劃內容與經費估算。 十、預估公共服務設施用地負擔與整備費用負擔。	採納第 4 場座談會議題二第一點意見，「因實施計畫書提出前已確定勘選範圍，故建議刪除第一項第三款之整備區勘選原則」。 　　採納第 4 場座談會議題二第四點意見，「第十三條之公聽會與聽證會兩者法律概念不同，聽證是一個程序，在行政程序法第五十四條有正式的規定；而一般公聽會為公開的說明，政府說了就算，沒有拘束力；建議參照行政程序法第五十四條以及第一百六

整合型農地整備法（規）（990527）	討論過程
十一、土地分配作業原則。 十二、整備總費用、經費來源等財務計畫分析。 十三、預定工作進度。 十四、建議及配合事項。 十五、其他經直轄市或縣（市）主管機關指定之事項。	十四條，宜刪除其中一種」。 　　未採納第 3 場座談會議題二第三點意見，「辦擬整合型農地整備涉及土地使用變更是否應研擬開發計畫、水土保持或環境影響評估？此外，是否應有負擔比例之計算公式？」。
第十三條（實施計畫之擬訂及核定） 　　直轄市或縣（市）主管機關擬訂整合型農地整備實施計畫及農村再生發展區計畫後，應辦理聽證會，相關記錄併同整合型農地整備實施計畫書、圖，經直轄市或縣（市）整合型農地整備審議協調會審查，通過後報請中央主管機關核定。	採納第 3 場座談會議題一之第四點意見，即將原委員會分為整合型農地整備審議協調會及整合型農地整備協進會二層級。
第十四條（實施計畫之公開展覽與實施） 　　直轄市或縣（市）主管機關應於收訖中央主管機關核定通知後六十日內，將整合型農地整備實施計畫書、圖及農村再生發展區計畫，於整備區所在各該直轄市或縣（市）政府及鄉、鎮、縣轄市公所公開展覽三十日，並通知土地所有權人舉行說明會；公開展覽期滿實施之。	採納第 3 場座談會議題二之第五點意見，「第十三條（擬訂後報核前應辦理公聽會或聽證會）與第十五條（報核前舉行說明會）有何不同？可否合併為一條？」 　　採納第 3 場座談會議題二之第七點意見，「於中央主管機關核定之整合型農地整備實施計畫前，能否於公開展覽期滿實施之？」 　　採納第 3 場座談會議題二第九點意見，「第十五條及第十六條規定之程序似有衝突，建議修正為公開展覽期滿

整合型農地整備法（規）（990527）	討論過程
	無人異議後才實施」。
	未採納第 3 場座談會議題二第八點意見，「公開展覽地點，是否可能增加社區與地方？」。
第十五條（實施計畫之異議處理與計畫修正） 　整合型農地整備實施計畫書、圖公開展覽期間，整備區土地所有權人若有異議，應以書面說明理由，並註明其土地之坐落、面積、姓名、住址、出生年月日、身分證字號，於簽名或蓋章後，向直轄市或縣（市）主管機關提出。 　前項公開展覽期間內，整備區內土地所有權人過半數以上，且其所有土地面積超過整合型農地整備土地總面積半數者表示異議時，直轄市或縣（市）主管機關應予調處，並修正農村再生發展區計畫及整合型農地整備實施計畫，報請中央主管機關分別備查及核定後始得實施。 　直轄市或縣（市）主管機關重行報請核定時，應說明異議調處情形、修訂理由及土地所有權人提出意見而未採納之理由，並檢附土地所有權人提出反對意見書供中央主管機關參考。 　直轄市或縣（市）主管機關重行報請中央主管機關分別備查及核定農村再生發展區計畫及整合型農地整備實施計畫後，依其結果發佈實施，並應將不能採納之理由函復異議人。	採納第 3 場座談會議題二第十一點意見，「土地所有權人人數與土地面積門檻核計標準不同（一為半數以上、一為超過半數），雖無不當但建議以統一為佳」。修正為均過半數同意。 　未採納第 3 場座談會議題二第十二及十點、第 4 場座談會議題二第六點意見，「異議門檻標準雖源自『農村再生條例（草案）』，但賦予土地所有權人異議之機會是否適當？因整合型農地整備既已事先徵詢高門檻之同意，事後再允許地主異議，似非妥適，且其公開展覽期間之異議處理方式恐將造成整合型農地整備推展不易，亦有修正之討論空間」。修正為回歸一般重劃程序。 　未採納第 3 場座談會議題二第十三點意見，「第四項所規定，直轄市或縣（市）主管機關應將不能採納之理由函復異議人，在實務處理上可

整合型農地整備法（規）（990527）	討論過程
	能會有問題，請研究單位再斟酌」。
第十六條（實施計畫之修正與調處時機及異議書面規定） 　　直轄市或縣（市）主管機關依本法第十五條規定（實施計畫之異議處理與計畫修正）修正整合型農地整備實施計畫書、圖或為同條第二項調處，應分別於聽證會結束或公開展覽期滿之翌日起三十日內為之。	建議訂定於施行細則。
第十七條（整備區之公告禁止事項） 　　直轄市或縣（市）主管機關於整合型農地整備實施計畫書、圖公開展覽期滿後，公告於一定期限內禁止該整備區內建築改良物之新建、增建、改建及採取土石或變更地形。 　　前項禁止期間，不得超過一年六個月。 　　第一項公告禁止事項，無須徵詢土地及建築改良物所有權人之意見。	參考「農村社區土地重劃條例」第8條修正。
第十八條（公告禁建施工中建物之處理） 　　整備區經直轄市或縣（市）主管機關依本法第十七條（整備區之公告禁止事項）規定公告禁建後，在公告禁建前已依法核發建造執照正在施工中之建築物，依下列規定處理： 一、經審核不妨礙整備工程及土地交換分合者，得准其依原核發建造執照繼續施工。 二、經審核有妨礙整備工程或土地交換分合者，應通知其停工或限期改善，並應給予適當之補償。	參考「農村社區土地重劃施行細則」第8條。 建議訂定於施行細則。
第十九條（整合型農地整備業務之委託辦理） 　　直轄市或縣（市）主管機關於必要時，	採納第3場座談會議題二之第十四、十五點意見，「除了得將部分整合型農地整備

整合型農地整備法（規）（990527）	討論過程
得將部分整合型農地整備業務委託法人、學術團體或其他機關辦理。	業務委託法人、學術團體或事業機構辦理外，建議應將政府機關納入」；「第二項應不必將委託辦理事項逐條規定」。
第十九條（整合型農地整備業務之委託辦理） 直轄市或縣（市）主管機關於必要時，得將部分整合型農地整備業務委託法人、學術團體或其他機關辦理。	採納第 3 場座談會議題二之第十四、十五點意見，「除了得將部分整合型農地整備業務委託法人、學術團體或事業機構辦理外，建議應將政府機關納入」；「第二項應不必將委託辦理事項逐條規定」。
第四章　整備負擔及工程	
第二十條（整備負擔） 　　整合型農地整備區內，配合農村再生發展區計畫劃定供公眾使用之公共服務設施用地及農、水路用地，除以各該原公有公共服務設施用地、未登記地及得無償撥用取得之公有農路、水路、道路、溝渠、河川等土地抵充外，其不足之用地與貸款利息、稅捐及管理費用、拆遷補償費用，由整備區內之土地所有權人按各宗土地之受益比率共同負擔，並按整備後評定地價，以整備區內之土地折價抵付。 　　整合型農地整備所需之工程費用及整合型農地整備費用，經中央主管機關核定後由中央政府負擔。 　　第一項各宗土地之折價抵付共同負擔之面積比例，不得超過百分之三十五。但經整備區內私有土地所有權人同意者，不在此限。	採納第 3 場座談會議題三之第二、三點意見，「農田水利會所有農、水路土地與原公有道路、溝渠、河川及未登記土地等土地，該兩者性質不同。」 　　採納第 3 場座談會議題三之第六點意見，將第二十條建議調整至本條文中，參考「農村社區土地重劃條例部分條文修正（草案）」，給予已辦竣農地重劃之土地再斟酌減免負擔，以提高參與誘因。 　　採納第 4 場座談會議題三之第一點意見，「第十九條第三項第一款與第二款之部分，第一款是「原為公有」及農田水利會所有農地、水路之土地，第二款是「原公有」道

整合型農地整備法（規）（990527）	討論過程
	路、溝渠、河川及未登記土地等土地，建議文字統一。」 　　採納第 4 場座談會議題三之第二點意見，「第十九條折價抵付土地倘超過百分之三十五，有無但書之規定？」
第二十一條（公共服務設施用地負擔之認定） 　　本法第二十條（整備負擔）所定整備區內原公有農路、水路、道路、溝渠及河川土地，指整合型農地整備實施計畫書、圖核定時，實際作農路、水路、道路、溝渠、河川使用及原作農路、水路、道路、溝渠、河川使用已廢置而尚未完成廢置程序之公有土地。 　　本法第二十條（整備負擔）規定應抵充農、水路用地之土地，直轄市或縣（市）主管機關應於整合型農地整備實施計畫書公開展覽時，同時通知其管理機關或農田水利會不得出租、處分或設定負擔。	參考「農村社區土地重劃施行細則」第 12 條。 　　建議訂定於施行細則。
第二十二條（共同負擔用地及費用之減免） 　　整備後分配予下列土地之所有權人，依第二十條（整備負擔）規定比例分擔之共同負擔用地及費用，得視其受益程度予以減免： 一、整備區內土地，未能劃分坵塊及施設農、水路予以改良者。 二、整備區內之農牧用地，因地形、地勢特殊，未能施設灌溉系統者。 三、原已臨接路寬六公尺以上之道路且灌溉情況良好之土地。	

整合型農地整備法（規）（990527）	討論過程
四、交通情況及排水系統原已良好之養魚池或農舍。 　　前項減免標準，由直轄市或縣（市）主管機關定之。設有整合型農地整備審議協調會者，直轄市或縣（市）主管機關得參酌其意見定之。	
第二十三條（實際面積少於登記面積之處理） 　　整備區內土地實際面積少於土地登記總面積而未能更正者，其差額得列入共同負擔。	
第二十四條（公共服務設施之變更或廢置） 　　整備區內原農路、水路、道路、溝渠、河川土地或其他供公共使用之土地，得因實施整合型農地整備予以變更或廢止之。	
第二十五條（土地調查及地價查估） 　　直轄市或縣（市）主管機關應調查整備區內各宗土地之位置、地勢、使用狀況、交通及利用情形，並斟酌整備前後各宗土地利用價值，提經地價評議委員會評定後，作為計算公共服務設施用地負擔、費用負擔、土地交換分合及變通補償之標準。 　　前項標準，由中央主管機關另訂之。	採納第 3 場座談會議題三之第七點意見，「建議增加整備前後各宗土地利用價值查估之內容」。 　　採納第 4 場座談會議題三之第四點意見，「第二十一條與第二十七條之重劃前後地價部分有矛盾，建議請修正。」 　　採納第 4 場座談會議題二之第五點及第 4 場座談會議題三之第三點意見，「加上第二項，前項標準，由中央主管機關另訂之」。
第二十六條（整備前後地價之查估方式） 　　本法第二十五條（土地調查及地價查	參考「農村社區土地重劃

整合型農地整備法（規）（990527）	討論過程
估）規定整備前後地價，應依下列規定查估： 一、整備前之地價應先調查土地位置、地勢、交通、使用狀況、買賣實例及當期公告土地現值等資料，分別估計整備前各宗土地地價。 二、整備後之地價應參酌各街廓土地位置、地勢、交通、道路寬度、公共服務設施及整備後預期發展情形，估計整備後區段價或路線價。	施行細則」第10條。 建議訂定於施行細則。
第二十七條（土地改良物之拆遷補償） 　　整備區內應行拆遷之土地改良物或墳墓，直轄市或縣（市）主管機關應予公告，並通知其所有權人或墓主，土地改良物限期三十日內、墳墓限期三個月內自行拆除或遷葬。逾期不拆除或遷葬或為無主無法通知者，得代為拆除或遷葬。 　　前項因整備而拆除之土地改良物或遷葬之墳墓，應予補償；其補償數額，由直轄市或縣（市）主管機關查定之。但違反第十七條（整備區之公告禁止事項）者，不予補償。代為拆除或遷葬者，其費用在其應領補償金額內扣回。 　　第一項應行拆遷之土地改良物，於拆遷時應注意古蹟、民俗文物之保存。	參考「農村社區土地重劃條例部分條文修正草案」第13條，補充修正內容。
第二十八條（拆遷補償之強制規定） 　　本法第二十七條（土地改良物之拆遷補償）第一項所定應行拆遷之土地改良物或墳墓，以有妨礙整備土地分配或整備工程施工必須拆遷者為限。 　　直轄市或縣（市）主管機關依本法第二十七條（土地改良物之拆遷補償）第一項及第二項規定代為拆除或遷葬土地改良物或	參考「農村社區土地重劃施行細則」第14條。 　　採納第 3 場座談會議題三之第十二點意見，「第二十五條土地改良物之拆遷補償，建議加上「妨礙工程施工」與「妨礙土地分配」二字眼予

整合型農地整備法（規）（990527）	討論過程
墳墓，並將代為拆除或遷葬之費用自其應領補償金額內扣回後，如有餘額，應通知土地改良物所有權人或墓主限期領回，屆期未領回者，依法提存；如有不足，應通知其限期繳納，屆期未繳納者，依法移送強制執行。	以明確規範之。」 　建議訂定於施行細則。
第二十九條（整備後農牧用地之工程設施劃設原則與標準） 　　整備區內農路、水路工程設施之規劃設計標準，及農路、水路建造物規格，由中央主管機關定之。 　　整備後之農地坵塊，以能直接灌溉、排水及臨路為原則。 　　坵塊之標準，由直轄市或縣（市）主管機關定之。	採納第 3 場座談會議題三之第十三點意見，建議「中央農業及水利等有關機關」應予刪除，以符合實際操作狀況。 　採納第 3 場座談會議題三之第十四點意見，建議新增「坵塊之標準，由直轄市或縣（市）主管機關定之」。
第三十條（整備區工程實施程序） 　　辦理整備區工程之規劃設計、發包、施工及決算程序如后： 一、現況調查。 二、現況測量。 三、道路與溝渠中心位置之測量及釘樁。 四、整備區土地模擬分配位置圖之繕製。 五、工程設計。 六、工程設計預算書、圖之編製。 七、工程發包。 八、放樣施工。 九、施工管理。 十、工程驗收及移交接管。 十一、決算辦理。 　　溝渠工程之規劃設計，在農田水利會事業區域內者，應通知該管農田水利會派員參與。	採納第 3 場座談會議題三之第十五點意見，「建地應予刪除，以較趨近原意旨」。 　建議訂定於施行細則。

整合型農地整備法（規）（990527）	討論過程
第三十一條（公用事業之協調施工） 　　自來水、電信、電力、天然氣等公用事業所需之地下管道土木工程及其他必要設施，應協調各該事業機構配合規劃、設計，並按整備工程進度施工。	參考「農村社區土地重劃施行細則」第 16 條。 　　<u>建議訂定於施行細則。</u>
第五章　土地分配及異議處理	
第三十二條（土地之交換分合） 　　整備區之農牧用地，得於選定農地範圍按評定後地價交換取得可建築用地。 　　前項選定之農地範圍位於農村聚落區內或毗鄰農村聚落區，且其面積總和不超過鄰近農地總面積之百分之十。 　　選定之農地範圍經整備後，可分配建築用地及農牧用地。選定農地之所有權人於出售其經交換取得之農牧用地時，毗連農地之所有權人得優先購買之。	未採納第 4 場座談會議題四之第二點意見，「釋出百分之十之部分過於保守，若進行農村環境聚落之改善、生產環境之淨空與調配公共設施，可能不一定能滿足原整備目的、生活與生產環境空間」。 　　未採納第 4 場座談會議題四之第三點意見，「若公共設施面積約占 35%，則農民願意參與之基準應達 15% 至 16% 始可平衡權益，提高農民參與意願」。
第三十三條（參與分配之權利基準） 　　整備區內之土地，均應參加分配，其土地標示及權利均以開始辦理分配日之前一日土地登記簿上所記載者為準。	
第三十四條（分配日起之土地權利限制） 　　直轄市或縣（市）主管機關應自開始辦理土地分配之日起，囑託該管登記機關於一定期限內停止受理土地權利移轉及設定負擔之登記。但因繼承、強制執行、徵收、法院判決確定或其他非因法律行為，於登記前已取得不動產物權而申請登記者，不在此	參考「農村社區土地重劃條例部分條文修正草案」第 15 條規定。 　　採納第 3 場座談會議題四之第三點意見，「禁止移轉等規定建議於母法中規定」。

整合型農地整備法（規）（990527）	討論過程
限。 　　前項停止登記之期間，不得逾八個月。 　　第一項之停止登記期間、事項及前條之開始辦理分配日，由直轄市或縣（市）主管機關開始辦理分配日之三十日前公告之，並以書面通知土地所有權人。 　　第一項公告，無須徵詢土地、建築改良物所有權及他項權利人之意見。	
第三十五條（整備區之土地交換分合應辦工作） 　　為進行整備區之土地交換分合需要，應辦理下列工作： 一、控制點檢測及補測。 二、圖根測量。 三、整備區邊界測量。 四、繪製地籍藍曬底圖。 五、編製土地權利使用調查表及整備前原有土地清冊。 六、土地權利關係及使用狀況調查。 七、地上物現況測量。 八、查定單位區段地價。 九、辦理土地歸戶及統計。 十、道路及溝渠中心樁連測。	參考「農村社區土地重劃條例施行細則」第17條規定。 <u>建議訂定於施行細則。</u>
第三十六條（土地交換分合程序） 　　辦理整備土地交換分合程序如后： 一、公告停止受理土地權利移轉及設定負擔登記。 二、協議合併。 三、計算整備後每分配街廓可分配面積及繪製土地分配作業圖。 四、計算公共服務設施用地負擔、整備費用負擔或抵費地面積，並編製計算負擔總	參考「農村社區土地重劃施行細則」第18條。 <u>建議訂定於施行細則。</u>

整合型農地整備法（規）（990527）	討論過程
計表。 五、辦理土地交換分合。 六、編製土地分配結果圖冊草案。 七、舉辦聽證會，聽取土地所有權人意見。 八、土地分配結果公告及通知。 九、異議處理。 十、分宗測量釘樁及交接土地。 十一、編製整備後各項土地清冊。	
第三十七條（分配面積之計算） 　　整備前須先進行土地分配意願調查，有意願且未興建農舍者或已興建農舍但拆除者，分配之建地面積以原有土地可建築農舍面積扣除抵費地為原則。 　　原農牧用地扣除已交換之建地後，所餘面積依各宗土地等價分配予原土地所有權人。經分配結果，實際分配面積多於或少於應分配之面積者，應繳納或發給差額地價。 　　前項整備土地分配面積之計算，以土地登記簿所載面積為準，其計算公式如附件一。	相關條文參考「農村社區土地重劃條例」第16條；「農村社區土地重劃條例施行細則」第19條。
第三十八條（差額地價之強制執行與提存） 　　整備後實際分配之土地面積多於應分配之面積者，直轄市或縣（市）主管機關應於整備土地接管後三十日內通知土地所有權人，就其超過部分按評定整備後地價，限期繳納差額地價；屆期未繳納者，依法移送強制執行。 　　整備後實際分配之土地面積少於應分配之面積者，直轄市或縣（市）主管機關應於整備土地接管後三十日內通知土地所有權人，就不足部分，按評定整備後地價，發	參考「農村社區土地重劃施行細則」第24條。 　　<u>建議訂定於施行細則。</u>

整合型農地整備法（規）（990527）	討論過程
給差額地價補償；屆期未領取者，依法提存。	
第三十九條（土地位次之分配方法與最小分配面積） 　　整備後土地分配之位置，其調整分配方法如后： 一、整備區內農牧用地依其原有位次分配為原則。 二、整備區內建地分配以公開抽籤，並由土地所有權人自行選擇分配街廓為原則。 三、建地區內已興建農舍且不妨礙公共服務設施興建、公共工程施作或土地分配者，得按原有位置分配。 四、同一土地所有權人在整備區內所有土地應分配之面積，未達或合併後仍未達最小分配面積者，除通知土地所有權人申請與其他土地所有權人合併分配者外，得由土地所有權人以現金繳納差額地價後，按最小分配面積分配或改以現金補償之。 五、分別共有土地，經共有人過半數及其應有部分合計過半數之同意，且其應有部分計算之應分配面積已達最小分配面積者，得分配為單獨所有。但應有部分合計逾三分之二者，其人數不予計算。 六、整備前土地位於整備實施計畫之公共服務設施用地者，其分配位置由主管機關視土地分配情形調整之。 　　前項最小分配面積，由直轄市或縣（市）主管機關視土地使用情況及分配需要，於規劃設計時定之。	採納第 3 場座談會議題四之第一點意見，「建地區內已興建農舍且不妨礙公共服務設施興建、公共工程施作或土地分配者，得按原有位置分配」。
第四十條（不能分配土地或現金補償之處理）	<u>建議訂定於施行細則。</u>

整合型農地整備法（規）（990527）	討論過程
土地所有權人整備後應分配之土地面積，未達整備區最小分配面積而不能分配土地時，直轄市或縣（市）主管機關應於整備分配結果確定之次日起六十日內，以其整備前原有面積，按原位置評定整備後地價，發給現金補償。但整備範圍勘定後，土地所有權人非因繼承或強制執行而申請分割土地，致應分配土地面積未達整備區最小分配面積者，以其整備前原有面積，按原位置評定整備前地價，發給現金補償。	
第四十一條（分配結果之公告） 　　直轄市或縣（市）主管機關於辦理整備區內土地分配完畢後，應即將分配結果，於整備區所在地鄉（鎮、市、區）公所或整備區之適當處所公告，並以書面分別通知土地所有權人與他項權利人。 　　前項公告期間為三十日。	參考「農村社區土地重劃條例」第 19 條。
第四十二條（分配結果之公告圖冊） 　　直轄市或縣（市）主管機關依本法第四十一條（分配結果之公告）規定公告分配結果之前，應舉辦說明會，就土地分配結果，向土地所有權人說明，並聽取其意見。 　　辦理前項公告時，應檢附下列圖冊一併公告： 一、計算負擔總計表。 二、整備前後土地分配對照清冊。 三、整備前地籍圖。 四、整備後土地分配圖。 五、整備前後地號圖。	參考「農村社區土地重劃條例施行細則」第 20 條。 　　建議訂定於施行細則。
第四十三條（分配結果之異議處理） 　　土地所有權人對於整備區土地之分配結果如有異議，應於公告期間內向該管直轄	採納第 3 場座談會議題四之第五點意見，「建議參考市地重劃、農地重劃、農村社

整合型農地整備法（規）（990527）	討論過程
市或縣（市）主管機關以書面提出；未於公告期間內提出異議者，其分配結果於公告期滿時確定。 　　前項異議，該管直轄市或縣（市）主管機關應予查處。其涉及他人權利者，應先發交整合型農地整備審議協進會予以調解，調解不成立者，由該管直轄市或縣（市）主管機關調處。土地所有權人對主管機關之調處如有不服，應當場表示異議。經表示異議之調處案件，主管機關應於十日內報請上級機關裁決之。	區土地重劃之異議處理程序（查處、調處、裁決）操作即可」。 　　採納第 4 場座談會議題四之第六點意見，「第三十六條異議處理是否應先調解、調處、裁決等程序。」
第四十四條（異議處理程序） 　　依本法第四十三條（分配結果之異議處理）第二項規定辦理調解、調處，應將調解、調處結果作成書面紀錄。調解、調處成立案件，應經當事人簽名或蓋章，並將紀錄分發雙方當事人。 　　依本法第四十三條（分配結果之異議處理）第二項規定經表示異議之調處案件，直轄市或縣（市）主管機關應擬具處理意見，連同調解、調處紀錄，報請中央主管機關裁決。	參考「農村社區土地重劃條例施行細則」第 21 條。 　　建議訂定於施行細則。
第四十五條（分配結果確定之效力） 　　整備後分配與原土地所有權人之土地，自分配結果確定之日起，視為其原有土地。	採納第 3 場座談會議題四之第六點意見，建議修正為「整合型農地整備後分配與原土地所有權人之土地，自分配結果確定之日起，視為其原有土地」。
第四十六條（接管） 　　整備區內經整備分配之土地，該管直轄市或縣（市）主管機關應以書面分別通知原土地所有權人及使用人限期辦理遷讓或接	參考「農村社區土地重劃條例部分條文修正草案」第 22 條。

整合型農地整備法（規）（990527）	討論過程
管。逾期不遷讓者，得依法移送強制執行；逾期不接管者，視為已接管，並自接管日起自負保管責任。	
第四十七條（遷讓或接管時機） 　　依本法第四十六條規定（接管）通知原土地所有權人及使用人限期辦理遷讓或接管，應於土地分配結果確定，並完成地籍測量後為之。	參考「農村社區土地重劃施行細則」第 23 條。 　　建議訂定於施行細則。
第六章　權利清理及地籍整理	
第四十八條（原他項權利之處理） 　　整備區內土地原設定之他項權利登記或限制登記，由直轄市或縣（市）主管機關於整備土地分配確定後，依據分配結果予以協調清理後，逕為轉載或為塗銷登記，並分別通知土地所有權人及其他權利人。	
第四十九條（原他項權利之處理） 　　直轄市或縣（市）主管機關依本法第四十八條（原他項權利之處理）規定辦理他項權利登記之轉載，應按原登記先後及登記事項，轉載於整備後應分配之土地；其為合併分配者，他項權利之轉載，應以整備前各宗土地面積比率所算得之應有部分為各該他項權利範圍，並應於轉載後，通知他項權利人。 　　整備前土地經辦竣限制登記者，直轄市或縣（市）主管機關除準用前項規定辦理轉載外，並應於轉載後，分別通知土地所有權人、其他權利人及原囑託機關或請求權人。 　　實施整備未受分配之土地上設有他項權利、耕作權或辦竣限制登記者，直轄市或縣（市）主管機關應於整備分配確定之日起二個月內，邀集權利人協調，達成協議者，	參考「農村社區土地重劃施行細則」第 25 條。 　　建議訂定於施行細則。

整合型農地整備法（規）（990527）	討論過程
依其協議結果辦理，協議不成者，應將土地所有權人應得補償地價提存之，並列冊送由該管登記機關逕為塗銷登記。	
第五十條（原他項權利之補償） 　　因整備致地上權、農育權或不動產役權不能達其設定之目的者，各該權利視為消滅。地上權人、農育權人或不動產役權人得向土地所有權人請求相當之補償。 　　土地、建築改良物經設定抵押權或典權，因整備而不能達其設定之目的者，各該權利視為消滅。抵押權人或典權人得向土地所有權人請求相當之補償或以其所分配之土地，設定抵押權或典權。但建築改良物非土地所有權人所有者，其建築改良物之抵押權人或典權人得向建築改良物所有權人請求相當之補償。 　　前二項請求權之行使，應於整備分配結果確定通知送達之次日起二個月內為之。	採納第 3 場座談會議題六之第八點意見，「建議配合民法物權篇修正相關名詞，如永佃權變更為農育權、地役權變更為不動產役權」。 　　**待討論**採納第 4 場座談會議題六之第一點意見，「請求權之行使，…二個月內為之，此二個月限制缺乏法源依據，恐有違法律保留原則之虞，且其性質為消滅時效，應適用民法第 125 條規定時效是十五年、五年、兩年，咿外國賠法等皆有特別法規定，建議予以刪除，還原至法律觀念處理，且若超過期限，其權利關係之處理，將導致陷入另一困境。」。
第五十一條（權利價值之協調處理） 　　實施整備未受分配之土地，其原設定抵押權或典權之權利價值，直轄市或縣（市）主管機關應於整備分配確定之日起二個月內，邀集權利人協調，達成協議者，依其協議結果辦理；協議不成者，應將土地所有權人應得補償地價提存之，並列冊送由該管登記機關逕為塗銷登記。 　　前項之土地權利價值，應於不超過土地所有權人應得補償之數額內予以協調清理。	

整合型農地整備法（規）（990527）	討論過程
第五十二條（耕地租約之註銷及補償） 　　適用耕地三七五減租條例之出租公、私有耕地因實施整備，直轄市或縣（市）主管機關應於整備分配結果公告確定後二個月內邀集權利人協調。協調成立者，應於權利變更登記後通知有關機關逕為辦理終止租約登記。協調不成者，依下列方式處理： 一、整備後未受分配土地及整備後分配之土地，經直轄市或縣（市）主管機關認定不能達到原租賃目的者，應逕予註銷租約並通知當事人，依耕地三七五減租條例有關規定辦理補償。 二、整備後分配土地者，其租約應轉載於整備後土地，並於權利變更登記後通知有關機關逕為辦理租約標示變更登記。 　　因辦理整備抵充為公共服務設施用地之原公有農路、水路、道路、溝渠、河川及未登記地而訂有耕地租約者，直轄市或縣（市）主管機關應逕為註銷租約，並按整合型農地整備實施計畫公告當期該土地之公告土地現值三分之一補償承租人，所需費用列為整備共同負擔。	參考「農村社區土地重劃條例部分條文修正草案」第26條內容。 　　採納第3場座談會議題六之第十點意見，第四十三條應配合「農業發展條例」修正之，進行條文內容之調整，建議必須先以協議方式辦理，協議不成再按「耕地三七五減租條例」規定辦理。 　　採納第3場座談會議題六之第十一點意見，第四十三條建議修正第二項為「出租耕地適用耕地三七五減租條例者，依前項規定註銷租約者，承租人得依下列規定請求或領取補償」；第二款為「整備後未受分配土地者，其應領之補償地價或方式，由出租人、承租人協議；協議不成者，一方得依耕地三七五減租條例有關規定辦理。」；增加第三項「出租耕地不適用耕地三七五減租條例者，依農業發展條例規定辦理」。
第五十三條（耕地租約之註銷及補償） 　　依本法第五十二條（耕地租約之註銷及補償）規定辦理註銷租約登記時，直轄市或縣（市）主管機關應將有關整備前後土地對照清冊，發交土地所在地鄉（鎮、市、區）公所逕為辦理。	參考「農村社區土地重劃施行細則」第26條。 　　建議訂定於施行細則。

整合型農地整備法（規）（990527）	討論過程
第五十四條（土地權利書狀之換領） 　　整備區土地分配結果確定後，直轄市或縣（市）主管機關應依據分配結果重新編號，列冊送由該管登記機關逕為辦理地籍測量及變更登記，並通知土地所有權人於三十日內換領土地權利書狀，免收登記費及書狀費，原權利書狀註銷。	參考「農村社區土地重劃條例部分條文修正草」案第27條。 　　採納第3場座談會議題五之第四點意見，「建議修正第一項為「整備區土地分配結果確定後，直轄市或縣（市）主管機關應依據分配結果重新編號，列冊送由該管登記機關逕為辦理地籍測量及變更登記，並通知土地所有權人於三十日內換領土地權利書狀，免收登記費及書狀費；未於規定期限內換領者，宣告其原土地權利書狀無效。」；第二項則修正為「由財政部會同農委會定之」。
第五十五條（逕為辦理地籍測量工作項目） 　　依本法第五十四條（土地權利書狀之換領）規定逕為辦理地籍測量，其工作項目如后： 一、檢測補測圖根點、道路中心樁、邊界樁及有關之測量標。 二、戶地測量應按土地分配結果、道路及有關工程施工位置逐宗施測，實地埋設界標。 三、戶地測量如發現分配土地位置、道路及有關工程設計位置與實地情形不符時，應查明不符原因，將測量結果報請直轄市或縣（市）主管機關處理之。	參考「農村社區土地重劃條例施行細則」第27條。 　　建議訂定於施行細則。

整合型農地整備法（規）（990527）	討論過程
四、整備後土地應依地籍測量實施規則規定劃分區段、調整段界、重新編訂宗地地號，其起迄以不超過五位數為原則。 五、面積計算及測量原圖整理。 六、地籍測量後之面積與整備後土地分配清冊之面積不符時，直轄市或縣（市）主管機關應即訂正土地分配面積及差額地價，並通知土地所有權人。	
第五十六條（差額地價未繳清之處理） 　　整備分配之土地，自分配確定之日起，在土地所有權人依第三十七條（分配面積之計算）第二項規定應繳納之差額地價未繳清前，不得移轉或設定負擔。但符合第五十條（原他項權利之補償）及第五十一條（權利價值之協調處理）者，不在此限。	參考「農村社區土地重劃條例」第 28 條規定。
第五十七條（差額地價未繳清之處理） 　　整備區土地辦竣地籍測量後，直轄市或縣（市）主管機關應將整備前後土地分配對照清冊及地籍圖等資料，送由該管登記機關逕為辦理權利變更登記。其有應繳納差額地價者，並應通知該管登記機關於土地登記簿加註「未繳清差額地價，除繼承外不得辦理所有權移轉登記。」，於土地所有權人繳清差額地價時，立即通知該管登記機關註銷，並依據登記結果訂正有關圖冊。 　　前項整備前後土地分配對照清冊於送登記機關前，應依核定計畫書、圖內容及相關規定，完成非都市土地使用分區及各種使用地之編定。	參考「農村社區土地重劃施行細則」第 28 條規定。 　　建議訂定於施行細則。
第五十八條（興建農舍之註記） 　　經整備後之農地，視同已依農業發展條例第十八條規定申請興建農舍，並且須由直	採納第 3 場座談會議題六之第十三點意見，建議修正為「經整備後之農地，視同已

整合型農地整備法（規）（990527）	討論過程
轄市或縣（市）主管機關造冊列管，並將其所有農地地號清冊送地政機關於土地登記簿上註記，其農地不得再興建農舍。	依農業發展條例第十八條規定申請興建農舍，並且須由直轄市或縣（市）主管機造冊列管，並將其所有農地地號清冊送地政機關於土地登記簿上註記，其農地不得再興建農舍」。
第五十九條（建物權利變更登記） 　　整備區內已辦竣建物所有權第一次登記之建築改良物，因辦理整備致全部或部分拆除者，直轄市或縣（市）主管機關應列冊送由該管登記機關逕為辦理消滅登記或標示變更登記，並通知建築改良物所有權人於三十日內繳交或換領建物權利書狀。未於規定期限內繳交或換領者，其建物權利書狀公告作廢；建築改良物所有權人於領取建物拆遷補償費時，已繳交建物權利書狀者，直轄市或縣（市）主管機關應一併檢附。 　　前項換領建物權利書狀，免收登記費及書狀費。	建議訂定於施行細則。
第六十條（抵費地之處理） 　　整備區內之抵費地應訂定底價公開標售或標租。 　　前項土地公開標售時，整合型農地整備區內土地所有權人或該整備實施計畫核定時已設籍者，有依同樣條件優先購買之權。 　　第一項所定底價，不得低於各宗土地評定整備後地價。 　　第一項土地之標售或標租所得價款，除抵付整備負擔費用外，餘款留供該農村社區之建設費用，不得移用。 　　抵費地於標售前，以直轄市或縣（市）	採納第 3 場座談會議題三之第九點意見，「建議修正為餘款留供該農村社區之建設費用」。 　　採納第 4 場座談會議題三之第十點意見「建議加上不得移做他用」，本研究考量法律用語修正為不得移用。 　　**待討論**第 4 場座談會議題三之第十二點意見，「對於整備後取得之抵費地，應可透

整合型農地整備法（規）（990527）	討論過程
政府為管理機關，標售後逕為登記與得標人。	過機制設計作為公共設施或生態用地，將抵費地回饋至農村社區中，政府不應再取得農村土地進行標售。長期以來，農村公共設施用地及生態環境用地不足，透過整備過程應可取得這些用地，以解決農村的生活、生態問題，不宜將取得的土地以標售方式平衡財務。
第六十一條（優先購買權） 　　本法第六十條（抵費地之處理）第二項所稱該整備實施計畫核定時已設籍者，指該整合型農地整備實施計畫書、圖核定之日前已設籍者。 　　整備區內抵費地之農牧用地出售時，其優先購買權之次序如后： 一、未達最小分配面積之土地所有權人。 二、整備前農牧用地之承租人。 三、共有土地之他共有人。 四、毗連農牧用地並有實際使用之所有權人。 　　前項同一次序之優先購買權人有二人以上主張優先購買時，以抽籤定之。 　　第二項第四款有優先購買權之所有權人，以公開標售時當場主張優先購買者或接獲出售通知後十日內以書面申請者為限。直轄市或縣（市）主管機關應於投標須知內訂明，並應於公告標售前十日，通知其到場主張優先購買權或出售前，通知其優先購買。 　　優先購買權人購買之土地應與其原受分配土地合併成一宗。	參考「農村社區土地重劃條例施行細則」第30、31條。 　　採納第 4 場座談會議題三之第十四點意見，「第四條與第二十三條抵費地之處理，建議應放在前後條處理較為妥適。」 　　採納第 3 場座談會議題一之第五點意見，建議修正第一項為「整備區內抵費地之農牧用地出售時，其優先購買權之次序如后：」、第一款為「一、整備前農牧用地之承租人。」、第三款為「三、毗連農牧用地並有實際使用之所有權人。」；增加第二項為「前項同一次序之優先購買權人有二人以上主張優先購買時，以抽籤定之。」；增加第三項為「第一項第三款之毗連農牧用地，以同一地段、相同

整合型農地整備法（規）（990527）	討論過程
	編定用地類別及相連地界者為限。」；修正第四項為「第一項第三款有優先購買權之所有權人，以公開標售時當場主張優先購買者或接獲出售通知後十日內以書面申請者為限。優先購買權人購買之土地應與其原受分配土地合併成一宗」。 　　採納第 3 場座談會議題三之第十一點意見，「第四條與第二十四條均有優先購買權之規定，若二者發生競合時，其適用之順序與條件應予釐清。」 　　採納第 4 場座談會議題三之第十三點意見，「第四條優先順序用語的問題，毗鄰或毗連之字語應精確化，不可前後不一致，鄰可以不連，研究單位須考量後明確訂定之，以杜絕爭議。」
第六十二條（公共服務設施用地之權屬） 　　整備區內列為共同負擔之公共服務設施用地與依第二十條（整備負擔）第四項及第六十條（抵費地之處理）規定供出售之土地，登記為直轄市或縣（市）有。 　　前項列為共同負擔之公共服務設施用地，以各該公共服務設施主管機關為管理機關；供出售之土地以各該直轄市或縣（市）主管機關為管理機關。	參考「農村社區土地重劃條例」第 30 條規定，並採納第 3 場座談會議題六之第十二點意見，「建議修正第二項為前項經抵充或列為共同負擔之公共服務設施用地，以各該公共服務設施主管機關為管理機關；供出售之土地以各該直轄市或縣（市）主管機關

整合型農地整備法（規）（990527）	討論過程
	為管理機關」。
第七章　監督與管理	
第六十三條（農水路之權屬及管理機關）　　整備區農路及非農田水利會管理之水路，其用地應登記為該管直轄市或縣（市）所有。原登記為國有、省有及鄉（鎮）有者，應辦理註銷手續。　　前項農路及水路，由直轄市或縣（市）政府自行或指定機關、團體管理、維護之。其費用由各該政府列入年度預算。　　整備區內農田水利會管理之水路及有關水利設施，其用地登記為農田水利會所有，並由農田水利會管理、維護之。	採納第 3 場座談會議題五之一點意見，「第四十九條與第五十四條如何區分？建議第一項將省有修正為直轄市或縣（市）有」。　　採納第 3 場座談會議題五之第三點意見，第四十九條第二項建議修正為「前項農路及水路，應由直轄市或縣(市)政府自行或指定機關、團體管理、維護之」。　　採納第 3 場座談會議題三之第一點意見，「第十九條規定原為公有及農田水利會所有農路、水路土地列為公共設施用地抵充範圍，建議參考「農地重劃條例」第三十七條之規定，將農田水利會管理之水路及有關水利設施，其用地登記為農田水利會所有，並由農田水利會管理、維護之。」　　採納第 4 場座談會議題三之第六點意見，「公共設施在整備完成後之管理部分，建議就價金部分或剩餘價金成立一個基金或是專款專用的帳戶以納入管理費」。
第六十四條（整備區之管理維護）	**未採納**第 3 場座談會議

整合型農地整備法（規）（990527）	討論過程
已實施整備區內之公共環境清潔、衛生維持、公共及消防設施，其相關設施維護與管理費用直轄市或縣（市）政府得予以補助。 　　前項補助辦法由直轄市或縣（市）政府另定之。	題五之第五點意見，「第五十一條不宜再授權直轄市或縣（市）政府另定補助辦法，建議修正之」
第六十四條（公共設施之接管養護） 　　整備工程完竣後，各項公共服務設施應依有關法令規定，交由各該主管機關接管並養護之。	採納第 3 場座談會議題五之第五點意見，「第五十一條不宜再授權直轄市或縣（市）政府另定補助辦法，建議修正之」 　　採納第 3 場座談會議題五之第六點意見，「第五十四條已規定各項公共服務設施交由各該主管機關接管並養護之，另農村居民亦應有公共環境清潔、衛生維持等義務」。
第六十五條（整備負擔總費用證明書核發對象） 　　整備負擔總費用證明書核發對象，以土地分配結果公告期滿之日土地登記簿所載土地所有權人為準。但依本法第四十三條（分配結果之異議處理）第一項規定提出異議者，以調解、調處或裁決確定之土地所有權人為準。	參考「農村社區土地重劃條例施行細則」第35條。 　　建議訂定於施行細則。
第六十六條（不得計入整備負擔總費用證明書事項） 　　整備區內公共服務設施用地，由土地所有權人無償提供，或部分土地所有權人自願單獨負擔者，其地價應列入該等土地所有權	採納第 3 場座談會議題六之二十點意見，「參考市地重劃實施辦法第三十七條之規定，將相關內容補充齊全」。

整合型農地整備法（規）（990527）	討論過程
人之整備負擔。非由土地所有權人負擔之整備費用，不得計入整備負擔總費用證明書。	<u>建議訂定於施行細則。</u>
第六十七條（財務結算備查） 　　直轄市或縣（市）主管機關對於每一整備區之財務，應於整備實施計畫書所載工程完竣後一年內完成結算並公告之，並應於完成結算後六個月內撰寫整備成果報告，檢同有關圖冊，陳報中央主管機關備查。	參考第 3 場座談會議題六之第十九點意見，「直轄市或縣（市）主管機關應於完成整合型農地整備實施計畫完成結算後六個月內撰寫整備成果報告，檢同有有關圖冊層報中央主管機關備查」。 　　採納第 3 場座談會議題六之第十七點意見，「第五十五條與第五十八條之時機點規範似有不同，應整合為一條或予以釐清」 　　**未**採納第 3 場座談會議題六之第十六點意見，「結算」改為「結清」。
第八章　附則	
第六十八條（特別情況之整備） 　　直轄市或縣（市）主管機關於遭受地震、水災、風災、火災或其他重大事變損壞之災區，有重建需要者，於災區內、外擇定適當土地併同報核。必要時，得由中央主管機關逕行決定辦理。	
第六十九條（地價計算） 　　直轄市或縣（市）主管機關應於整備區地籍整理完竣後一個月內完成地價計算，據以編造地價冊，並通知各宗土地所有權人及稅捐稽徵機關，作為整備後土地課徵地價稅及土地增值稅之依據。	

整合型農地整備法（規）（990527）	討論過程
第七十條（強制執行規定） 　　依第二十條（整備負擔）第三項規定改以現金繳納者及第三十七條（分配面積之計算）規定應繳納之差額地價，經限期繳納而逾期未繳納者，得依法移送強制執行。	參考「農村社區土地重劃條例部分條文修正草案」第31條規定。
第七十一條（稅賦減免） 　　整備區祖先遺留之共有土地經整體開發建築者，於建築後第一次土地移轉時，得減免土地增值稅，其減免之規定，由財政部會同中央主管機關定之。	參考「農村社區土地重劃條例」第32條及第3場座談會議題五之第四點意見，第一項建議修正為「整備區土地分配結果確定後，...，宣告其原土地權利書狀無效」；第二項建議修正為「由財政部會同農委會定之」，本研究擬修正為由財政部會同中央主管機關定之。 　　第4場座談會議題五之第一點意見，「租稅減免之主管機關應為財政部（賦稅署），若無財政部之參與討論或有所聯繫，不應片面決定租稅減免事項，且涉及租稅減少或增加，應符合法律保留原則。」。
第七十二條（稅賦減免） 　　實施整備期間，依法得減免地價稅或田賦之土地，由直轄市或縣（市）主管機關於整合型農地整備實施計畫書、圖公告期滿之日起三十日內，列冊送交該管稅捐稽徵機關。 　　整備後之土地，由直轄市或縣（市）主管機關於整備完成之日起三十日內，列冊送	參考「農村社區土地重劃施行細則」第36、37條。 建議訂定於施行細則。

整合型農地整備法（規）（990527）	討論過程
交該管稅捐稽徵機關依法免徵地價稅或田賦。 　　前項整備完成之日，指地籍測量、土地登記、工程驗收、實地指界及交接土地等各項工作均完成之日。	
第七十三條（施行細則與書件授權規定） 　　本法施行細則由中央主管機關定之。 　　有關書表格式及作業手冊，由中央主管機關定之。	採納第 3 場座談會議題六之二十一點意見，「建議修正為本辦法<u>有關書表格式及作業手冊</u>，由中央主管機關定之」。
第七十四條（施行日） 　　本法自公布日施行。	

附件一　整備土地負擔之計算公式

本辦法第二十一條規定應負擔之公共設施用地及貸款利息、稅捐及管理費用、拆遷補償費用之計算公式如左：

一、整備區每宗土地應共同負擔公共設施用地面積

　1. 整備後可分配土地總面積

＝整備區總面積－應共同負擔公共設施用地總面積－可抵充土地總面積

　2. 每宗土地應共同負擔公共設施用地面積

$$= \frac{（整備後應共同負擔公共設施用地總面積－可抵充土地總面積）}{整備後可分配土地總面積}$$

二、整備區每宗土地應負擔之抵費地面積

　1. 每宗土地應負擔整備貸款利息、稅捐及管理費用、拆遷補償費用之數額

$$= \frac{（整備貸款利息 ＋ 稅捐及管理費用 ＋ 拆遷補償費用）}{整備後可分配土地總面積}$$

　2. 每宗土地負擔抵費地面積

$$= \frac{每宗土地應負擔整備貸款利息、稅捐及管理費用、拆遷補償費用之數額}{整備後可分配土地之平均地價}$$

三、整備區每宗土地之總負擔＝整備區每宗土地應共同負擔公共設施用地面積 ＋整備區每宗土地應負擔之抵費地面積

表三-3　刪除之條文內容

刪除之條文內容	討論過程
整合型農地整備實施計畫之擬定，應先徵詢整備區內土地相關權利人之意見，並配合該區辦理之農村再生發展區計畫擬定之。	【原辦法第 2 條刪除】　相關規定調整至【原辦法第 15、16 條整併修正】中。
直轄市或縣（市）主管機關辦理整合型農地整備實施計畫應先取得當地基本資料，以現況調查與實地測量、實地訪談、問卷調查或其	【原辦法第 6 條刪除】　內容大意如第十二條。

刪除之條文內容	討論過程
他方式詳細調查當地生產環境與生活環境，並舉行村里座談會以切實了解當地居民需求及意見。	
直轄市或縣（市）主管機關選定整備區範圍後，必要時得整體規劃分期分區完成。	【原辦法第 7 條刪除】
中央主管機關依據審議通過之農村再生發展區計畫審查整合型農地整備實施計畫書圖，並依據審查結果核定相關補助經費。 　前項整合型農地整備實施計畫書圖審查要點由中央主管機關定之。	【原辦法第 14 條刪除】
土地所有權人整備後分配之土地，仍依其整備前各宗土地之平均申報地價、平均原規定地價或平均前次移轉申報現值，按整備後分配土地總面積計算總價並分算各宗土地之單價。	【原辦法第 47 條刪除】
整備區之農牧用地面積在五十公頃以上，具有農業發展潛力者，中央主管機關得優先協助土地經營人、使用人或所有權人改善農業經營條件；其所需費用，得予協助辦理貸款或補助。	【原辦法第 52 條刪除】 　回歸山坡地保育利用條例第 17 條規定。
因辦理整備，土地所有權人配合直轄市或縣（市）主管機關指定日期前，自動拆除地上建築改良物參與整備者應發給自動拆除獎勵金。 　前項自動拆除獎勵金，由直轄市或縣（市）主管機關查定之。	【原辦法第 53 條刪除】 　回歸各直轄市、縣（市）政府規定。
整合型農地整備實施計畫核定後，各級主管機關得視實際需要隨時或定期檢查該計畫之執行情形。	【原辦法第 57 條刪除】 　採納第 3 場座談會議題六之第十八點意見，「主管機關本來就有隨時或定期檢查該計畫執行情況之權力與責任，應不必額外規範，建議刪除」。

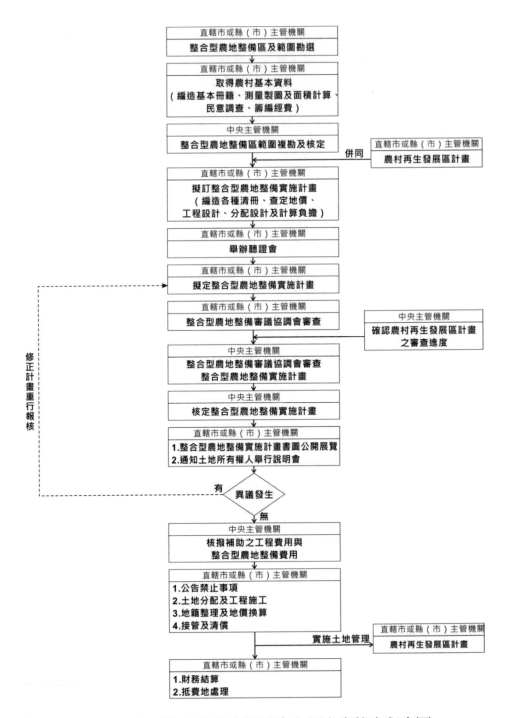

圖三-2　整合型農地整備實施計畫之擬定與核定程序圖

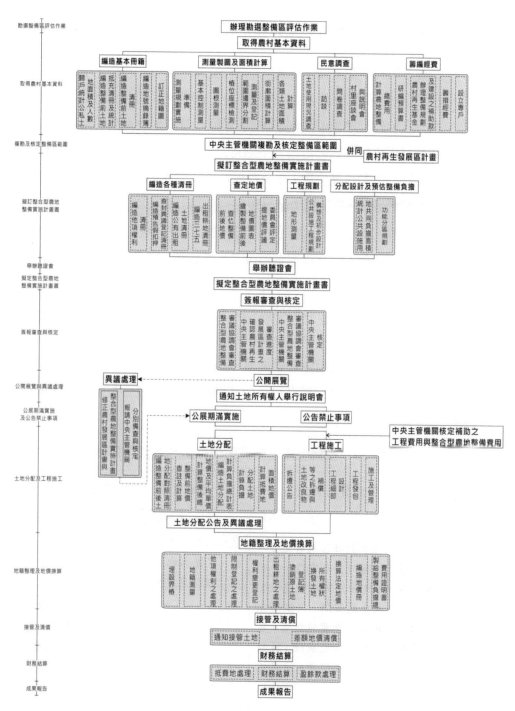

圖三-3　整合型農地整備之作業程序圖

二、與現行土地重劃法制差異之分析

　　為達成農村再生計畫之目標,「整合型農地整備」乃在土地產權交換分合之原理下,依「農地重劃」之精神建立出一套有別於現行土地重劃負擔計算、然交換分合執行程序類似之創新機制。因此,整合型農地整備須在農村再生計畫中的農村再生發展區計畫指導下始得進行,以積極地保護農地,令優良農業生產用地維持農業生產使用,亦令農村社區有完善公共設施與發展計畫,促進農村社區整體發展。為了較清楚呈現整合型農地整備與農地重劃、農村社區土地重劃之差異,本節乃以比較表之方式,從目的、核心工作、主管機關、與農村再生計畫之關係、完成農地整備後之土地管理、實施時機、勘選原則、成立條件、實施計畫之擬訂及核定、實施程序、實施計畫之修正與調處時機、取得公共服務設施項目、政府負擔項目、地主負擔項目、各宗土地負擔或共同負擔上限、分配原則、土地交換分合面積限制、興建農舍之註記、抵費地之處理、優先購買權、公共服務設施管理維護、不得計入整備負擔總費用證明書事項、特別情況之整備及土地負擔之計算公式等項目,分析整合型農地整備與二者重劃之差異如表三-4。

表三-4　整合型農地整備與現行土地重劃之差異分析

項次	整合型農地整備	農地重劃	農村社區土地重劃
目的	第一條 　　為促進農村社區及鄰近生產環境,作有計畫之建設、管理及保育,由主管機關調整農村生產、生活及生態空間,研擬整合性機能使用之整體實施計畫,並對土地作交換分合之處理,特制定本法;本法未規定者,適用其他法律之規定。	改善農業生產環境及改良農場結構,促進土地高度利用,增加農業生產。	農村社區土地重劃條例第一條 　　為辦理農村社區土地重劃,以促進農村社區土地合理利用,改善生活環境,特制定本條例。 　　本條例未規定者,適用其他法律之規定。

項次	整合型農地整備	農地重劃	農村社區土地重劃
核心工作	整備負擔之計算與土地交換分合	地籍整理與耕地分配	土地重劃負擔之計算與分配
主管機關	第二條 　　本法所稱主管機關：在中央為行政院農業委員會；在直轄市為直轄市政府；在縣（市）為縣（市）政府。	農地重劃條例第二條 　　本條例所稱主管機關：在中央為內政部；在直轄市為直轄市政府；在縣（市）為縣（市）政府。	農村社區土地重劃條例第二條 　　本條例所稱主管機關，在中央為內政部，在直轄市為直轄市政府，在縣（市）為縣（市）政府。
與農村再生計畫之關係	第五條 　　直轄市或縣（市）主管機關就實施農村再生計畫之地區，為促進農村社區整體發展、維護優良生產環境、農村景觀及文化，依本法所定勘選原則，選定既有農村社區與鄰近農地，擬訂農村再生發展區計畫及整合型農地整備實施計畫。		
完成農地整備後	第六條 　　整合型農地整備實施完成之地區，由主管機關依農村再生發展區計畫管理全區之使用。		

項次	整合型農地整備	農地重劃	農村社區土地重劃
之土地管理			
實施時機	**第七條** 　　符合農村再生之政策方針，在農村再生計畫之指　導下，有下列情形之一者，直轄市或縣（市）主管機關得報請中央主管機關核定辦理整合型農地整備： 一、依據農業發展需要，須辦理農村生產及生活空間建設者。 二、依據農村整體發展需要，須辦理社區建設及增加公共服務設施者。 三、配合農村之古蹟民俗文物維護、自然生態保育需要。 四、農業區或農村社區內有妨礙整體景觀、公共安全、衛生或土地利用之窳陋破敗地區。 **第七條** 　　有下列情形之一者，直轄市或縣（市）主管機關得報請中央主管機關核定辦理整合型農地整備： 一、既有農村社區與鄰近已實施	**農地重劃條例第六條第一項** 　　直轄市或縣（市）主管機關因左列情形之一，得就轄區內之相關土地勘選為重劃區，擬訂農地重劃計畫書，連同範圍圖說，報經上級主管機關核定，實施農地重劃： 一、耕地坵形不適於農事工作或不利於灌溉、排水者。 二、耕地散碎不利於擴大農場經營規模或應用機械耕作者。 三、農路、水路缺少，不利於農事經營者。 四、須新闢灌溉、排水系統者。 五、農地遭受水沖、砂壓等重大災	**農村社區土地重劃條例第五條** 　　有下列情形之一者，直轄市或縣（市）主管機關得報請中央主管機關核定辦理農村社區土地重劃： 一、促進農村社區土地合理利用需要。 二、實施農村社區更新需要。 三、配合區域整體發展需要。 四、配合遭受地震、水災、風災、火災或其他重大事變損壞之災區重建需要。 　　依前項第四款辦理之重劃，得由直轄市或縣（市）主管機關於災區內、外擇定適當土地併同報核。必要時，亦得由中央主管機關逕行決定辦

項次	整合型農地整備	農地重劃	農村社區土地重劃
	農地重劃之農地。 二、既有農村社區與鄰近具有農業生產價值之農地。 三、既有農村社區與鄰近具有觀光休閒產業價值之農地。 四、既有農村社區與鄰近具有生態價值之農地。 五、經行政院指定既有農村社區與具有發展生產價值或生態價值之農地。	害者。 六、舉辦農地之開發或改良者。 　農地重劃區之勘選，應兼顧農業發展規劃與農村社區建設，得不受行政區域之限制。	理。
勘選原則	第八條 　直轄市或縣（市）主管機關勘選整備區時，應就下列原則評估選定： 一、農村整體發展之需要。 二、土地使用狀況。 三、農村建地與增加公共服務設施之需要。 四、土地所有權人意願。 五、明顯之地形、地物界線。 六、財務計畫。 七、其他特殊需要。 　整備區之勘選，應兼顧農業發展規劃與農村社區建設，得不受行政區域之限制。	農地重劃條例第六條第二項 　農地重劃區之勘選，應兼顧農業發展規劃與農村社區建設，得不受行政區域之限制。 臺灣省政府地政處，農地重劃作業程序，6 　各縣市政府勘選農地劃地區範圍，應就全縣未辦理重劃之地區實施普查勘選，並以符合下列情形之一者，優先列入勘選範圍： 一、政府已訂定重大計劃地區，如新辦或改善灌溉、排水、堤防	農村社區土地重劃條例施行細則第三條 　直轄市或縣（市）主管機關依本條例第五條規定勘選重劃區時，應就下列原則評估選定： 一、明顯之地形、地物界線。 二、社區人口及建地需求量。 三、土地使用狀況。 四、因區域整體發展或增加公共設施之需要。 五、土地所有權人意願。 六、財務計畫。 七、其他特殊需要。

項次	整合型農地整備	農地重劃	農村社區土地重劃
		工程計畫之地區、核心農業區、農產專業區，已規劃農業區發展及基層建設、社區更新、休閒農業等，其相關工程可提前配合者，應予優先辦理。 二、凡已完成區域性排水及其他水利設施及公共設施工程之地區，其農地應列為優先辦理重劃，以提高整體區域的投資效益。	
成立條件	第十條第一項 （政府主動辦理） 　　整備區之選定，應取得整備區內私有土地所有權人超過五分之三，且其所有土地面積超過整備區內私有土地總面積三分之二之同意。但私有土地所有權面積均超過五分之四同意者，其所有權人數不予計算。整備區內之公有土地，一律參加。	農地重劃條例第七條 （政府主動辦理） 　　重劃區土地所有權人半數以上，而其所有土地面積超過重劃區土地總面積半數者。 農地重劃條例第八條 （政府優先辦理）	農村社區土地重劃條例第六條 （政府主動辦理） 　　徵得區內私有土地所有權人過半數，而其所有土地面積超過區內私有土地總面積半數之同意。 農村社區土地重劃條例第七條 （政府優先辦理）

項次	整合型農地整備	農地重劃	農村社區土地重劃
		重劃區內私有土地所有權人過半數，而其所有土地面積超過私有土地總面積半數之同意。 農地重劃條例第十條 （地主自行辦理） 　重劃區內私有土地所有權人三分之二以上，而其所有面積亦達私有土地面積三分之二以上者之同意。	重劃區內私有土地所有權人過半數，而其所有土地面積超過私有土地總面積半數之同意。 農村社區土地重劃條例第九條 （地主自行辦理） 　重劃區內私有土地所有權人合計超過二分之一，而其所有面積合計超過私有土地面積二分之一者之同意。
實施計畫之擬訂及核定	第十三條 　直轄市或縣（市）主管機關擬訂整合型農地整備實施計畫及農村再生發展區計畫後，應辦理聽證會，相關記錄併同整合型農地整備實施計畫書、圖，經直轄市或縣（市）整合型農地整備審議協調會審查，通過後報請中央主管機關核定。		
實施程序	第十四條 　直轄市或縣（市）主管機關應於收訖中央主管機關核定通知後六十日內，將整合型農地整備實施計畫書、圖及農村再生發展區計畫，於整備區所在各該直	農地重劃條例第六條第一項 　直轄市或縣（市）主管機關得就轄區內之相關土地勘選為重劃區，擬訂	農村社區土地重劃條例第六條 　直轄市或縣（市）主管機關依前條規定選定重劃區後，先徵詢農村社區更新協進

項次	整合型農地整備	農地重劃	農村社區土地重劃
	轄市或縣（市）政府及鄉、鎮、縣轄市公所公開展覽三十日，並通知土地所有權人舉行說明會；公開展覽期滿實施之。	農地重劃計畫書，連同範圍圖說，報經上級主管機關核定，實施農地重劃。 農地重劃條例第七條第一項 　　農地重劃計畫書經上級主管機關核定後，直轄市或縣（市）主管機關應即於重劃區所在地鄉（鎮、市、區）公所或重劃區之適當處所公告三十日，公告期滿實施之。	會之意見，辦理規劃，依規劃結果擬訂重劃計畫書、圖，並邀集土地所有權人及有關人士等舉辦聽證會，修正重劃計畫書、圖，經徵得區內私有土地所有權人過半數，而其所有土地面積超過區內私有土地總面積半數之同意，報經中央主管機關核定後，於重劃區所在地鄉（鎮、市、區）公所之適當處所公告三十日；公告期滿實施之。 　　前項公告期間內，重劃區私有土地所有權人提出異議時，主管機關應予調處。 　　第一項規劃應考量農業發展、古蹟民俗文物維護、自然生態保育及社區整體建設。
實施計畫之	第十六條 　　直轄市或縣（市）主管機關依本法第十五條規定（實施計畫之異議處理與計畫修正）修正整合型農地整備實施計畫書、圖或為同條第二項調處，應分別於聽		

項次	整合型農地整備	農地重劃	農村社區土地重劃
修正與調處時機	證會結束或公開展覽期滿之翌日起三十日內為之。		
取得公共服務設施項目	第二十條第一項 　配合農村再生發展區計畫劃定供公眾使用之公共服務設施用地及農、水路用地。	農地重劃條例第四條 　農路、水路。	農村社區土地重劃條例第十一條第二項 　道路、溝渠、電信電力地下化、下水道、廣場、活動中心、綠地及重劃區內土地所有權人認為為達現代化生活機能必要之其他公共設施用地。
政府負擔項目	第二十條第二項 　整合型農地整備所需之工程費用及整合型農地整備費用，經中央主管機關核定後由中央政府負擔。	農地重劃條例第四條第一項 　農地重劃，除區域性排水工程由政府興辦並負擔費用外，其餘農路、水路及有關工程由政府或農田水利會興辦，所需工程費用由政府與土地所有權人分擔，其分擔之比例由行政院定之。 農地重劃條例施行	農村社區土地重劃條例第十一條第一項 　辦理農村社區土地重劃時，其行政業務費及規劃設計費由政府負擔；工程費由政府與土地所有權人分擔，其分擔之比例由行政院定之。

項次	整合型農地整備	農地重劃	農村社區土地重劃
		細則第五條　　本條例第四條規定由政府與土地所有權人分擔之工程費用包括如下：一、施工費。二、材料費。三、補償費。四、區域性整地費。五、界樁設置費。六、管理費。　　前項各款費用標準（每公頃單價），由中央主管機關定之。	
地主負擔項目	第二十條第一項　　各該原公有公共服務設施用地，未登記地及得無償撥用取得之公有農路、水路、道路、溝渠、河川等土地抵充外，其不足之用地與貸款利息、稅捐及管理費用、拆遷補償費用，由整備區內之土地所有權人按各宗土地之受益比率共同負擔，並按整備後評定地價，以整備區內之土地折價抵付。	農地重劃條例第四條第二項　　前項土地所有權人應分擔之工程費用，得由土地所有權人提供重劃區內部分土地折價抵付之。	農村社區土地重劃條例第十一條第一及二項　　工程費由政府與土地所有權人分擔，其分擔之比例由行政院定之。　　重劃區內規劃之道路、溝渠、電信電力地下化、下水道、廣場、活動中心、綠地及重劃區內土地所有權人認為為達現代化生活機能必要之其他公共設施用地，除以原公有道路、溝

項次	整合型農地整備	農地重劃	農村社區土地重劃
			渠、河川及未登記土地等四項土地抵充外，其不足土地及拆遷補償費與貸款利息，由參加重劃土地所有權人按其土地受益比例共同負擔。
各宗土地或總負擔上限	**第二十條第三項** 　　各宗土地之折價抵付共同負擔之面積比例，不得超過百分之三十五。但經整備區內私有土地所有權人同意者，不在此限。	無設定上限	**農村社區土地重劃條例第十一條第四及五項** 　　依前項規定折價抵付共同負擔之土地，其合計面積以不超過各該重劃區總面積百分之三十五為限。但經重劃區內私有土地所有權人過半數，而其所有土地面積超過區內私有土地總面積半數之同意者，不在此限。 　　重劃區內重劃前經編定為建築用地以外之土地，應提供負擔至少百分之四十土地，其超過依前項折價抵付共同負擔土地部分，準用第二十九條規定處理。
土地交	**第三十二條** 　　整備區之農牧用地，得於選定農地範圍按評定後地價交		

項次	整合型農地整備	農地重劃	農村社區土地重劃
換分合面積限制	換取得可建築用地。 　　前項選定之農地範圍位於農村聚落區內或毗鄰農村聚落區，且其面積總和不超過鄰近農地總面積之百分之十。 　　選定之農地範圍經整備後，可分配建築用地及農牧用地。選定農地之所有權人於出售其經交換取得之農牧用地時，毗連農地之所有權人得優先購買之。		
分配原則	第三十九條第一項 　　整備後土地分配之位置，其調整分配方法如后： 一、整備區內農牧用地依其原有位次分配為原則。 二、整備區內建地分配以公開抽籤，並由土地所有權人自行選擇分配街廓為原則。 三、建地區內已興建農舍且不妨礙公共服務設施興建、公共工程施作或土地分配者，得按原有位置分配。 四、同一土地所有權人在整備區內所有土地應分配之面積，未達或合併後仍未達最小分配面積者，除通知土地所有權人申請與其他土地所有權人合併分配者外，得由土地所有權人以現金繳	農地重劃條例第二十二條 　　重劃區內同一分配區之土地辦理分配時，應按原有位次分配之。但同一所有權人在同一分配區有數宗土地時，面積小者應儘量向面積大者集中；出租土地與承租人所有土地相鄰時，應儘量向承租人所有土地集中。 　　前項但書規定於左列土地辦理分配時，不適用之： 一、農地重劃計畫書公告之日前已有建築改良物	農村社區土地重劃條例第十八條 　　重劃後土地分配之位置，以按重劃前原有土地相關位次分配為準，其調整分配方法如下： 一、重劃前土地已有建築物，且不妨礙重劃計畫及土地分配者，按其原有位置分配。 二、同一土地所有權人在重劃區內有數宗土地，其每宗土地應分配之面積均已達最小分配面積標準者，應逐宗個別分配；其未達最

項次	整合型農地整備	農地重劃	農村社區土地重劃
	納差額地價後，按最小分配面積分配或改以現金補償之。 五、分別共有土地，經共有人過半數及其應有部分合計過半數之同意，且其應有部分計算之應分配面積已達最小分配面積者，得分配為單獨所有。但應有部分合計逾三分之二者，其人數不予計算。 六、整備前土地位於整備實施計畫之公共服務設施用地者，其分配位置由主管機關視土地分配情形調整之。	之土地。 二、原有鄰接公路、鐵路、村莊或特殊建築改良物之土地。 三、墳墓地。 四、原位於公墓、河川或山谷邊緣或其他特殊地形範圍內之土地。 五、養、溜、池、溝、水、原、林、雜等地目土地，難以改良成田、旱土地使用者。	小分配面積標準者，得以應分配之面積較大者集中合併分配。 三、同一土地所有權人在重劃區內所有土地應分配之面積，未達或合併後仍未達最小分配面積標準二分之一者，除通知土地所有權人申請與其他土地所有權人合併分配者外，應以現金補償之；其已達最小分配面積標準二分之一者，得於重劃後深度較淺或地價較低之土地按最小分配面積標準分配之。 四、分別共有土地，經共有人過半數及其應有部分合計過半數之同意，且其應有部分計算之應分配面積已達最小分配面積標準者，得分配為單獨所有。但應有部分

項次	整合型農地整備	農地重劃	農村社區土地重劃
			合計逾三分之二者，其人數不予計算。 五、重劃前土地位於重劃計畫之公共設施用地者，其分配位置由主管機關視土地分配情形調整之。
興建農舍之註記	**第五十八條** 　　經整備後之農地，視同已依農業發展條例第十八條規定申請興建農舍，並且須由直轄市或縣（市）主管機關造冊列管，並將其所有農地地號清冊送地政機關於土地登記簿上註記，其農地不得再興建農舍。		
抵費地之處理	**第六十條** 　　整備區內之抵費地應訂定底價公開標售或標租。 　　前項土地公開標售時，整合型農地整備區內土地所有權人或該整備實施計畫核定時已設籍者，有依同樣條件優先購買之權。 　　第一項所定底價，不得低於各宗土地評定整備後地價。 　　第一項土地之標售或標租所得價款，除抵付整備負擔費用外，餘款留供該農村社區之建設費用，不得移用。	**農地重劃條例施行細則第七條** 　　前條抵費地或依本條例第二十三條規定應予集中公開標售之土地，在未標售前，以縣（市）政府為管理機關，於標售後，逕為登記與得標人。	**農村社區土地重劃條例第二十九條** 　　依第十一條第四項折價抵付之土地，扣除共同負擔公共設施用地後之土地，應訂定底價公開標售，並得按底價讓售為國民住宅用地、公共事業用地或行政院專案核准所需用地。 　　前項土地公開標售時，經農村社區更新協進會決定，得賦予重劃區內土地所有

項次	整合型農地整備	農地重劃	農村社區土地重劃
	抵費地於標售前，以直轄市或縣（市）政府為管理機關，標售後逕為登記與得標人。		權人或該重劃核定時已設籍者，有依同樣條件優先購買之權。 　　第一項土地之標售、讓售，不受土地法第二十五條之限制。 　　第一項所定底價，不得低於各宗土地評定重劃後地價。 　　第一項土地之標售、讓售所得價款，除抵付重劃負擔費用外，餘款留供農村社區之建設費用。
優先購買權	第六十一條 　　本法第六十條（抵費地之處理）第二項所稱該整備實施計畫核定時已設籍者，指該整合型農地整備實施計畫書、圖核定之日前已設籍者。 　　整備區內抵費地之農牧用地出售時，其優先購買權之次序如后： 一、未達最小分配面積之土地所有權人。 二、整備前農牧用地之承租人。 三、共有土地之他共有人。 四、毗連農牧用地並有實際使用之所有權人。 　　前項同一次序之優先購買	農地重劃條例第五條 　　重劃區內耕地出售時，其優先購買權之次序如左： 一、出租耕地之承租人。 二、共有土地現耕之他共有人。 三、毗連耕地之現耕所有權人。	農村社區土地重劃條例施行細則第三十一條 　　依本條例第二十九條第二項規定經賦予有優先購買權之土地所有權人或該重劃核定時已設籍之人，直轄市或縣（市）主管機關應限期通知其優先購買，其有二人以上者，以抽籤方式決定之；屆期未辦理者，視為放棄優先購買權。

項次	整合型農地整備	農地重劃	農村社區土地重劃
	權人有二人以上主張優先購買時，以抽籤定之。 　　第二項第四款有優先購買權之所有權人，以公開標售時當場主張優先購買者或接獲出售通知後十日內以書面申請者為限。直轄市或縣（市）主管機關應於投標須知內訂明，並應於公告標售前十日，通知其到場主張優先購買權或出售前，通知其優先購買。 　　優先購買權人購買之土地應與其原受分配土地合併成一宗。		
公共服務設施管理維護	第六十四條 　　已實施整備區內之公共環境清潔、衛生維持、公共及消防設施，其相關設施維護與管理費用直轄市或縣（市）政府得予以補助。 　　前項補助辦法由直轄市或縣（市）政府另定之。 第六十四條 整備工程完竣後，各項公共服務設施應依有關法令規定，交由各該主管機關接管並養護之。	農地重劃條例第三十八條 　　農地重劃完成後，農路、水路之管理機構，對於重劃區之農路、水路每年應檢查一次以上，並管理、維護之。 　　重劃區內之耕地使用人對其耕地坵塊所鄰接之農路、水路，有維護之義務，發現遭受毀損時，並應即時通知管理機構。	
不得	第六十六條 　　整備區內公共服務設施用地，由土地所有權人無償提供，		

項次	整合型農地整備	農地重劃	農村社區土地重劃
計入整備負擔總費用證明書事項	或部分土地所有權人自願單獨負擔者，其地價應列入該等土地所有權人之整備負擔。非由土地所有權人負擔之整備費用，不得計入整備負擔總費用證明書。		
特別情況之整備	第六十八條 　　直轄市或縣（市）主管機關於遭受地震、水災、風災、火災或其他重大事變損壞之災區，有重建需要者，於災區內、外擇定適當土地併同報核。必要時，得由中央主管機關逕行決定辦理。		

項次	整合型農地整理	農地重劃	農村社區土地重劃
土地負擔之計算公式	一、整備區每宗土地共同負擔公共設施用地面積 1. 整備後可分配土地面積＝整備區面積－應共同負擔公共設施用地總面積－可抵充土地總面積 2. 每宗土地應共同負擔公共設施用地面積 ＝（整備後應共同負擔公共設施用地總面積÷可抵充土地總面積） ÷整備後可分配土地面積 二、每宗土地應負擔之抵費地面積 1. 整備區每宗土地應整備整備資款利息、稅捐及管理費用、拆遷補償費用之數額 ＝（整備資款利息＋稅捐及管理費用＋拆遷補償費用） ÷整備後可分配土地面積 2. 每宗土地負擔抵費地面積 ＝整備後應負擔整備資款利息、稅捐及管理費用、拆遷補償費用之數額 ÷整備後每宗土地之平均地價 三、每宗土地負擔之總額＝整備區每宗土地同負擔公共設施用地面積＋整備區每宗土地負擔之抵費地面積	一、重劃區每公頃土地應負擔公共設施（道路、水路）用地面積 （一）重劃前 1. 重劃前可分配耕地總面積＝耕地坵塊規劃面積＝重劃後＋重劃後（道路、水路用地面積－原供之農路、水路及農田水利會所有之公有及農田水利會所有之農路、水路） 2. 每公頃耕地應負擔路、水路用地面積＝（重劃後道路、水路用地總面積－原供農路、水路使用之公有及農田水利會所有之農路、水路土地總面積）÷重劃後可分配耕地總面積 （二）重劃後 1. 重劃後可分配耕地總面積＝耕地坵塊規劃面積 2. 每公頃耕地應負擔道路、水路用地面積＝（重劃後道路、水路用地面積－原供農路、水路使用之公有及農田水利會所有之農路、水路土地總面積）÷重劃後可分配耕地總面積 二、重劃區每公頃耕地應負擔重劃工程費及管理費地面積 （一）重劃前 1. 每公頃耕地應負擔重劃各項工程費之數額＝（重劃各項工程之費用）÷重劃前每公頃耕地面積 2. 每公頃耕地應負擔費用地面積＝每公頃耕地應負擔重劃各項工程費數額÷重劃前每公頃耕地平均地價 （二）重劃後 1. 每公頃耕地應負擔重劃各項工程費之數額＝（重劃各項工程費用－政府應分擔之費用）÷重劃後每公頃耕地面積 2. 每公頃耕地應負擔費用地面積＝每公頃耕地應負擔重劃各項工程費之數額÷重劃區每公頃耕地平均地價	一、重劃區公共設施用地負擔係數（B） ＝（公共設施用地負擔總面積－重劃前原公布道路、溝渠、河川及未登記地總面積）×重劃前平均地價 ÷（重劃區總面積－重劃前原公布道路、溝渠、河川及未登記地總面積）×重劃後平均地價 二、重劃所有權人共同負擔之總額係數（C） ＝土地所有權人共同負擔工程費總額＋拆遷補償費總額＋資款利息總額 ÷（重劃區總面積－公共設施用地負擔面積）×重劃前總地價 三、重劃前宗地地價上漲率（A） ＝重劃後宗地地價 ÷重劃前宗地地價 四、各宗土地重劃後應分配之面積（G） ＝a×（1－A×B）×（1－C） 符號說明 a＝預計分配後所有之重劃前宗地平均地價 ＝預計分配後所屬之重劃後宗地面積（a'） ×a原處位置所屬之重劃前宗地單價 A：表示重劃後宗地地價上漲率 B：表示重劃區公共設施用地負擔係數 C：表示重劃後應分配各項之重劃前宗地平均地價 G：表示各宗土地重劃後分配之面積

第二節　相關配套措施之建議

一、非都市土地開發審議作業規範訂定農村專章

　　整合型農地整備是為達成農村再生計畫目標的土地開發（或為產權交換分合）的手段，故須有農村再生發展區計畫的土地使用規劃及公共設施配置指導。整合型農地整備與農村再生發展區計畫的相互關係請參見圖三-4。簡言之，農村再生發展區計畫的規劃內容關係著整合型農地整備的實質操作。依農村再生發展條例（草案）對農村再生發展區的定義，指直轄市或縣(市)主管機關依農村發展需要，擬訂計畫報經中央主管機關核定實施土地活化管理之區域。至於土地活化涉及之內容，應不出農村再生計畫之內容。

　　為遵循現行的非都市土地使用計畫與管制體系，本研究建議將農村再生發展區計畫必須規範之分區規劃以及公共設施配置內容，納入「非都市土地開發審議作業規範」的專章中，以利短期內落實。然就長期發展的角度而言，建議仍應另訂專法規範。至於農村再生發展區計畫的分區規劃及公共設施，建議應包含如下內容。

（一）分區規劃

　　在現行非都市土地的土地使用管制是以使用編定為主、使用分區為輔的主軸下，建議考量將現行的十八種使用編定依使用需求增加等級分類，例如將甲種建築用地、乙種建築用地、丙種建築用地分別增加第一級、第二級、第三級....的使用編定；至於使用分區則以功能類型分區，例如分為生活、生產、生態與其他等四大類型（參見表三-5）。

（二）公共設施

　　公共設施是形塑各類土地使用區位條件的重要設施。由於各農村之特色、文化及產業不同，其所需之公共設施項目與需求面積亦不相同，建議

透過農村再生發展區計畫自生產面、生活面與生態面或以第一、二、三級產業等多方面向考量該農村所需之公共設施項目後,始得配置公共設施之類型與面積。

圖三-4 整合型農地整備與農村再生計畫之關係

表三-5　農村再生先期規劃之分區規劃類型表

類型	農村再生先期規劃之分區規劃
生態（15 種）	核心聚落發展區、聚落核心發展區、湧泉生活區、核心聚落區、聚落發展區、核心聚落生活區、再生發展區、聚落生活樂活區、聚落文史保存區、聚落活化再生區、活化農村再生區、新興聚落區、農村新生發展區、新農村發展區、新生活區
生產（17 種）	農村生產發展區、農田生產區、農村生產發展區、農村生產區、百果農園生產區、田野生產區、創藝農田區、農產發展區、有機產業發展區、生產發展區、果園產業發展區、優質農業區、田園生產區、生活生產區、傳統農業發展區、無毒有機農業區、養殖漁業區
生態（23 種）	農村生態發展區、水利生態發展區、埤塘生態區、農村生態區、溪流復育區、森林生態區、生態景觀發展區、森林生態區、山麓森林區、生態保育區、有機生態區、自然生態維護區、水土保持生態守護區、自然生態資源區、濕地生態區、水域發展區、溪流水系生態復育區、水岸生態區、藍帶廊道區、農業景觀遊憩發展區、生態景觀發展區、景觀生態保護區、景觀田園區
其他（28 種）	農村休閒體驗區、遊憩體驗區、農村休閒區、休閒產業發展區、農村生活休閒區、健康休閒生態區、休閒農業體驗區、農業體驗區、農村休憩發展區、休閒生態運動區、農村文化發展區、桃米文教發展區、歷史文化服務區、文化資產保存區、產業活化區、農產市集區、商業行政發展區、再生能源發展區、其他發展區、綜合發展區、水土防災教育區、社區體驗服務區、農村安養發展區、農村服務發展區、農村服務區、休閒農村服務區、公共服務區、主要服務區

資料來源：行政院農委會水保局，2010，農村再生發展區計畫擬定管理及鄉村區建築用地範圍擴大機制

二、土地交易市場機制之建議

為令農地得以有效利用，經由整合型農地整備交換分合後可能釋出的建築用地或農牧用地，除由具有優先購買權者取得以外，應透過適當的土地交易市場讓需用者取得或利用。因此有以下二項建議。

（一）公開標售

參考現行農地重劃之抵費地公開標售機制，由直轄市或縣（市）政府制定投標須知及主導公開標售，透過投標者以價格競爭為手段進行投標，達標售底價以上之最高標價為得標者。

（二）農地銀行

標租則可透過租賃或仲介制度來達成，然而在現行機制中農委會早已推動農地銀行之政策，農地銀行為建構一個農地買賣或租賃的資訊平台及服務環境，即以集中流動資訊的思維，讓農地供需雙方將資訊集中於平台服務環境中，將一般大型房仲業者大多不願接手之農地買賣、租賃及擴大經營規模之業務，擴大服務。（于紀隆，1993）換言之，農地銀行主要以服務農民、促進農地利用效率為最終目標，透過建立農地租售資訊平台與網絡，提供農地租售服務、農地利用管理知識、便民服務、意見交流、農地資料查詢、仲介服務等功能，可讓農民有統一之農地買賣或租賃資訊查詢窗口，並能簡易操作與使用（簡俊發、張志銘，2007）。故本研究認為可藉由農地銀行達成整合型農地整備之標租機制。

三、其他配套措施之建議

整合型農地整備應考量之相關配套措施，包括地價查估、權利清理、行政登記與租稅減免等，以下簡述之。

整備前後地價查估規範於整合型農地整備法（規）第四章第二十五條，但

此部分地價僅適用於整備機制之辦理過程，而整備完成後之地價查估（公告地價及公告土地現值）方式，是否能以「地價調查估計規則」一體適用，建議執行單位應與內政部地政司共同協商討論。

　　共有土地之處分規範於整合型農地整備法（規）第五章第三十九條第一項第五款，現行法規中，除區段徵收由政府主動清理持分比例外，其他皆是由土地所有權人自行協調拆分為單獨所有，政府部門為被動受理，但土地所有權人協調往往曠日廢時且成效不彰，但此部分涉及土地產權之變更，是否可仿照區段徵收強制清理方式，建議執行單位應與內政部地政司共同協商討論。

　　權利清理部分規範於整合型農地整備法（規）第六章第四十八條至第五十三條，包括原他項權利之處理與補償、權利價值之協調處理、耕地租約之註銷及補償；行政登記部分則規範於整合型農地整備法（規）第六章第五十四條至五十九條，包括土地權利書狀之換領、逕為辦理地籍測量工作項目、差額地價未繳清之處理、差額地價未繳清之處理、興建農舍之註記、建物權利變更登記等，並建議涉及登記、地權、編定，應由執行單位知會行政院經建會、農委會（企劃處）、內政部營建署、內政部地政司共同協商討論。

　　土地增值稅、地價稅、田賦等稅賦減免規範於整合型農地整備法（規）第八章第七十一條及第七十二條，惟租稅減免之主管機關應為財政部（賦稅署），涉及租稅減少或增加，建議執行單位應與財政部共同討論或聯繫後修改之。

參考文獻

于紀隆（1993），*由資訊不對稱理論探討財務會計觀念性架構*，臺北，臺灣：國立政治大學會計研究所碩士論文。

簡俊發、張志銘（2007），打造農地銀行的思維與構想，*農政與農情* 177：41-43。

肆、以財務分析方法論區段徵收抵價地發還比例[*]

謝靜琪[**]　　胡博信[***]

摘　要

　　區段徵收自從改以抵價地為補償土地所有權人之權益後，發還土地所有權人抵價地之比例常被政府或土地所有權人提出討論或質疑。本文以使用者付費觀點及財務分析方法，討論影響區段徵收發還土地所有權人抵價地比例之因素及其與抵價地發還比例間之關係。研究結果是，在完全反映成本之使用者付費觀念下，透過財務分析模式，可在各項財務假設條件下，模擬具財務自償性之發還抵價地比例區間，並了解預估土地可標讓售價格及預估地主申領現金補償比例兩因素對財務自償性之影響程度大於土地改良物補償費及工程費用兩因素。最後並討論抵價地式區段徵收之政策意涵及其應改進之方向。

關鍵字：區段徵收、抵價地發還比例、使用者付費、財務分析

---

[*]本文已刊載在 2002 年出版的經社法制論叢第 30 期，頁 171-204。

[**]逢甲大學土地管理學系副教授兼系主任。

[***]得盈開發有限公司副總經理。

一、前言

區段徵收[109]之性質，為土地徵收範圍之擴張，為防止私人因擴張徵收範圍，導致土地漲價而為不勞而獲之利得。（李鴻毅，1979，頁 758）早期區段徵收受限於徵收補償費偏低，實施的阻力大，內政部遂於 1986 年將區段徵收修改為新式區段徵收或稱抵價地式區段徵收，其重點主要為一、增訂可以抵價地[110]代替地價補償，抵價地並且有下限之規定[111]，二、明文規定取得的公共設施項目[112]，三、特定用地須有償撥用[113]，四、明文規定區段徵收的開發成本項目[114]，五、明列抵價地之計算式[115]。之後，抵價地式區段徵收即被廣為採用。

---

[109]　係政府為實施國家經濟政策、新設都市地域、社會公共利益或特定目的事業之需要，依法就某區域內之私有土地全部徵收，再重新加以劃分整理，除公共設施需要之土地由政府直接支配使用外，其餘土地則按照指定用途處分負擔，是適用於特定目的事業發展之一種手段。

[110]　係指對於應發給私有土地所有權人之補償地價，經私有土地所有權人之申請，得不發給現金補償，而改按其應領補償地價與區段徵收補償總額之比例，計算其應領之權利價值，並以開發後之可供建築土地折算抵付，該抵付補償費之可供建築土地稱為抵價地。

[111]　平均地權條例第五十四條第一項：「各級主管機關依本條例規定施行區段徵收時，應依本條例第十條規定補償其地價；如經土地所有權人之申請，得以徵收後可供建築之土地折算抵付。抵價地總面積，以徵收總面積百分之五十為原則；其因情形特殊，經上級主管機關核准者，不在此限，但不得少於百分之四十。」

[112]　平均地權條例第五十五條之二第一項第三款規定：「道路、溝渠、公園、綠地、兒童遊樂場、廣場、停車場、體育場所、國民學校等公共設施用地無償登記為直轄市或縣（市）有。」

[113]　平均地權條例第五十五條之二第一項第四款規定：「前款以外之公共設施用地、國民住宅用地及安置原住民所需土地讓售或有償撥供需地機關使用。」

[114]　平均地權條例施行細則第七十八條之一第一項第二至三款及第二項規定：「二、公共設施費用，指工程費用、土地整理費用及貸款利息。三、開發總費用，指徵收私有地之現金補償地價、有償撥用公有地地價、無償撥用公有

　　1990 年行政院為避免土地投機炒作，助長土地漲價之風，遂規定凡都市計畫擴大、新訂或農業區、保護區變更為建築用地時，皆採區段徵收方式開發[116]。（謝靜琪，1994）之後，行政院再於 1993 年函示「有關區段徵收抵價地比例，一律為百分之四十」[117]。然此規定顯然遭遇執行上之困擾，因為行政院又於 1997 年三度函示[118]回歸平均地權條例第五十四條規定之作法，同時並函示[119]各級主管機關依平均地權條例第五十三條規定施行區段徵收時,得考量下列情形訂定抵價地比例：1、開發目的及地區特性。2、都市規劃品質及公共設施

出租耕地補償承租人地價、公共設施費用及貸款利息等項之支出總額扣除原土地所有權人優先買回土地地價收入之餘額。

前項第二款所稱工程費用，包括道路橋樑、溝渠、地下管道、鄰里公園、廣場、綠地等公共設施之規劃設計費、施工費、材料費、工程管理費及整地費。所稱土地整理費，包括土地改良物或墳墓拆遷補償費、動力及機械設備或人口搬遷補助費、營業損失補助費、自動拆遷獎勵金、加成補償金、地籍整理費、救濟金及辦理土地整理必要之業務費。」

[115]　平均地權條例施行細則第七十條附件五：

一、預計抵價地之總面積　＝　申領抵價地總面積＋優先買回土地總面積

二、預計抵價地之總地價　＝　Σ各宗預計抵價地之面積×各該土地評定之單位地價

三、原土地所有權人應領抵價地或優先買回土地之權利價值　＝　二式×該所有權人被徵收土地應領補償地價÷區段徵收補償地價總額

四、原土地所有權人應領抵價地或優先買回土地面積　＝　三式÷該土地評定之單位地價

五、原土地所有權人實際領回抵價地之地價　＝　該所有權人實際領回抵價地面積×該抵價地評定之單位地價

[116]　行政院七十九年八月十日臺內字第 25088 號函及八十年九月十四日臺八十內第 29907 號函

[117]　行政院八十二年四月三十日臺內字第 12249 號函

[118]　行政院八十六年一月四日臺內字第 00352 號函

[119]　行政院八十六年一月四日臺內字第 00353 號函

比例。3、土地所有權人受益程度。4、開發成本及財務計畫。5、已辦過農地重劃或曾以其他土地開發方式辦理之地區。6、已有合法既成社區、聚落或建物密集地區。

在上述數階段法令修訂之過程中,不但「發還土地所有權人抵價地之比例」成為實施抵價地式區段徵收的問題重點,也導致區段徵收實質意涵之轉變。楊松齡(2000,頁10)即認為抵價地式區段徵收雖然在各類不同法規規範之下,造成抵價地發還比例之計算各不相同[120],惟就整體而言,在現行體制下抵價地式區段徵收之開發成本,是一種閉合式的財務計畫,即須透過財務自償的原則與財產權配置的設計,以達成公共建設的開發方式。再者,近十餘年政府部門在有限的財政收入下,抵價地式區段徵收成為政府樂於採行的公共建設手段,然而卻造成原區段徵收手段不曾有過之「當土地所有權人應領回之抵價地總權利價值愈小時,政府可標讓售土地總權利價值愈大;當土地所有權人應領回之抵價地總權利價值愈大時,則反之,造成政府與土地所有權人間利益拉距之爭議。」(蔡永利,1999,頁8)然而抵價地發還比例究竟應如何估算?何項因素影響抵價地發還比例?是本文的研究緣起。

因此,本文先依抵價地式區段徵收之政策特性確立可依循之理論基礎,並在現行法令規範之計算方式下,探討影響發還抵價地比例之因素及其與抵價地發還比例間之關係。

二、抵價地的成本特性與財務分析方法

一、抵價地式區段徵收之政策特性

---

[120]　依楊松齡(1999)之看法,由於規範區段徵收之法規,在各目的主管機關之不同需求下,加上內政部主管機關之疏失,相關法規對於區段徵收後之土地處理方式及抵價地發還比例之計算等,各有不同。

政府在 1986 年修訂平均地權條例時，將市地重劃中依受益程度，採使用者付費之理念負擔公共設施成本之作法，移植入原為徵收性質的區段徵收，使得土地被徵收之所有權人可依各人需求選擇領取補償現金或領回抵價地。此種依賴區段徵收前後的地價漲幅，以換取無償取得公共設施用地之作法，在地價有一定（或足夠）漲幅的假設下，具有下列特性。

（一）屬自償性投資開發計畫（蔡永利，1999，頁 17-18）

政府實施區段徵收時，雖然需先支付開發成本，但開發成本可由讓售、撥用或標售可建築用地之地價收入回收，故實際上區段徵收開發成本是由區段徵收區內按使用者付費原則，由讓售者、撥用或得標單位負擔的。

（二）採成本回收原則（蔡永利，1999，頁 17-18）

區段徵收雖是自償性投資開發計畫，且政府可無償進行重要市政計畫，但政府實施區段徵收亦非以追求利潤為目的，故區段徵收範圍內讓售、撥用或標售之各宗土地得依其區位、使用性質調整其讓售、撥用地價或標售底價；其讓售、撥用地價與標售底價之總額應以回收開發成本為原則[121]。若有盈餘，應全部撥充實施平均地權基金。若有不足，由實施平均地權基金貼補之[122]。

（三）政府可無償取得公共設施用地（蔡永利，1999，頁 17-18）

區段徵收既為自償性投資開發計畫，開發成本可由讓售、撥用或標售土地地價回收，政府又可無償取得各種都市計畫公共設施用地，節省公帑。

（四）土地所有權人可申請領回抵價地（蔡永利，1999，頁 17-18）

---

[121]　平均地權條例施行細則第七十九條之一。

[122]　平均地權條例施行細則第八十條。

土地所有權人可申請領回與徵收前土地地價相當之抵價地，並享用完善之公共設施。

綜言之，抵價地式區段徵收實已與原區段徵收之政策特性大不相同，若將其視為公權力介入的一種平衡開發成本的土地開發手段，將更符合實質意義。

二、使用者付費之類別及設計原則[123]

區段徵收實質意涵之轉變，可以借鏡美國於 1970 年代實施使用者付費等措施之經驗，以建立使用者付費之收費計算基礎。討論如後。

（一）使用者付費[124]之類別

自 1970 年代始，美國地方政府的財政逐漸仰賴使用者付費。此類使用者付費乃依據服務或是公共建設的全部或是部分成本收取費用，因而這種費用可以分為兩種型式，一種是服務費用（service charges），另一種則是開發費用

---

[123] 本小節文字摘錄自謝靜琪（1995，頁 30-34）的部份文字。

[124] 傳統的財政學主張對公共服務之提供收取費用，主要是依兩項原則，一是量能原則（ability-to-principle），一是受益原則（benefit received principle），前者是以租稅義務說或能力說為依據，後者是以租稅交換說或利益說為根據。張則堯（1991，頁 5-7）認為「受益者付費」的觀念或原則與傳統財政理論的利益原則，在思想淵源上是相近似的，亦即二者皆強調政府提供財貨或勞務所需成本的分攤，應以人民享受利益之程度為標準，並以享益為負擔的依據；但是受益原則是以全體國民為適用對象，而受益者付費則以個別的受益者或使用者為適用對象，因此受益者付費亦可稱之為使用者付費。此外，吳清輝（1990，頁 45）引用和田八束的看法，說明「受益者付費」尚可分為兩類，一為傳統的受益者付費，即土地所有權人因土地增值所應負擔之費用，亦可稱之為土地所有權人負擔；另一為使用者付費，即因公共服務而負擔之費用。因為晚近常以使用者付費作為特定工程建設開發利益歸屬之課取原則，因此傳統的受益者付費被忽視。綜言之，使用者付費為較明確且普遍之用詞。

（development charges）[125]。兩者費用的主要差別在於服務費用是以營運成本為計算基礎，開發費用則是以資本項目的成本為基準。（Bland，1988，頁21.19-21.34）

（二）使用者付費之設計原則

依據受益原則，收取費用之規則（rule）有兩大類，一為不超過成本規則（assessment-at-not-more-than-cost rule），另一為利益歸公規則（recapture-the-benefits rule）。假設地方政府對公共設施的興建決策，如同廠商在不完全競爭市場下追求利潤極大時，則依據廠商理論可知，公共設施對該地方地價的貢獻（或稱邊際產值）應會大於公共設施成本。因此在不完全競爭市場下，基於社會正義，對於受益之地主，至少要收取公共設施建設成本，否則將造成不當的財富重分配。理論上不超過成本規則的方法，實質上將限制暴利歸公的能力，然而在實務層面，此課題並不重要，並且在立法的規範下，常以成本支出為上限。（Misczynski，1987，頁 320）因此，使用者付費之設計原則以成本面之考量為主。

至於影響成本之因素有產出面、受益者分佈、不同時間需求及成本項目等四項考量層面。在產出面方面，如消防隊、警察局及市場等設施之建築物或設備，一旦興建設立，即很難擴張（或縮小），民眾對此類設施之需求量（或產量）增加時，將促使成本急劇上升。在受益者分佈方面，資本密集的公共設施

---

[125]　收取服務費用的「服務」是包含政府服務（government services）如治安、教育、醫療及運輸等服務，與公用設施服務（utility services）如上下水道、電信及瓦斯等公用設施；開發費用則是依據基礎建設如道路、人行道、路燈、上下水道及自來水、污水的處理廠等興建成本收取費用，此類費用常以基礎建設費（capital improvement fees），衝擊費（impact fees），設廠投資費（plant investment charges）、或擴建回收費（expansion recovery fees）等名詞稱之。（Bland，1988，頁 21.19-21.34）

如上、下水道，在人口密度較高之地區，其每人平均資本支出將低於人口密度較低者；且公共設施設置的地點與受益者距離設施的遠近，亦將影響設施之成本。在不同時間需求方面，如道路等設施之需求，在一定時期內會產生規則性之變化，即尖峰及離峰時期之變化；此類設施或服務，將因定價的策略不同，令使用者在尖、離峰時產生不同之成本負擔。在成本項目方面，成本將不僅包括操作維護成本，尚且包括支出成本（即建設成本）。因為公共設施成本之現值（或成本）不易反映，如上、下水道此類屬長期固定資產之建設，往往實際收費較公共設施或服務的真實成本低出許多。（Downing 及 Dilorenzo，1981，頁 188-191）

其次，依成本為考量的收費制度，其收費額度必須考慮實際上公共設施或服務提供的數量（quantity）[126]、公共設施或服務的承載力（Capacity）[127]及受益者的區位（location）[128]，以訂定適當的費率，此三種費額中，依承載力收費與依區位收費可按月支付，或在受益者第一次享用時支付連接費（Connection Charge）。（Downing 及 Dilorenxo，1981，頁 191-192）至於收費額度又可依反映成本的程度分為完全反映成本（self-sustaining services）[129]，部分反映成本（partially sustaining services）[130]及象徵性收費（token fees）[131]等

---

[126]　依數量收費時，其費額須反映目前產量的短期成本，亦即由公共設施或服務實際消費量的變化而產生之成本，因此在尖峰時期應收取較高的費額。

[127]　依承載力收費時，則須先計算公共設施或服務在所設計的承載力下的全部成本，此全部成本與數量費額的差額即為依承載力收費的費額，此費額以該公共設施或服務設計承載力下的潛在受益者為基礎而分攤，而且費用的產生主要是因較高的建造成本所導致，當建造成本不高時，此項費額即可免予收取。

[128]　依區位收費時，為反映受益者在不同的區位與發展密度下的長期成本。

[129]　完全反映成本者，是計算全部的直接成本與適當的管理成本，所謂直接成本包括土地取得費用、地上物拆遷補償費用、工程費用等，管理成本包括維護管理費及其他如利息、物價波動準備金等費用。

[130]　部分反映成本者，是因有些公共設施或服務的消費具有外部效益，因此僅

三種型態。（Bland，1988，頁 21.24）

　　綜言之，依美國七〇及八〇年代之經驗，公共設施之建設及營運經費，可依其興建及營運之成本，以完全、部份或象徵性等三類反映不同程度之成本，作為使用者付費之計算基礎與方式。至於不同的受益程度僅影響其負擔費用之多寡，即作為微調所須負擔之費用而已。換言之，抵價地式區段徵收可視為一種完全反映成本之使用者付費手段。

　　三、財務分析方法

　　在完全反映成本之使用者付費基礎下，即須以財務分析法評估抵價地式區段徵收財務計畫之可行性。

　　（一）淨現值法及內部報酬率法

　　一般而言，財務計畫是否可行，須由財務分析評估之。財務分析方法依財務計畫投資期間之長短可概分為成本法、前門法、後門法、還本期法、獲利能力指數及現金流量折現模式等，由於抵價地式區段徵收之財務計畫，現金之流入與流出均處於不同之時間點，故在評估抵價地式區段徵收財務計畫之可行性時，應用現金流量折現模式（Cash-Flow）[132]較為合適。

計算部分成本以鼓勵消費至最適情況。一般而言，其費額通常只反映直接成本。

[131]　象徵性收費者，有些公共設施或服務不適合收費，但是為了鼓勵使用如美術館、博物館等設施，且避免過度浪費造成擁擠，故採象徵性收費。

[132]　現金流量折現模式係利用目前所掌握的資訊，預測未來的各項現金流量，然後以一定的折現率計算報酬。此模式能詳述現金流量的數額、可變性及發生時間，先將逐期之現金流量折算為現值，再將全部現值予以加總，即是所獲得收益之總價值。現金流量折現模式分析之目的，在於使決策者瞭解其投資是否符合自己之期望，再進行投資決策，是投資評估之良好工具，並且是目前財務分析普遍運用於投資決策之評估方法。

　　計算現金流量之折現模式又有淨現值法（Net Present Value，NPV）[133]及內部報酬率法（Internal Rate of Return，IRR）[134]兩種方法，此兩種方法皆可做為投資方案之評估標準。Forrest（1988）指出淨現值法是評估投資方案最基礎的評估標準。在計算淨現值後，決策者可依據所得淨現值正負進行投資計畫之決策，若淨現值大於零，表示未來收益之總現值大於成本，其投資計畫可行；若淨現值小於零，表示未來收益之總現值小於成本，其投資計畫不可行；若淨現值等於零，表示未來收益等於成本，其投資計畫之可行性，則視決策者態度及客觀環境之條件。至於內部報酬率法，決策者將比較內部報酬率與可接受之利率，若可接受利率大於內部報酬率，代表機會成本大於收益，此方案必須拒絕，換言之，方案被接受的條件是內部報酬率大於可接受之利率。

　　廖咸興等人（1999，頁 173-174）認為在一般的情形下，以淨現值法和內部報酬率法作為評估開發計畫之可行性準則是一致的，亦即如果用內部報酬率為準則而接受了一項開發計畫，那麼用淨現值法為準則時也會接受此開發計畫。然而，這並不表示內部報酬率法和淨現值法代表一樣的意義。在沒有替選方案時，決策者僅須決定接受或不接受此開發計畫，此時用淨現值法或內部報酬率法並沒有差別。然而如果同一項開發計畫有兩種作法，而且兩種作法都可行時，則不能直接比較兩項開發計畫之內部報酬率，而應該比較兩種作法的淨現值，並選擇淨現值較高之作法。

---

[133]　淨現值法即未來各期折現之現金流量之加總減去期初投入成本之差額。

[134]　Forrest（1988）認為是使現金流量淨現值等於業主權益或淨現值為零的報酬率，Maury 和 Boykin（1990）則認為是預測未來淨現值流量完全等於原始投資或資金支出數量的比率。換言之，內部報酬率模式就是找出一個適當的折現率，使投資支出等於折現的現金收益總和。Akerson（1988）認為內部報酬率類似餘利率、獲利率、折現率，並將內部報酬率定義為「使投資的淨現值為零的利率」。

在不同的情形下，淨現值法和內部報酬率法之選擇方式並不相同。作者以圖四-1 解釋，圖中的 A 線為計畫 A 在各種不同折現率的淨現值，計畫 A 的內部報酬率是 20%；B 線則為計畫 B 在各種不同折現率的淨現值，計畫 B 的內部報酬率是 15%。若用內部報酬率作為評估準則時，計畫 A 永遠優於計畫 B。但如果在現行市場上所要求之報酬率為 10%，則兩計畫之 NPV 相當。若要求報酬率小於 10%時，計畫 B 之淨現值比計畫 A 之淨現值高；反之，若要求報酬率大於 10%時，計畫 A 之淨現值比計畫 B 之淨現值高。所以如果必須在某一標準下在計畫 A 與計畫 B 之間作一選擇時，同時以淨現值法和內部報酬率法為評估準則時，不一定能得到相同之答案。

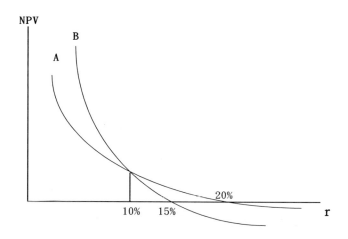

圖四-1　NPV 與 IRR 法衝突之情形
資料來源：廖咸興、李阿乙、梅建平（1999）

除上述情形之外，內部報酬率法仍有其缺點，就是兩替選方案其內部報酬率均大於可接受之利率時，不能以內部報酬率的大小來判斷兩方案之優劣，其理由有：

1・內部報酬率為投資額與各期現金收入之間的比值，而非以貨幣單位加以衡量。

2．內部報酬率計算的條件是在淨現值等於零時，才能比較其大小。

因此，內部報酬率法不能直接用以評估投資方案之優劣，而須再比較其淨現值才能得到正確結果。因內部報酬率有上述之缺點，故本文以淨現值法作為評估現金流量折現之模式，並作為分析及評估抵價地式區段徵收財務計畫可行性之方法。

（二）風險分析

區段徵收案之開發年期多長達三年或五年以上，其財務計畫處理的現金流量完全是未來的情況，加之未來情況具有不確定性，因此必須了解區段徵收財務計畫之各項成本及收益變動風險範圍為何，以確定財務計畫之可行範圍。

風險分析常用之方法有敏感度分析[135]、機率分析與蒙地卡羅模擬[136]、決策樹分析法以及影響圖分析法等四種方法，（彭雲宏等人，1992）彭雲宏等人（1995）並認為在這四種常用的分析方法中，敏感度分析為一種最簡單的量化風險分析方法。

財務敏感度分析的關鍵，是如何將不同投資假設變數給予適當數值，然後綜合各投資變數的變動，以瞭解投資可能之風險。針對變數數值的變動可以有各種方法，一是針對單一變數分別給予技術上的固定增減比例，且其它變數數值不予變動，以瞭解單一變數的數值變動對投資報酬率或貸款風險的影響，然後找出關鍵變數後，再進一步深入探討關鍵變數的可能變化。另一方法是針對

---

[135] 敏感度分析法，乃將某一時刻的關鍵變數加以變動後，由該變數界定變動範圍內的不同值以產生預測的現金流量表，再觀察現金流量對變數變動的敏感性。

[136] 機率分析法通常採一個分佈曲線或某種程度的信賴區間來表達全部風險的組合效應，至於機率的運算方式，則採蒙地卡羅模擬法。

各種變數值，同時給予機率上的不同增減比例，如此綜合各變數可能投資結果，使決策者掌握最後投資變化的結果。簡言之，敏感度分析的目的乃在於確認關鍵變數是會影響投資計畫的結果，故此項分析也能幫助我們決定某一變數某一百分比的變動究竟會產生何種的結果。一般將淨現值法與敏感度分析法相互結合使用的方法稱為現金流動模式的敏感度分析，乃以貼現的現金流動為依據，再估計相關變數的變動對淨現值的影響。

簡言之，本文在運用淨現值法評估區段徵收財務計畫可行性之同時，進一步結合財務敏感度分析法，針對可能影響區段徵收財務計畫及發還抵價地比例之因素進行評估，以了解各個因素對財務計畫之影響程度，並推導出區段徵收發還抵價地比例之可行區間。

（三）財務分析項目

本文參考葉淑貞（1993）、蔡忠益（1995）、蔡永利（1999）等人對區段徵收成本項之分類方式，並依平均地權條例及其施行細則與土地徵收條例區段徵收相關之規定[137]，並考量行政院函示的六項原則（參見本文第二頁之說明），將財務分析所需之成本項及收益項區分說明如下：

---

[137]　現行平均地權條例施行細則第七十八條之一規定，將抵價地式區段徵收之開發成本分為（1）地價補償費、（2）公共設施費用、（3）貸款利息等三大項目，其中公共設施費用再分為工程費用及土地整理費用。此外，依據平均地權條例第五十五條之二及土地徵收條例第四十四條之規定，抵價地式區段徵收之收益項目歸納如下：（1）除道路、溝渠、公園、綠地、兒童遊樂場、廣場、停車場、體育場、國民學校等公共設施用地之外之公共設施用地，得由主管機關依財務計畫需要，於徵收計畫書載明有償或無償撥供需地機關或讓售供公營事業機構使用。（2）國民住宅用地及安置原住戶或經行政院專案核准所需土地得以讓售或有償撥用需地機關使用之讓售或有償撥用價格之收入。（3）其餘可供建築土地，得予標售、標租或設定地上權。

1‧成本項目：

　　財務分析成本項共有五大項，1.地價補償費：包含徵收當期公告土地現值[138]、徵收補償地價[139]、預估地主領取現金補償比例[140]。2.公共設施費用：包含工程費用[141]、土地整理費用[142]。3.貸款利息：包含貸款利息[143]、開發年期[144]。

---

[138]　徵收當期公告土地現值：徵收公告當期之公告土地現值，土地徵收條例第三十條第二項規定，必要時得加成補償；其加成補償成數，由直轄市或縣市主管機關比照一般正常交易價格，提交地價評議委員會於評議當年期公告土地現值時評定之。此現值愈高，其整體財務負擔愈重；反之，現值愈低，整體財務負擔愈輕。

[139]　徵收補償地價包含徵收私有土地之現金補償地價、有償撥用公有地地價、無償撥用公有出租耕地補償承租人地價。補償地價與整體財務負擔之關係同徵收當期公告土地現值。

[140]　預估地主申領現金補償比例在土地可以依預估土地售價如期順利標售之假設條件下，若領取現金補償比例之地主愈少時，則剩餘可標讓售土地愈多，即對整體財務負擔愈輕。反之，若領取現金補償比例之地主愈多時，則剩餘可標讓售土地愈少，即對整體財務負擔愈重。

[141]　工程費用包括道路橋樑、溝渠、地下管道、鄰里公園、廣場、綠地等公共設施之規劃設計費、施工費、材料費、工程管理費及整地費。工程費用愈高，其整體財務負擔愈重；反之，工程費用愈低，其整體財務負擔愈輕。

[142]　土地整理費，包括土地改良物或墳場拆遷補償費、動力及機械設備或人口搬遷補助費、營業損失補助費、自動拆遷獎勵金、加成補償金、地籍整理費、救濟金及辦理土地整理必要之業務費。其與整體財務負擔之關係與工程費用相同。

[143]　辦理區段徵收所需經費若向中央、縣市基金貸款或金融機構申請貸款時，必須繳納之利息費用。貸款利息愈高，其整體財務負擔愈重；反之，貸款利息愈低，其整體財務負擔愈輕。

[144]　開發年期是指自區段徵收計畫書核定後，至完全標讓售抵償地之計畫期間。因開發年期之長短與貸款費用有關，故開發年期之長短，對整體財務負擔有影響。若開發年期愈長，其整體財務負擔愈重；若開發年期愈短，其整體財務負擔愈輕。

4.區段徵收後政府可無償取得之公共設施面積[145]。5.曾辦理過農地重劃或以其他方式辦理之土地面積[146]（參見表四-1）。

表四-1 區段徵收財務計畫分析項目

成本項		收益項
1.地價補償費	徵收當期公告土地現值	1.可標讓售土地面積
	徵收補償地價	2.預估住宅區與商業區標售價格
	預估地主領取現金補償比例	
2.公共設施費用	工程費用	3.預估其他可標、讓售土地價格
	土地整理費用	
3.貸款利息	貸款利息	
	開發年期	
4.區段徵收後政府可無償取得之公共設施面積		
5.曾辦理過農地重劃或以其他方式辦理之土地面積		

　　若地價補償費、公共設施費用及貸款利息之總額愈高，其抵價地式區段徵收整體財務負擔愈重，則發還土地所有權人抵價地比例愈低；反之，地價補償費、公共設施費用及貸款利息之總額愈低，其抵價地式區段徵收整體財務負擔愈輕，則發還土地所有權人抵價地比例愈高。

　　2．收益項目：

　　財務分析收益項有三項，1.可標讓售土地面積[147]、2.預估住宅區及商業區

---

[145]　區段徵收後政府可無償取得之公共設施面積愈大，其整體財務負擔愈輕；反之，區段徵收後政府可無償取得之公共設施面積愈小，其整體財務負擔愈重。

[146]　區段徵收區內之土地，曾經辦理過農地重劃，或以其他方式辦理之土地面積。曾辦理過農地重劃或以其他方式辦理之土地，因發還抵價地比例將較一般情形為高，因此此類之土地面積愈大，其整體財務負擔愈重；反之，土地面積愈小，其整體財務負擔愈輕。

[147]　可讓售之土地依平均地權條例第五十五條之二第一項第四款規定，指出應無償登記為直轄市或縣市有以外之公共設施用地、國民住宅用地及安置原住戶所需之土地；及同條例第五十五條之二第一項第五款所稱之其餘可供建築用

標售價格[148]、3.預估其他可標讓售土地之價格。

　　抵價地式區段徵收收益總額與成本總額間之正負向差額,將影響發還土地所有權人抵價地之比例。若抵價地式區段徵收之收益總額與成本總額間之正向差額愈大,發還土地所有權人抵價地比例愈高;反之,若抵價地式區段徵收之收益總額與成本總額間之負向差額愈大,發還土地所有權人抵價地比例愈低。

　　在實務上,從各級政府推動抵價地式區段徵收之經驗得知,除非能擴大抵價地式區段徵收面積,或可標讓售土地市價遠高於評定之標、讓售底價,以達成開發自償性原則,否則顯然難以造成實施抵價地式區段徵收之誘因。換言之,抵價地式區段徵收財務計畫之自償與否,是影響發還土地所有權人抵價地比例之因素,更為抵價地式區段徵收實施與否之必要條件。

　　總之,本文是以完全反映成本之使用者付費為抵價地成本特性之理論基礎,並以淨現值及財務敏感度分析做為模擬方法。

三、研究設計

一、財務分析模型之建構

　　本文依前節之討論,建立計算發還土地所有權人抵價地比例之財務分析模式如下。

(一)財務分析成本與收益之基本假設

地。可標讓售土地面積愈大,其整體財務負擔愈輕;反之亦然。

[148]　預估住宅區及商業區標讓售土地價格,一般是依市場分析而得,然而區段徵收後之評定底價(或標讓售底價)通常應低於市場價格,且以可供讓售、撥用及標售土地總面積除開發總費用所得之商數為估算原則。此標讓售土地價格愈高,其整體財務負擔愈輕;反之,土地價格愈低,其整體財務負擔愈重。

1 · 成本部份

(1) 地價補償費：依其預估之支出時程按季或年平均攤提。

補償地價應依預估公告徵收年度公告土地現值及加成補償成數或正常交易價格評議結果進行試算，若區段徵收計畫尚未確定，建議應考量預期公告土地現值每年調幅——按預估辦理時程以複利調整。最後預估私有地地主領取現金補償比例。

(2) 公共設施費用可分為工程費用及土地整理費用。工程費用乃依規劃支出時程分季或年計列。土地整理費用又分為地上物補償費及業務費：地上物補償費乃依其支出時程按季或年攤提，若非當年度執行，則應將地上物補償費查估年期及發放年期納入考量是否加計漲幅；相關業務費則依預估或實際發生值依規劃時程按季或年均攤計列。

(3) 貸款利息按預估年利率採複利計算。

(4) 區段徵收後政府可無償取得之公共設施面積成本，因已由地價補償費用、公共設施費用及貸款費用個別計算，故於實際財務分析時不須再行計算，以避免重複。

(5) 曾辦理過農地重劃或以其他方式辦理之土地面積，在實際財務分析時，應將曾辦理過農地重劃或以其他方式辦理之土地與未曾辦理過農地重劃或未以其他方式辦理之土地依相同之財務模式分開計算。

2 · 收益部分

(1) 標售收入 ＝ 預估各分區標售土地平均地價×各分區標售土地面積。其中，

預估各分區標售土地平均地價 ＝ 區段徵收開發總費用／可標售土地面積，並參考鄰近地區相同使用分區之市價。

各分區標售土地面積 ＝ 都市計畫規劃面積－政府無償取得公共設施面積－預估原地主領回抵價地面積－預估讓售面積。

(2) 讓售收入 ＝ 預估各分區或用地讓售土地平均地價×各分區或用地讓售面積。其中，

預估各分區或用地讓售土地平均地價 ＝ 區段徵收開發總費用／可讓售土地面積，並參考鄰近地區相同使用分區之市價。

(3) 依預估標讓售收入金額（比例）及時程計入總財務收入。

（二）預估私有地地主申領抵價地及可標售土地面積之試算方式

由平均地權條例第五十五條第一項及土地徵收條例第四十四條第一項之規定[149]可以得知：

可標售建築土地面積 ＝ 區段徵收範圍內之土地 － 預估被徵收土地所有權人領回之抵價地 － 九項無償登記為縣市政府所有之公共設施用地 － 需有償撥用、讓售之公設用地。

---

[149]　其規定區段徵收範圍內之土地，經規劃整理後，其處理方式如下：1.抵價地發交原土地所有權人領回。2.道路、溝渠、公園、綠地、兒童遊樂場、廣場、停車場、體育場所、國民學校等公共設施用地無償登記為直轄市、縣（市）或鄉（鎮、市）有。3.前款以外之公共設施用地，得由主管機關依財務計畫需要，於徵收計畫書載明有償或無償撥供需地機關或讓售供公營事業機構使用。4.國民住宅用地、安置原住戶或經行政院專案核准所需土地讓售需地機關。5.其餘可供建築土地，得予標售、標租或設定地上權之可標讓售土地面積。

可標售土地面積估算假設如下：

（1）私有土地地主全數領取抵價地面積 ＝ 徵收私有土地面積 ＊ 暫定之發還抵價地比例。

（2）預估讓售分區、專用區或公共設施之土地面積。

（3）依預估私有土地地主申領抵價地之權利價值比例，以計算各分區預估申領之面積。

（4）可標售土地面積 ＝ 區段徵收範圍內土地面積－九項無償登記為縣市政府所有之公共設施用地－（2）－（3）

（5）預估標讓售收入的時程及比例。

二、資料來源與案例特性

為滿足本文財務分析模式之需要，本文從十個縣市共二十五個區段徵收之案例[150]選出臺中縣大里草湖地區區段徵收案（簡稱案例 A）及宜蘭縣縣政中心區段徵收案（簡稱案例 B）兩個案例，做為本文財務分析之模擬案例。兩案例之案例特性說明如下。

---

[150] 即包括臺北市基隆河成美橋至南湖大橋段河道整治地區、基隆河中正橋至成美橋段河道整治地區、士林官邸及南港經貿園區等四個區段徵收案，臺北縣淡海新市鎮兩個區段徵收案，宜蘭縣縣政中心、南門地區及龍潭湖風景特定區等三個區段徵收案，臺中市廍子地區及振興路以南等二個區段徵收案，彰化縣伸港區段徵收案，嘉義縣縣治所在地區、中正大學特定區、擴大縣治所在地區及高鐵車站特定區等四個區段徵收案，嘉義市劉厝地區段徵收案，臺南市和順寮區段徵收案，高雄市大坪頂特區五號道路毗鄰地區、楠梓區土庫段用地、高坪特區第一期開發工程及高雄大學鄰近（援中港、下鹽田）地區等四個區段徵收案，高雄縣灣頭子地區、過埤子地區及橋頭新市鎮等三個區段徵收案。（謝靜琪等人，2001）

（一）區段徵收背景

案例 A：

臺中縣大里草湖地區區段徵收主要係配合行政院核定之「臺灣省實施區段徵收五年計畫」[151]，以區段徵收方式取得大里市內新國小立新分校用地而辦理。此外，並配合大里溪整治計劃工程完竣後堤防道路路線之規劃及頭汴坑溪堤防道路工程施工完畢後河川區計畫調整，整體規劃區內道路系統及土地使用。

案例 B：

宜蘭縣縣政中心區段徵收乃宜蘭縣政府有感於舊有辦公廳舍空間狹小、停車空間不足，於 1987 年即有遷建辦公大樓及廳舍之議，經報奉省政府民政廳同意，選定蘭陽溪以北約一公里，臺九省道西側作為遷建地點，配合議會遷建及臺灣宜蘭地方法院、地檢署遷建，合併規劃宜蘭縣縣政中心地區都市計畫。

（二）區段徵收總面積

案例 A：臺中縣大里草湖地區區段徵收之徵收總面積約 29.68 公頃。

案例 B：宜蘭縣縣政中心區段徵收之徵收總面積約 104.8949 公頃。

（三）公共設施比例

案例 A：臺中縣大里草湖地區區段徵收之公共設施比例約佔徵收範圍之 52.19%，其中須無償提供之九項公共設施面積比例約徵收範圍之 52.19%。

---

[151] 1992 年七月十八日臺八十一內字第二五〇二二號函核定。

案例 B：宜蘭縣縣政中心區段徵收之公共設施比例約佔徵收範圍之 55.81%，其中須無償提供之九項公共設施面積比例約徵收範圍之 50.40%，亦即有 5.41% 之公共設施面積須有償提供。

（四）土地權屬狀況

案例 A：臺中縣大里草湖地區區段徵收區內大部分為私有土地，公有土地面積僅約 0.25 公頃，約佔區段徵收範圍之佔 0.85%。

案例 B：宜蘭縣縣政中心區段徵收區內私有土地面積 98.736298 公頃，約佔 94.13%。

（五）開發年期及貸款利息

案例 A：臺中縣大里草湖地區區段徵收之開發年期，依計畫書之說明為 49 個月（2000 年十月至 2004 年十月），其貸款利息之年利率為 8%。

案例 B：宜蘭縣縣政中心區段徵收之開發年期，依計畫書之說明為 50 個月（1998 年六月至 2001 年十月），其貸款利息之年利率為 7%。

（六）開發進度

案例 A：臺中縣大里草湖地區區段徵收辦理迄 2002 年二月，已完成地價評議，但尚未辦理抵價地分配。

案例 B：宜蘭縣縣政中心區段徵收依原預估進度於 2001 年九月時應已完成全部標讓售作業，結算財務收支。但因房地產景氣低迷、公共工程進度緩慢，目前仍在持續進行抵價地標售作業。

三、分析方法

本文採用現金流量折現模式之淨現值法評估區段徵收財務計畫之可行性，並利用財務敏感度分析檢視各項成本及收益項對抵價地式區段徵收整體財務計畫之影響程度，與是否影響發還土地所有權人抵價地之比例。

（一）淨現值法（Net Present Value , NPV）

淨現值法之計算公式如下。（林左裕，2000）此法除了可以評估抵價地式區段徵收開發計畫之可行性外，也可計算土地所有權人應負擔之開發總成本，並可作為財務敏感度分析之基本資料。

$$NPV = \sum_{t=1}^{n} \frac{CF_t}{(1+i)^t} - CF_0$$

當 NPV > 0 時，表示此投資計畫可行。

當 NPV < 0 時，表示此投資計畫不可行。

CF_0：期初投入成本

CF_t：未來第 t 期之現金流量

i：折現率

n：投資期間

（二）財務敏感度分析（Sensitivity Analysis）

本文之財務敏感度分析，是將區段徵收中較重要的四項變數即工程費用、土地改良物補償費、預估土地可標讓售價格及預估地主申領現金補償比例等因素，假設其最可能的變化量，即在最大正負各百分之二十之變化率範圍，以每增減百分之五之變化率時計算得出各變化率之淨現值及其淨現值變動之比例，藉此判斷各個別變數變動對財務計畫之影響程度。此外，並依每增加百分之一之抵價地發還比例，分析抵價地發還比例對淨現值及其變動比例之影響程度。

四、抵價地發還比例之模擬與分析

一、抵價地發還比例之模擬

將選定之兩案例資料，代入本文之財務分析模式，其結果分別說明如下。

（一）案例 A——臺中縣大里草湖地區區段徵收案

1・淨現值分析

衡量區段徵收及公共工程之作業時程及依區段徵收相關法規之付款進度，並配合土地使用計畫與本案例之開發年期，將本案例之財務條件假設為私有地主領取現金補償比例為 30％，其開發年期 49 個月之貸款利息以年利率 8％計算，並假設折現率為 8％，其餘之計算條件請參見表四-2 之備註欄。

採現金流量折現模式之淨現值法進行財務分析後，可得淨現值為負 6,899 萬元，即表示本案例在前述假設條件下，此區段徵收案之財務計畫不具自償性，依市場習慣是被評為不能投資之開發計畫。然若採政府不計息習慣之觀點，則其淨現值為 8,609.61 萬元，即此區段徵收案為可開發者。（參見表四-2）

2・財務敏感度分析——以淨現值大於零之財務計畫為分析基礎[152]

財務敏感度分析之結果顯示[153]，預估土地可標讓售價格及預估地主申領現金補償比例兩因素之變動幅度每增減 5％對區段徵收財務計畫淨現值變動之影響程度分別是正負 60％及 41％之倍數，較之土地改良物補償費及工程費用兩因素之變動幅度每增減 5％對區段徵收財務計畫淨現值變動之影響程度分別是正負 8％及 22％之倍數為大。此外，抵價地發還比例之變動幅度每增加 1％，對區段徵收財務計畫淨現值變動之影響程度是負 43％之倍數。由此可知，除抵價地發還比例因素之外，預估土地可標讓售價格及預估地主申領現金補償比例兩因素是影響區段徵收財務計畫自償性之主要因素，並且是區段徵收案是

---

[152]　財務敏感度分析須在淨現值大於零的情況下分析才具意義。

[153]　受限於文章之篇幅，無法納入計算結果之五張表格，案例 B 之情形亦同。

否執行之決定性因素。

表四-2   臺中縣大里草湖地區辦理區段徵收之現金流量財務分析簡表

單位：萬元

項目	細項	金額	備註
地價補償費	徵收補償地價	43,629	1. 以 2000 年 7 月 1 日之公告土地現值加四成為申領現金補償的補償標準 2. 假設土地所有權人申領現金補償的比例為 30% 3. 本項為預估值，俟地籍清查後方可獲得正確金額
	有償撥用公有地地價	0	
	小計	43,629	
公共設施費用	工程費用	44,973	依當地公共工程施工之經驗值估算
	土地整理費用	15,245	1. 依當地相關案例之經驗值估算 2. 土地整理費用中有關土地改良物、墳墓拆遷補償費、動力及機械設備或人口搬遷補助費、營業損失補助費、自動拆遷獎勵金、救濟金等俟辦理查估後可獲得正確金額
	小計	60,218	
貸款利息		18,214	1. 以年利率 8% 採分季複利計算 2. 開發年期約 49 個月
總計		122,061	
可標售土地收入		133,775	1. 以可建築土地每坪 7.5 萬元為平均標售價格 2. 可供建築土地標售面積之推估，請見本文「財務分析模型之建構」說明
NPV		-6,899	含利息，假設折現率為 8%。
		8,609.61	不含利息，假設折現率為 8%。

3. 抵價地發還之比例——以淨現值大於零之財務計畫為分析基礎

臺中縣大里草湖地區區段徵收案若不考量其財務自償性等問題，則此案例發還土地所有權人抵價地比例之區間在 40%～47.81% 之間；然而，若須考量

其財務自償性等問題，則此案例發還土地所有權人抵價地比例之區間將縮減到40%～42%之間。（參見表四-3）

表四-3　臺中縣大里草湖地區抵價地發還比例分析表

抵價地發還比例	領回抵價地面積（公頃）	剩餘可建築面積（公頃）
40.00%	11.87	2.32
41.00%	12.17	2.02
42.00%	12.47	1.72
43.00%	12.76	1.43
44.00%	13.06	1.13
45.00%	13.36	0.83
46.00%	13.65	0.54
47.00%	13.95	0.24
47.81%	14.19	0.00

註：可建築土地 14.19 公頃（含住宅區、商業區）。

（二）案例 B──宜蘭縣縣政中心區段徵收案

1・淨現值分析

本案例除依計畫書之開發內容及開發年期設算相關條件外，另採宜蘭縣政府承辦人員提供之成本數值為試算基礎，並且假設私有地主領取現金補償比例為 30%，其開發年期 50 個月之貸款利息以年利率 7%計算，並假設折現率為7%，其餘之計算條件請參見表四-3 之備註欄。

表四-4　宜蘭縣縣政中心辦理區段徵收之現金流量財務分析簡表　單位：萬元

項目	細　　項	金額	備　　　　註
地價補償費	徵收補償地價	500,000	1. 以 1997 年 7 月 1 日之公告土地現值加四成為申領現金補償的補償標準 2. 假設土地所有權人申請現金補償比例為 30% 3. 此數值為宜蘭縣政府之承辦人員於 2001 年四月時提供
	有償撥用公有地地價	0	
	小計	500,000	
公共設施費用	工程費用	120,000	此數值為宜蘭縣政府之承辦人員於 2001 年四月時提供
	土地整理費用	95,000	此數值為宜蘭縣政府之承辦人員於 2001 年四月時提供
	小計	215,000	
貸款利息		110,695	1. 以年利率 7%採分季複利計算 2. 開發年期約 50 個月
總計		825,695	
可標售土地收入		1,055,746	1. 以可建築土地每坪 14.56 萬元為平均標售價格 2. 可供建築土地標售面積之推估，請見本文「財務分析模型之建構」說明
NPV		81,456	含利息，假設折現率為 7%
		172,546	不含利息，假設折現率為 7%

採現金流量折現模式之淨現值法進行財務分析後，可得淨現值為 81,456 萬元，即表示本案例在前述假設條件下，其財務計畫具自償性，為可投資之區段徵收開發案。若採政府不計息習慣之觀點，則其淨現值為 172,546 萬元。（參見表四-4）

2．財務敏感度分析

在前述假設條件下，含利息淨現值的財務敏感度分析結果為，預估土地可標讓售價格及預估地主申領現金補償比例兩因素之變動幅度每增減 5%對區

段徵收財務計畫淨現值變動之影響程度分別是正負 50%及 67%之倍數，較之土地改良物補償費及工程費用兩因素之變動幅度每增減 5%對區段徵收財務計畫淨現值變動之影響程度皆是正負 6%之倍數為大。此外，抵價地發還比例之變動幅度每增加 1%，對區段徵收財務計畫淨現值變動之影響程度是負 23%之倍數。

至於不含利息淨現值的財務敏感度分析之結果為，預估土地可標讓售價格及預估地主申領現金補償比例兩因素之變動幅度每增減 5%對區段徵收財務計畫淨現值變動之影響程度分別是正負 23%及 31%之倍數，較之工程費用及土地改良物補償費兩因素之變動幅度每增減 5%對區段徵收財務計畫淨現值變動之影響程度分別是正負 2.5%及 2.8%之倍數為大。此外，抵價地發還比例之變動幅度每增加 1%，對區段徵收財務計畫淨現值變動之影響程度是負 11%之倍數。

由此可知，除抵價地發還比例因素之外，預估土地可標讓售價格及預估地主申領現金補償比例兩因素是影響區段徵收財務計畫自償性之主要因素，並且是區段徵收案是否執行之決定性因素。

3．抵價地發還之比例

宜蘭縣縣政中心區段徵收案則因採住宅區及商業區之土地全部發還土地所有權人、反而留設專用區及有償提供之公共設施用地即擬以政府預算填補財務缺口之方式開發，導致不論是否考量其財務自償性及是否含利息等問題，此開發案之發還土地所有權人抵價地比例區間皆介於 40%～42.19%之間（參見表四-5）。

進一步分析，若不考慮法令對私人取得公共設施用地之限制，即將有償提供之公共設施土地一併納入發還抵價地之土地面積，則其發還抵價地比例之上限甚至可達 49%，即發還區間在 40%～49%之間。

表四-5　宜蘭縣縣政中心抵價地發還比例分析表

抵價地發還比例	領回抵價地面積（公頃）	剩餘可建築面積（公頃）
40.00%	39.50	2.16
41.00%	40.48	1.18
42.00%	41.47	0.19
42.19%	41.66	0.00

註：1.可建築土地41.66公頃（含住宅區、商業區）。
　　2.徵收私有地總面積98.74公頃。

（三）綜合分析

1‧財務計畫是否具自償性

由上述模擬之結果可知，區段徵收財務計畫是否具自償性，首先與是否將借貸資金之利息計入分析有關。一般而言，除了來自發行公債之資金具有利息成本以外，政府主要財源之稅收並沒有資金成本之考量，因此政府部門並不習慣將利息成本納入計算。以本文臺中縣大里草湖地區案例為例，若將利息成本計入財務分析，在本文之假設條件下，此區段徵收案是無法自償的。

其次，財務計畫是否自償，除了抵價地發還比例須在預估之範圍內以外，實與財務計畫中各項條件之變動有關。在本文分析的土地改良物補償費、工程費用、預估土地可標讓售價格及預估地主申領現金補償比例等四項因素中，以預估土地可標讓售價格及預估地主申領現金補償比例之變動最為敏感，土地改良物補償費及工程費用變動之影響程度皆低。換言之，雖然事前以假設條件試算可以滿足財務自償性的抵價地發還比例，然而在實際執行區段徵收案之過程中，因為上述因素之變動，可能導致區段徵收案為具暴利性或虧損性開發案的截然不同結果。

2‧抵價地發還之比例區間

在現有法令之規範下，雖然臺中縣大里草湖地區和宜蘭縣縣政中心兩項區段徵收案之開發背景及條件各不相同[154]，然而藉由財務分析方法推估出之發還土地所有權人抵價地比例之區間，在考量財務自償性（臺中縣大里草湖地區是以不計利息之財務分析為基礎）之原則下，卻幾乎相同。換言之，在法令規範發還抵價地比例為 40% 之設算目標下，區段徵收開發案之相關性因素皆須相互調整以達此設算目標，意即區段徵收在財務自償之原則下，其各項開發內容與條件是由發還抵價地比例為 40% 之目標反推而得。

其次，若不考量財務自償性原則，則不同開發區之發還抵價地比例將有不同的比例區間，例如臺中縣大里草湖地區為 40%～47.81%，宜蘭縣縣政中心為 40%～42.19%，此比例區間之範圍實是依區段徵收區內公共設施面積之比例而定。換言之，在區段徵收發還抵價地比例之下限設定為 40% 之情況下，區段徵收區內公共設施面積之比例已決定發還抵價地比例之最大區間。

宜蘭縣縣政中心案較為特別之處是，設計了有償提供之公共設施用地，以政府而非私人之經費投入區段徵收公共設施的開發建設。因此，若公共設施用地可標讓售給私人單位，則其發還抵價地比例之區間可擴大至 40%～49%，並且仍可令此區段徵收案保持財務自償性。

二、政策意涵

（一）開發手段或是開發目的

從前述的數值分析討論可知，抵價地式區段徵收在財務自償性的考量下，已質變為滿足開發案財務平衡的平衡機制，即為達成發還抵價地比例在 40% 之原則下，開發案之內容須相互調整如劃設大量的住宅區或商業區，以滿足開

---

[154]　模擬假設中僅預估土地所有權人申領現金補償之比例相同，即皆假設為 30%。

發成本之自足性。此意義與土地法第二一二條之規定——「政府為『實施國家經濟政策、新設都市地域、舉辦國防設備或公用事業之公共事業』之需要,於一定區域內之土地,應重新分宗整理,而為全區土地之徵收」之意義,即此法條視區段徵收為達成特定目的事業取得土地的一種開發手段,很顯然地已大不相同。在政府可以運用的土地取得開發手段原已不多的情形下,抵價地式區段徵收的質變令政府在取得土地的手段上更加缺乏選擇性與彈性。

(二)取得產業發展用地或是取得公共設施用地

同樣地,區段徵收原可為實施國家經濟政策、新設都市地域及舉辦國防設備或公用事業等目的所用,然而抵價地式區段徵收則狹隘地僅取得以住宅用地發展為主的數項公共設施用地,大大地削減了政府可以彈性運用區段徵收之範圍。換言之,區段徵收原可作為政府發展產業政策如觀光休閒產業時取得必要土地之優良開發手段,然而現行之抵價地式區段徵收卻僅適合開發已供給過量的住宅區或商業區用地。

(三)政府預算之成本確定性或是借貸資金之成本不確定性

抵價地式區段徵收考量財務自償性之因素中,很重要的因素為利息支出。在預估地主申領現金補償比例較高、抵價地無法如期標讓售、公共工程施工延期、或任何造成區段徵收案無法如計畫書中預定的時程進行及完成等情形下,皆會導致區段徵收案之資金成本——利息之急速增加。實務上,目前皆由主辦區段徵收之縣市政府負擔此利息,在大部分縣市政府之財政經費並不充裕的現實下,已造成某些縣市政府的財政支出出現巨額赤字,也讓各縣市政府不再鍾情此開發手段。然而原區段徵收是以政府編定之預算分年執行,因此可以確保區段徵收執行時之穩定性。因此,若擬維持政府施政之確定性,抵價地式區段徵收目前的運作方式必須作大幅度之調整,以避免此開發方式被全面地放棄。

五、結論

　　區段徵收自從改以抵價地為補償土地所有權人之權益後，發還土地所有權人抵價地之比例常被政府或土地所有權人提出討論或質疑。本文以使用者付費觀點及財務分析方法，討論影響區段徵收發還土地所有權人抵價地比例之因素及其與抵價地發還比例間之關係。研究結果是，在完全反映成本之使用者付費觀念下，透過財務分析模式，可在各項財務假設條件下，模擬具財務自償性之發還抵價地比例區間，並了解預估土地可標讓售價格及預估地主申領現金補償比例兩因素對財務自償性之影響程度大於土地改良物補償費及工程費用兩因素。

　　然而，1986 年為了解決因都市計畫之規劃失當造成之公共設施保留地問題，以及礙於稅收制度之分配不當，將原本適用範圍較廣且具確定性的土地取得開發手段修改成現行適用範圍狹隘且不具確定性的財務平衡機制。於此，政府必須從源頭解決抵價地式區段徵收目前所面臨的問題，即回復原區段徵收之精神與做法——特別是在土地徵收條例規定了徵收補償地價得依一般正常交易價格比照加成時，而非僅計算或討論發還抵價地之比例在何種條件下應訂為多少比例，以免政府自己扼殺了一項優良的政策推行工具。

參考文獻

吳清輝（1990），*論住宅社區發展之成本與收益——公共設施成本與土地稅收益分析*，臺北，臺灣：政治大學地政研究所博士論文。

李鴻毅（1979），*土地法論*，臺北，臺灣：三民書局。

林左裕（2000），*不動產投資管理*，臺北，臺灣：智勝文化事業有限公司。

張則堯（1991），論受益者付費原則與規費徵收，*中國經濟月刊*，5-7。

彭雲宏等人（1992），*重大公共工程之風險管理系統*，行政院國家科學委員會。

彭雲宏等人（1995），*集合住宅施工自動化個案研究（二）—建築投資風險分*

析，內政部建築研究所籌備處。

楊松齡（1999），以區段徵收方式進行九二一震災地區重建之探討，*地政通訊*，頁 12-13。

楊松齡（2000），*財產權配置與區段徵收公平性之分析*，2000 年地政學術研討會論文集。

廖咸興、李阿乙、梅建平（1999），*不動產投資概論第三版*，臺北，臺灣：華泰書局。

蔡永利（1999），*區段徵收發還抵價地之研究*，高雄市政府地政處土地開發總隊。

蔡忠益（1995），*區段徵收抵價地面積與容積分配合理化之研究*，淡江大學建築研究所碩士論文。

謝靜琪（1984），*臺北市公共設施效益資本化之研究*，國立中興大學都市計畫研究所碩士論文。

謝靜琪（1994），土地使用變更產生增值之回饋問題初探，*地政論壇* 16：11-20。

謝靜琪（1995），*市地重劃效益與負擔之研究*，臺北，臺灣：國立政治大學地政研究所博士論文。

謝靜琪等人（2001），*區段徵收發還土地所有權人抵價地比例準則之研究*，內政部地政司委託。

蘇志超（1992），*土地法新論*，臺北，臺灣：文笙書局。

Akerson, C.B. (1988), *The Internal Rate of Return in Real Estate Investment*, American Society of Real Estate, 1-12.

Bland, Robert L. (1988), Enhancing Local Government Revenues, in '*Handbook of Governmental Accounting & Finance*', edited by Nicholas G. Apostolou &

D. Larry Crumbley, 21, 1-21.35.

Downing, Paul B. and T. J. Dilorenzo. (1981), User Charges and Special Districts, in '*Management Policies in Local Government Finance*', edited by J. R. Aronson & E. Schwartz. Washington D. C.: International City Management Association, 188-192.

Forrest, M. (1988), Market Effects of Office Development Linkage Fees, *Journal of Planners*, 217-213.

Maury, Seldin and James H. Boykin. (1990), *The Effect of Intertemporal Dependence in Cash Flows on Project Risk*, Real Estate Issues, Spring/Summer ,16(1): 28-33.

Misczynski, Dean J. (1987), Special Assessment, In '*Windfalls for Wipeouts: Land Value Capture And Compensation*', edited by Donald G. Hagman and D. J. Misczynski, 311-341.

Rosen, H. (1985), *Public Finance*.

參考文獻

中華民國都市計畫學會（1987），*都市計畫公共設施保留地解決對策之研究*，臺北：內政部營建署。

內政部（1984），*實施農地重劃*，臺北：內政部。

內政部（2003），*農村社區土地重劃條例制定實錄（增訂一版）*，臺北：內政部。

內政部（2004），*農村社區土地重劃四年（九十至九三年度）示範計畫*，臺北：內政部。

內政部（2005），*農地重劃實錄*，臺北：內政部。

內政部（2006），九十五年度農村社區土地重劃講習教材，內政部。

內政部（2012）*農村社區土地重劃結合農村再生計畫，改善農村社區生活環境、促進土地合理利用*，取自：
http://www.moi.gov.tw/chi/chi_moi_note/moi_note_detail.aspx?sn=369，瀏覽日期：2014/08/22。

內政部（2013），*地政問答農地重劃*，取自：
http://www.land.moi.gov.tw/chhtml/landfaq.asp?lcid=13&cid=71，瀏覽日期：2014/09/04。

內政部土地重劃工程局（2001），*九十年度計畫實施花蓮縣富里鄉羅山農村社區土地重劃先期規劃報告書*，臺北：內政部。

內政部地政司（1991），*農村社區土地重劃業務簡介*，臺北：內政部。

內政部地政司（2003），*臺閩地區辦理完成農地重劃區統計表*，臺北：內政部地政司。

內政部地政司（2014），*續辦理早期農地重劃區農水路更新改善*，取自：http://www.land.moi.gov.tw/pda/content.asp?cid=993&mcid=774 ，瀏覽日期：2014/09/06。

王俊豪（2004），*臺灣農村振興與鄉村發展之研究*，92 年度農民輔導之研究計畫成果摘要報告，臺北：臺灣農業推廣學會。

王靓琇（1993），*市地重劃地價查估之研究*，臺灣省政府地政處。

正揚工程顧問有限公司，*九十六年度苗栗縣竹南鎮竹圍自辦農村社區土地重劃區申請書暨開發計畫書*，臺北：內政部。

行政院農業委員會（1995），*農地釋出方案*，臺北：行政院農業委員會。

行政院農業委員會（2012），*農村再生整體發展計畫暨第一期（101 至 104 年度）實施計畫*，臺北：行政院農業委員會。

吳容明（1990），*市地重劃效益分析及其評估模式之研究*，臺北，臺灣：國立政治大學地政研究所博士論文。

吳容明（1997），*市地重劃促進都市建設之研究*，臺北，臺灣：現象文化。

吳清輝（1990），*論住宅社區發展之成本與效益——公共設施成本與土地稅收益分析*，臺北，臺灣：國立政治大學地政研究所博士論文。

吳連山（1980），*市地重劃概論*，臺中，臺灣：逢甲大學都市計畫系經銷。

李鴻毅（1979），*土地法論*，臺北，臺灣：三民書局。

卓輝華（1992），臺灣地區房地產市場分析，*人與地* 107/108：68-70。

宜蘭縣政府（2005），*宜蘭縣阿里史農地重劃區總報告書*，宜蘭縣政府。

林岩（2010），*農村再生條例草案與農村改建條例之比較研究*，臺北，臺灣：
　　國立臺灣大學社會科學政治學系碩士論文。

林英彥（1997），*市地重劃*，臺北，臺灣：文笙書局。

林茂雄（2000），農業發展條例及相關法案修正重點，*農政與農情* 92，取自
　　www.coa.gov.tw/view.php?catid=2302，瀏覽日期：2014/09/06。

高孟定（1994），市地重劃：有效的都市計畫實施工具，*計畫經緯* 18：3-17。

張則堯（1991），論受益者付費原則與規費徵收，*中國經濟月刊* 489：5-7。

莊仲甫（1997），*自辦市地重劃*，臺北，臺灣：現象文化。

陳春貴（1980），*土地使用分區管制與都市不動產價格之研究*，臺北，臺灣：
　　國立臺灣大學土木工程研究所碩士論文。

湯曉虞（2008），*臺灣的農村*，臺北，臺灣：遠足文化公司。

雲林縣政府（2003），*雲林縣水北農地重劃區總報告書*，雲林縣政府。

達觀工程顧問公司（2000），*災後重建計畫─農村社區土地重劃先期規劃書，
　　南投縣草屯鎮番子田農村社區土地重劃先期規劃及土地模擬分配期末
　　報告書*，臺北：內政部。

彰化縣政府（2011），*彰化縣政府農地重劃暨農村社區重劃案例簡介*，彰化縣
　　政府。

臺中市政府（2002），*臺中市市地重劃成果簡介：文化、經濟、國際城*，臺中
　　市政府。

臺中市政府（2005），*臺中市都市計畫圖查詢系統*，取自：

http://upmap.taichung.gov.tw/，瀏覽日期：2014/09/05。

臺中市政府地政局（2006），*臺中市市地重劃開發效益分析研究*，臺中市政府地政局。

臺灣省政府地政處（1991），*臺灣省農地重劃概況*，臺灣省政府地政處。

臺灣省政府地政處（1992a），*農地重劃土地分配實務*，臺灣省政府地政處。

臺灣省政府地政處（1992b），*農地重劃作業程序*，臺灣省政府地政處。

臺灣省政府地政處（1992c），*臺灣省市地重劃辦理情形報告*，臺灣省政府地政處。

臺灣省政府地政處（1994），*臺灣省農漁村社區更新業務簡介*，臺灣省政府地政處。

臺灣省政府地政處（1997），*農地新風貌—臺灣省農地重劃簡介*，臺灣省政府地政處。

蕭輔導（1997），*農地重劃上課講義*，未出版。

蕭輔導（2001），我國「農地重劃」與「市地重劃」現況與展望，*人與地* 216：14-19

謝靜琪（1995），*市地重劃效益與負擔之研究*，臺北，臺灣：國立政治大學地政研究所博士論文。

謝靜琪（2010），*農村社區與農業用地永續發展之整合型管理機制之研析，行政院農業委員會委託研究成果報告*（編號：SWCB-99-147），行政院農業委員會。

謝靜琪（2014），臺灣以政策及計畫的策略推動農村再生的經驗與成效，*東北亞法研究* 12：269-288。

謝靜琪、白娟華（2011），農村社區土地重劃條例之修法構想芻議，*現代地政*

340：105-114。

Bland, R. L. (1988), Enhancing Local Government Revenues, in N. G. Apostolou
　　　& D. L. Crumbley (edited), '*Handbook of Governmental Accounting &*
　　　Finance', 21.1-21.35.

Doebele, W. A. (1982), Introduction, in W. A. Doebele (edited), *Land*
　　　Readjustment', M.A.: Lexington Books, 1-10.

Downing, P. B., T. J. Dilorenzo (1981), User Charges and Special Districts, in J. R.
　　　Aronson, E. Schwartz (edited), '*Management Policies in Local Government*
　　　Finance', Washington D. C.: International City Management Association,
　　　188-192.

Misczynski, D. J. (1987), Special Assessment, in D. G. Hagman, D. J. Misczynski
　　　(edited), '*Windfalls of Wipeouts: Land Value Capture and Compensation*',
　　　311-341.

推薦好書

地震斷層與岩土力學
Earthquake Faulting and Rock & Soil Mechanics

作　者	廖日昇 著
ISBN	978-957-11-7205-7
書　號	5G28
定　價	650

本書簡介：

　　本書針對地震斷層與岩土力學進行深入探討研究，每一課題皆是由淺至深、循序漸進，適合大專及研究所的初級至高階地震課程之教學與工程界人士參考用。

水文學

作　者	李光敦 著
ISBN	978-957-11-4016-2
書　號	5G14
定　價	480

本書簡介：

　　本書旨在說明如何利用水文學原理，以解決水資源開發所面臨的工程問題，並進一步了解工程設施所面臨的風險。本書是以目前各大學共同授課內容為主，並檢視近十年來高普考與各研究所入學考題。

水文學精選200題

作　者	楊其錚、李光敦 著
ISBN	978-957-11-6236-2
書　號	5G15
定　價	350

本書簡介：

◎李光敦教授編著《水文學》習題詳解
◎國家考試及研究所入學考試精選考題

三維地下水模式：
PMWIN
3D-Groundwater Modeling with PMWIN

作　者	Wen-Hsing Chiang & Wolfgang Kinzelbach 合著
譯　者	丁澈士、蘇惠珍 譯
ISBN	957-11-3694-8
書　號	5G21
定　價	490

本書簡介：

　　本書適用對象除大專院校相關科系包括地球科學、地質、地理、資源工程及土木學群：土木、水利、環境工程等大學與研究生教材外，相關研究單位、工程顧問公司及政府相關單位亦適用參考。

渠道水力學
Open Channel Flow

作　者	謝平城 著
ISBN	978-957-11-6092-4
書　號	5G24
定　價	650

本書簡介：

　　本書提供現代忙碌之工程師或學子一項節省準備考試時間之工具，最大特色為有系統的整理歸納國家高普考試、專業人員技師考試、或研究所考試歷屆考題。

工程地質通論
（精）

作　者	潘國樑 編著
ISBN	978-957-11-7371-9
書　號	5H08
定　價	860

本書簡介：

　　作者服務於研究界及工程界多年，將理論及實務經驗結合，撰寫了這本真正符合學生及業界需要的工程地質教科書或參考書。本書可當作參考手冊，還可當做國家考試及研究所考試的複習教本。

公路幾何設計
Higway Geometric Design

作　　者	徐耀賜 編著
ＩＳＢＮ	978-957-11-5911-9
書　　號	5T15
定　　價	450

本書簡介：

　　本書論述主要以台灣交通部頒「公路路線設計規範」為準則，亦比較與美國AASHTO規範、日本「道路構造令」及大陸「公路路線設計規範」等規範之差異。

建構永續社區的技能
The Egan Review: Skills for Sustainable Communities

作　　者	Sir John Egan 著
譯　　者	李永展 譯
ＩＳＢＮ	957-11-3954-8
書　　號	5T02
定　　價	260

本書簡介：

　　全書分四章來探討如何建構永續社區的技能：共同目標、實施的責任及過程、這項任務的正確技能、及向前邁進的途徑。期盼能提供政府相關災後重建部門、研究人員及社區夥伴，一個有效的參考指標。

都市發展 —— 制定計畫的邏輯
Urban Development: The Logic of Making Plans

作　　者	路易斯・霍普金斯 著
譯　　者	賴世剛
ＩＳＢＮ	978-957-11-4054-4
書　　號	5T04
定　　價	520

本書簡介：

　　本書將帶給所有參與人居地規劃者——對於計畫為何及如何作之完整認識，使得他們在使用及制定計畫上做更佳的選擇。本書將對規劃理論、土地使用及規劃實務課程的學生及教授具極重要貢獻。

都市計畫學際議題論叢

作　　者	葉光毅、紀雲曜、夏晧清 編著
ＩＳＢＮ	978-957-11-5431-2
書　　號	5T09
定　　價	600

本書簡介：

　　本書將過去在都市計畫中具有針對性的各種議題，依年度順序，粗略地加以分類、整理而成的學際文集匯編。內容大致集中於都市交通計畫與都市計畫，以及因應計畫時涉及周邊所需的一些問題意識與課題對策。

網路與物流分析
Network Analysis and Logistics

作　　者	陳惠國 著
ＩＳＢＮ	978-957-11-5769-6
書　　號	5G23
定　　價	450

本書簡介：

　　本書之編纂主要係以大專院校之教學用途為主，加上先進的運輸與物流科技的應用。期望這樣的課程內容安排方式，不但能夠灌輸讀者必備的基本知識，同時也提供一些系統性與前瞻性的概念。

交通工程
Traffic Engineering

作　　者	陳惠國、邱裕鈞、朱致遠 著
ＩＳＢＮ	978-957-11-6110-5
書　　號	5G25
定　　價	600

本書簡介：

　　本書將近十年來之公務人員與技師高考的所有考題均詳加整理分類，以「相關考題」之標題附加於每一章節的「問題探討」之後，讀者可與本文內容相互對照，以增加學習效果。

研究&方法

淡定學RefWorks

作　　者　童國倫、張楷焄、林
義峯 著
I S B N　978-957-11-6886-9
書　　號　5A88
定　　價　450

本書特色

・建立個人專屬資料庫，檔案分類一目了然！
・資料編輯Step by step，智慧管理效率加倍！

淡定學EndNote

作　　者　童國倫、張楷焄、林
義峯 著
I S B N　978-957-11-6885-2
書　　號　5A86
定　　價　450

本書特色

　　本書將撰寫論文時會遇到的格式或設定等問題以EndNote一次解決，務使一切與論文管理與寫作有關的項目都可以在本書中找到解決方案，讓讀者能羽扇綸巾地淡定完成論文寫作。

C++程式設計輕鬆入門

作　　者　黃品梅 編著、徐瑞壕
校訂
I S B N　978-957-11-7299-6
書　　號　5DG5
定　　價　580

本書特色

　　本書特色在於用簡單明瞭的方式解決高階程式語言C++的艱澀問題。作者結合自己多年的教學及研究經驗，以全新的學習方式及教材結構來編寫此教材。本書可作為大專院校資工、電子、電機等系所之教學用書，更可供讀者自學熟悉C++語言之用。

GeoGebra幾何與代數的美麗邂逅

作　　者　Wen-Hsing Chiang &
Wolfgang Kinzelbach 合著
譯　　者　羅驥韡 著
I S B N　978-957-11-7089-3
書　　號　5DG4
定　　價　400

本書特色

　　本書是國內第一本針對 Geogebra 此軟體作全面性介紹的專門書，作者憑藉多年的數學教學經歷，並實際參與GeoGebra 軟體中文化工作，為GeoGebra 此軟體進行清楚詳細的解說，全書每一解說都搭配步驟圖示與操作介面圖，讓讀者能輕鬆簡單就上手！

五南圖書出版股份有限公司
博雅文庫 推薦閱讀

五南文化事

RE18
數字人：斐波那契的兔子
The Man of Numbers: Fibonacci's Arithmetic Revolution

齊斯·德福林 著
洪萬生 譯

斐波那契是誰？他是如何發現大自然界的秘密──黃金分割比例，導致股票投資到美容整型都要追求黃金比例？他又是怎麼將阿拉伯數字帶入我們的金融貿易？當你打開本書，你會發現，你不知道斐波那契是誰，可是你卻早已身陷其中並離不開他了！

RE03
溫柔數學史：從古埃及到超級電腦
Math through the Ages: A Gentle History for Teachers and Others

比爾·柏林霍夫、佛南度·辜維亞 著
洪萬生、英家銘暨HPM團隊 譯

數學從何而來？誰想出那些代數符號的？π 背後的故事是什麼？負數呢？公制單位呢？二次方程式呢？三角函數呢？本書有25篇獨立精采的素描，用輕鬆易讀的文章，向教師、學生與任何對數學概念發展有興趣的人們回答這些問題。

RE09
爺爺的證明題：上帝存在嗎？
A Certain Ambiguity：A Mathematical Novel

高瑞夫、哈托許 著
洪萬生、洪贊天、林倉億譯

小小的計算機開啟了我的數學之門
爺爺猝逝讓數學變成塵封的回憶
一門數學課意外發現了爺爺不能說的秘密
也改變了我的人生………
本書透過故事探討人類知識的範圍極限，書中的數學思想嚴謹迷人，內容極具動人及啟發性。

RE06
雙面好萊塢：科學科幻大不同
薛尼·波寇維茲 著
李明芝 譯

事實將從幻想中被釋放……
科幻電影是如何表達出我們對於科技何去何從的最深層希望與恐懼……
科學家到底是怪咖、英雄還是惡魔？

RE05
離家億萬里：太空中的生與死
克里斯瓊斯 著
駱香潔、黃慧真 譯

一段不可思議的真實冒險之旅，發生在最危險的疆界──外太空
三名太空人，在歷經種種困難後飛上太空，展開十四週的國際太空站維修工作。卻因一場突如其來的意外，導致他們成為了無家可歸的太空孤兒，究竟他們何時才能返家呢？

RE08
時間的故事
Bones, Rocks, & Stars：The Science of When Things Happened

克里斯·特尼 著
王惟芬 譯

什麼是杜林屍衣？何時建造出金字塔的？人類家族的分支在哪裡？為何恐龍會消失殆盡？地球的形貌如何塑造出來？克里斯·特尼認為這些問題的關鍵都在於時間。他慎重地表示我們對過去的定位或對於放眼現在與規劃未來都至關重要。

RE11
廁所之書
The Big Necessity: The Unmentionable World of Human Waste and Why It Matters

蘿絲·喬治 著
柯乃瑜 譯

本書將大膽闖進「廁所」這個被人忽略的禁區。作者帶領我們參觀了巴黎、倫敦和紐約等都市的地下排污管道，也到了印度、非洲和中國等發展中國家見識其廁所發展，更深入探究日本免治馬桶的開發歷程，讓您跟著我們進行一趟深度廁所之旅。

RE12
跟大象說話的人：大象與我的非洲原野生活
The Elephant Whisperer - My Life with the Herd in the African Wild

勞倫斯·安東尼、格雷厄姆·史皮斯 著
黃乙玉 譯

本書是安東尼與巨大又有同理心的大象相處時，溫暖、感人、興奮、有趣或有時悲傷的經驗。以非洲原野為背景，刻畫出令人難忘的人物與野生動物，交織成一本令人喜悅的作品，吸引所有喜歡動物與熱愛冒險的靈魂。

國家圖書館出版品預行編目資料

土地重劃／謝靜琪 編著. ――二版.――臺北
市：五南, 2014.10
　　面；　公分
　　ISBN 978-957-11-7840-0（平裝）
　　1.土地重劃
554.47　　　　　　　　　103018334

5T06

土地重劃（第二版）

作　　者 ― 謝靜琪　編著

發 行 人 ― 楊榮川

總 編 輯 ― 王翠華

編　　輯 ― 王者香

封面設計 ― 簡愷立

出 版 者 ― 五南圖書出版股份有限公司

地　　址：106台北市大安區和平東路二段339號4樓

電　　話：(02)2705-5066　　傳　　真：(02)2706-6100

網　　址：http://www.wunan.com.tw

電子郵件：wunan@wunan.com.tw

劃撥帳號：01068953

戶　　名：五南圖書出版股份有限公司

台中市駐區辦公室／台中市中區中山路6號

電　　話：(04)2223-0891　　傳　　真：(04)2223-3549

高雄市駐區辦公室／高雄市新興區中山一路290號

電　　話：(07)2358-702　　傳　　真：(07)2350-236

法律顧問　林勝安律師事務所　林勝安律師

出版日期　2007年9月初版一刷
　　　　　2014年10月二版一刷

定　　價　新臺幣540元